）数据

8—1648：哈布斯堡家族的衰落、
的建成与“威斯特伐利亚体系”的确
森·加德纳著；王晋瑞译. -- 北
19.1（2019.11重印）

75-5019-1

. ①塞… ②王… Ⅲ. ①三十年战争
史料 Ⅳ. ①K503

图书馆CIP数据核字(2018)第265363号

史（1618—1648）：哈布斯堡家族的衰落、
大陆霸权的建成与“威斯特伐利亚体系”的确立

：[英] 塞缪尔·罗森·加德纳
：王晋瑞
：
应：029—85504182
辑：董云梅
行：华文出版社
址：北京市西城区广外大街305号8区2号楼
编码：100055
址：http：/ / www.hwcbs.com.cn
话：总编室010—58336239
发行部010—58336212
销：新华书店
刷：三河市国英印务有限公司
本：710×1000 1/16
印 张：22.25
字 数：267千字
版 次：2019年1月第1版
印 次：2019年11月第2次印刷
标准书号：ISBN 978-7-5075-5019-1
定 价：89.00元

1

三

哈布斯堡家族

与“威

[英] 塞缪尔

THIRTY Y

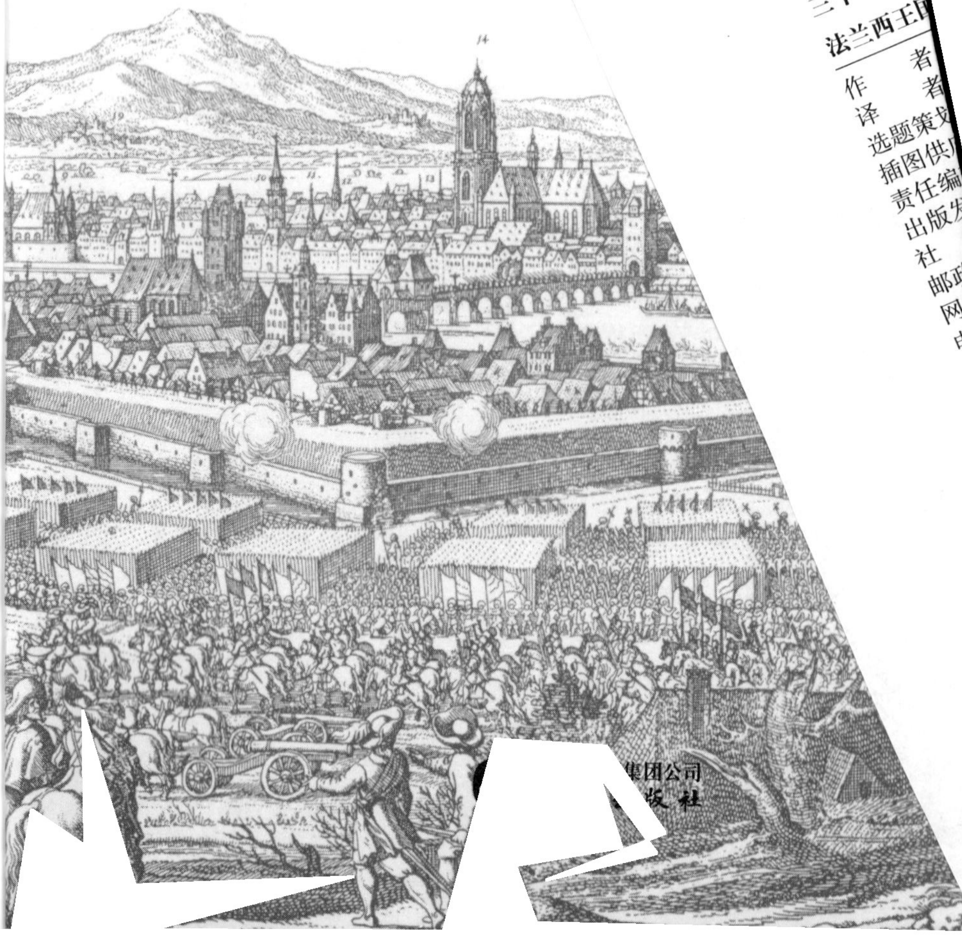

集团公司

版 社

图书在版编目(CIP

三十年战争史：161

三十年战争史大陆霸权

法兰西王国大陆霸权

立 / (英) 塞缪尔 · 罗

京 : 华文出版社, 20

(华文全球史)

ISBN 978-7-50

Ⅰ. ①三… Ⅱ

(1618–1648)–

中国版本图

三十年战争

法兰西王国

作 者

译 者

选题策划

插图供应

责任编

出版发

社

邮政编

网

电

经

印

开

出版前言

随着中国开放的大门的越开越大，关注世界各国尤其是西方国家文明的源流、发展和未来已经成为当下世界史研究的一个热点，为了成系统地推出一套强调“史源性”且在现有世界史出版物中具有拾遗补缺价值的作品，我们经过认真论证，推出了“华文全球史”系列，首次出版约为一百个品种。

“华文全球史”系列从书目选择到人名地名的规范，从书稿中图片的采用到译者的确定，都有比较严格的遴选规定、编审要求和成稿检查，目的就是要奉献给读者一套具有学术性、权威性的高质量的世界史系列图书。

书目的选择。本系列图书重视世界史学科建设，视角宽阔，层级明晰，数量均衡，有所突出。计划出版的华文全球史中，既有通史，也有专题史，还有回忆录，基本上是世界历史著作中的上乘之作，同时也是填补国内同类作品出版的空白。

人名地名规范。本系列图书中人名地名，译名规范，重视专业性。同时，在人名翻译方面，我们坚持“姓名皆全”的原则，加大考据力度，从而实现了有姓必有名，有名必有姓，方便了读者的使用。另外，在注释方面，书中既有原书注，即完整地保留了原著中的注释；也有译者注，又体现了译者的研究性成果。

书中的插图。本系列图书的一个重要特征是书中都有功能性插图，这些插图全方位、多层次、宽视角反映当时重大历史事件、或与事件的场景密切相关，涉及政治、军事、经济、社会、外交、人物、地理、民俗、生活等方面的绘画作品与摄影作品。全景插图与文字结合，赋予文字视觉的艺术，增加了文字的内涵。

译者的确定。本系列图书的翻译主要凭借的是一个以大学教师为主的翻译团队，团队中不乏有知名教授和相关领域的资深人士。他们治学严谨，译笔优美，为确保质量奉献良多。

“华文全球史”系列作为一套具有较高学术价值的优秀的世界历史丛书，对增加读者的知识，开阔读者的视野，具有积极的意义。但也要看到，很多西方历史学家虽然也包含着一些正确的即符合事实的观点，但很多都存在错误的历史观，甚至还有较多的史实的歪曲，对于这些，我们希望读者不要不加分析地对它们全盘接受或全盘否定，而是要批判地吸收外国文化中有益的东西。

华文出版社

2019 年 8 月

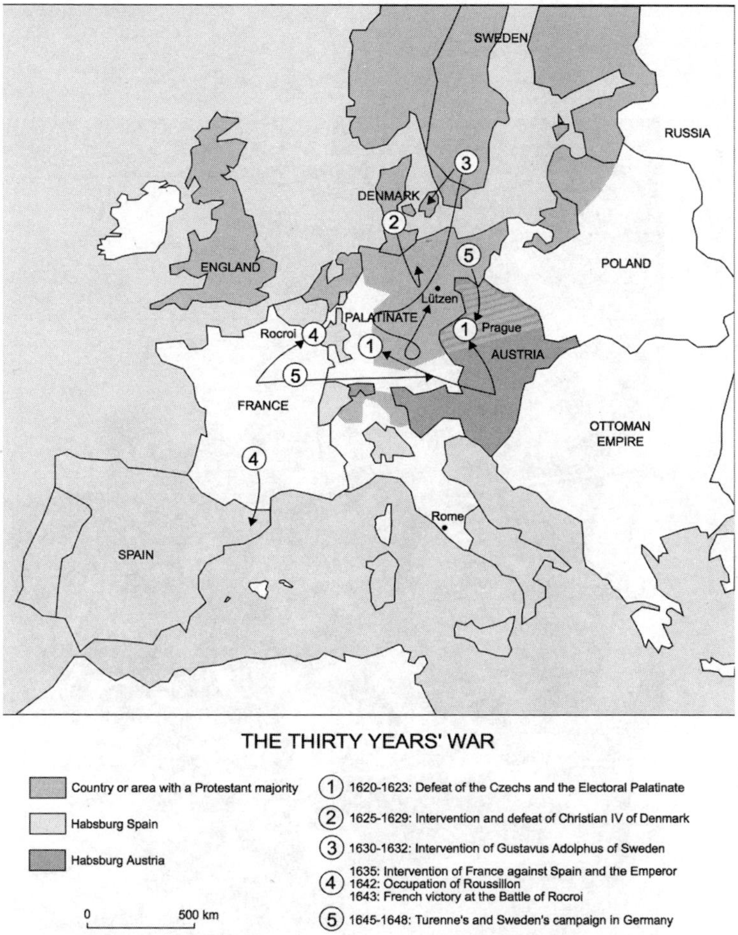

三十年战争时期的欧洲。Sweden= 瑞典；Russia= 俄国；Denmark = 丹麦；England = 英格兰；Poland = 波兰；Lutzen = 吕岑；Palatinate = 巴拉丁；Rocroi = 罗克鲁瓦；Prague = 布拉格；Austria = 奥地利；France = 法兰西；Ottoman Empire = 奥斯曼帝国；Spain = 西班牙；Rome = 罗马；Country or area with a Protestant majority = 新教为主的国家或地区；Habsburg Spain = 哈布斯堡西班牙王朝；Habsburg Austria = 哈布斯堡奥地利王朝

① = 击败波希米亚和巴拉丁（1620—1623）；② = 丹麦国王克里斯蒂安四世参战及其失败（1625—1629）；③ = 瑞典国王古斯塔夫・阿道夫二世参战（1630—1632）；④ = 法兰西王国与西班牙和神圣罗马帝国开战（1635）、鲁西荣战役（1642）、罗克鲁瓦战役法军大捷（1643）；⑤ = 蒂雷纳子爵亨利・德拉图尔・多韦涅的法军和瑞典军队转战神圣罗马帝国（1645—1648）

1630 年，古斯塔夫·阿道夫二世率军进入波美拉尼亚

帕彭海姆伯爵帕戈特弗里德·海因里希在 1632 年 11 月 16 日吕岑会战中受重伤

1645 年 5 月 19 日，罗克鲁瓦战役爆发

1648 年布拉格之围

三十年战争中流离失所的难民

三十年战争给人民
带来深重灾难。图
为正在抢劫的士兵

三十年战争导致神圣罗马帝国大部分诸侯国陷入无政府状态。迭遭兵灾的人民无以为生，只得铤而走险。图为正在劫杀旅客的暴民

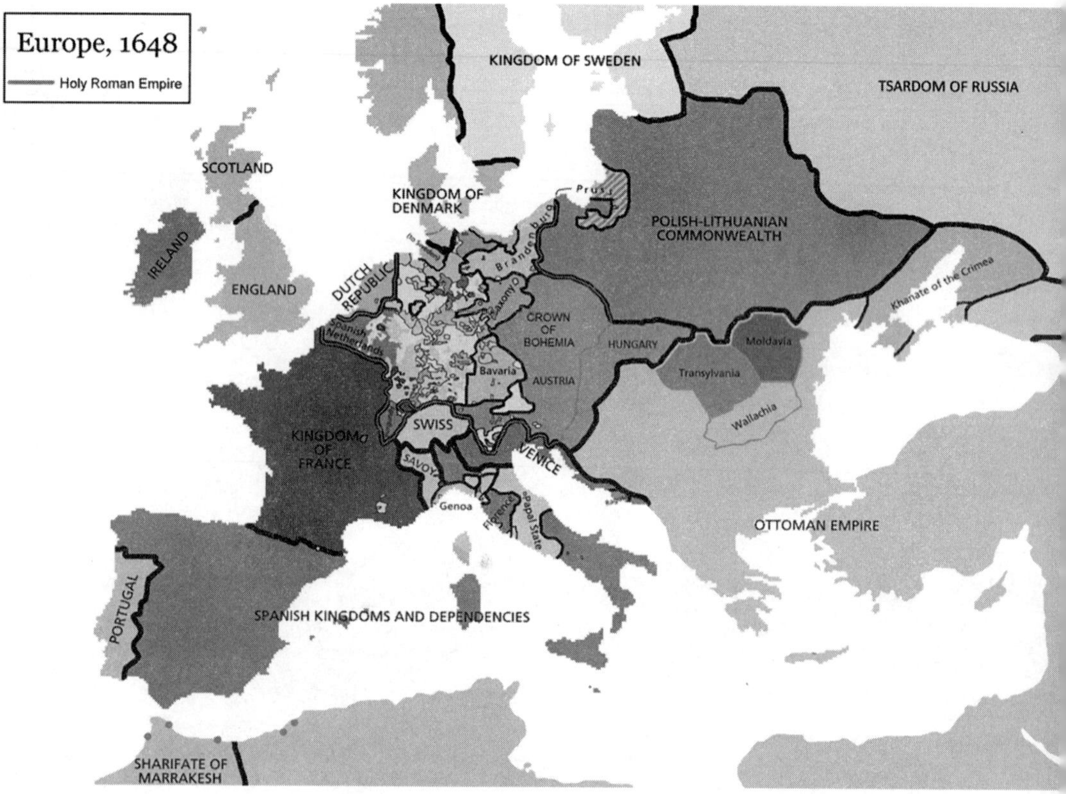

1648 年威斯特伐利亚体系下的欧洲。Holy Roman Empire= 神圣罗马帝国；Scotland= 苏格兰；Ireland = 爱尔兰；England = 英格兰；Kingdom of France= 法兰西王国；Portugal= 葡萄牙；Spanish Kingdoms and Dependencies = 西班牙王国及其附属领地；Sharifate of Marrakesh = 马拉喀什的萨迪王朝；Kingdom of Sweden = 瑞典王国；Kingdom of Denmark = 丹麦王国；Dutch Republic = 荷兰共和国；Spanish Netherlands = 西属尼德兰；Burgundy = 勃艮第；Swiss = 瑞士；Savoy = 萨沃伊；Genoa = 热那亚；Brandenburg = 勃兰登堡；Saxony= 萨克森；Bavaria = 巴伐利亚；Florence = 佛罗伦萨；Papal State = 教皇国；Crown of Bohemia = 波希米亚王国；Austria = 奥地利；Hungary = 匈牙利; Venice= 威尼斯; Prussia = 普鲁士; Polish–Lithuanian Commonwealth = 波兰 – 立陶宛联邦; Transylvania= 特兰西瓦尼亚；Wallachia= 瓦拉几亚；Moldavia = 摩尔达维亚；Ottoman Empire = 奥斯曼帝国；Tsardom of Russia = 沙皇俄国；Khanate of the Crimea = 克里米亚汗国

本书序言

本书是专为高级阶段的学生编写的，其内容比较深奥，这是因为它是专门讲述欧洲大陆历史的，所以初学者不大容易看懂。加之神圣罗马帝国各诸侯国之间及神圣罗马帝国与欧洲其他国家之间的关系错综复杂，无疑会让那些仅仅想学习一点历史知识的初学者备感压力，甚至可能会失去学习的兴趣。一个国家要有自己的历史，其自身就必须是统一的。然而，本书中讲到的神圣罗马帝国既没有像英格兰王国和法兰西王国那样的国家机构，也没有统一的民族概念，更不用说有主权政府概念了。在书中，我谈及的统一概念是随着宗教包容原则的变化而不断变化的，因为神圣罗马帝国和法兰西王国对异教派采取了一种时而接受时而拒斥的态度。因此，我们可将该历史时段比作统一概念的融解期。在谈到该历史时段时，我们的脑子里闪现的都是神圣罗马帝国的人和事，但德意志人确实没有解决好民族统一这个问题。而反观法兰西王国，我们发现一个独立统一的民族正在慢慢形成，德意志人没有做到的事情法兰西人做到了。不过，我们会发现德意志民族统一将是大势所趋。

本书不是为初学历史知识的读者编写的，但希望看到原创研究结果的学习者也不是本书的目标读者。本书得以完成是搜集整理了大量散落于许多知识库的史料后的自然结果。德国人发现，要对散落在众多知识库中有关三十年战争的史料进行全面的调查是颇具挑战的。我相信，除拥有丰富历史知识的人之外，一定还有不少人希望能够通过阅读第一手资料经整理后而形成的第二手史料的方式去了解历史，去了解为什么上一次德意志民族大一统的努力会以失败告终。于是，我就承接了这样的工作，但深知这样做的风险。譬如，不能有尖锐的观点，比叙述第一手资料更容易犯错误。我得甘愿做历史知识的“零售商”而非“生产商”，同时要承认这两种工作都有价值。

但本书并非是别人话语的大拼盘。如果我只是全盘接受德国学者的陈述和观点而不加以分析和整理，那我的工作就没有任何意义了。我参考过不同学者如利奥波德·冯·兰克①、安东尼·金代利②、卡尔·里特尔③、欧佩尔、弗雷德里克·艾曼纽·冯·胡尔特④、约翰·古

① 利奥波德·冯·兰克（Leopold von Ranke，1795—1886），德意志第二帝国最重要的史学家，客观主义史学创始人，西方近代史学的重要奠基人。他被誉为“近代史学之父”，主张研究历史必须客观地搜集研读档案资料，如实地呈现历史的原貌。他的这种史学主张被称作“兰克史学”，对后来的东西方史学都产生了重大的影响。主要著述有《拉丁和条顿民族史》《英格兰史》《法国史》《教皇史》《世界史》等。——译者注

② 安东尼·金代利（Antoni Gindely，1829—1892），波希米亚史学家，主要研究三十年战争史，代表作品有《历史上的战争》《鲁道夫二世》《评华伦斯坦》等。——译者注

③ 卡尔·里特尔（Carl Ritter，1779—1859），普鲁士王国地理学家。卡尔·里特尔曾担任柏林大学地理系主任长达三十四年（1825—1859），他和亚历山大·冯·洪堡均被认为是现代地理学的奠基人。——译者注

④ 弗雷德里克·艾曼纽·冯·胡尔特（Friedrich Emmanuel von Hurter，1787—1865），瑞士历史学家。他曾经是新教神职人员，后信奉罗马天主教，其学术研究重心为三十年战争史。——译者注

斯塔夫·德罗伊森[①]、格弗洛尔、翁诺·克洛普[②]、弗雷德里克·克里斯托弗·福斯特[③]、威尔蒙特、乌特洛特、科赫等人的著作。他们的观点本就相互矛盾。如果我一味地用剪刀加浆糊的方式照搬他们的观点，那么写出的书就会让读者如坠雾中，不知所云。在形成自己的观点时，我一直秉持从原始材料中找依据的做法，而且有幸查询和阅读到不少反映当时历史事实的国家机要文件。譬如，我看到了罗伯特·安斯特拉瑟爵士所传急件的内容，从而就可以否定约翰·古斯塔夫·德罗伊森的观点，即克里斯蒂安四世是因为嫉妒古斯塔夫·阿道夫二世才对神圣罗马帝国宣战的。我采信了克里斯蒂安四世是在梅克伦堡公爵的持续支持下才出兵神圣罗马帝国的观点，这与翁诺·克洛普的观点是不同的。

然而，以上述方式获得的额外知识毕竟是非常有限的，更有价值的东西是当时诸侯们的往来信件，从中我们可以了解当时的天主教诸侯们的情感和思想。要给某个历史人物定性，不光要看他都做过些什么，还要看同时代的其他人对他的评价。在我看来，这是刻画历史人物的首要条件，也是学习历史的学生非常清楚的规范，但一直以来被研究三十年战争史的学者们忽视了。

我从德国老师们的作品里引用了很多东西。事实上，他们更有资

---

① 约翰·古斯塔夫·德罗伊森（Johann Gustav Droysen，1808—1884），德意志第二帝国著名历史学家。其代表作《亚历山大大帝》体现了德国“新历史学派”关于理想化伟人的思想。其学术研究和著作善于运用实例表述观点，能灵活运用各种史料，他的研究方法极大地影响了后世的历史学家。——译者注

② 翁诺·克洛普（Onno Klopp，1822—1903），德意志第二帝国历史学家。他是研究斯图亚特王朝的专家，《斯图亚特王朝的衰落》就是他的代表作。他还是少数几位对腓特烈大帝做出负面评价的历史学家之一。——译者注

③ 弗雷德里克·克里斯托弗·福斯特（Friedrich Christoph Förster，1791—1868），普鲁士王国历史学家、诗人。其代表作有：《普鲁士史概要》《腓特烈大帝传》《普鲁士战争与和平时期的英雄：1849—1860》《华伦斯坦颂》等。——译者注

格来写这本书。不过，我希望他们在看到这本书时，能够感受到一个英国人对欧洲大陆上这个伟大民族所经历的不幸而展现出来的同情，以及为这个伟大民族所取得的成就而送上的由衷祝福。我要把德意志民族过去的经历通过英国的年轻人及教育界告诉所有英国同胞，让他们去品读德国的历史。

目 录

第 1 章 三十年战争爆发的渊薮

第 1 节 神圣罗马帝国的宪政制度

16 世纪和 17 世纪，德意志民族大一统的多数条件已经具备，只可惜真正意义上的国家机构尚未形成。当时，虽然神圣罗马帝国有类似于英格兰国王的皇帝，也有类似于英格兰议会的立法机构，但这些都是表面上的相似，本质上有着很大的不同。

神圣罗马帝国皇帝由七位选帝侯选出。在七位选帝侯中，三位来自教会：美因茨大主教、特里尔大主教和科隆大主教；四位来自世俗世界：巴拉丁选帝侯、萨克森公爵、勃兰登堡公爵、波希米亚国王。从理论上讲，当选的皇帝应该像尤利乌斯•恺撒和君士坦丁大帝那样，可以掌控世界，或者至少像查理曼大帝和奥托大帝那样统治整个西罗马帝国。神圣罗马帝国皇帝西吉斯蒙德临终前曾经下令，他的遗体需让臣民瞻仰几天后方可安葬，好让他们知道“掌控天下的皇帝驾崩了”。腓特烈三世登基时，诸选帝侯对他说：“我们选择陛下您来一统基督世界。”但事实上，鲜有神圣罗马帝国皇帝能拥有至高无上的权力。

在我们谈论的这段历史时期内，神圣罗马帝国皇帝徒有至尊之名，绝没有我们想象中应该拥有的至尊权力。查理曼大帝加冕前只是一国之王而已，但通过不断征战，逐步统治了大半个西欧，其统治地位也

君士坦丁大帝

统治西罗马帝国故土的查理曼大帝

奥托大帝

神圣罗马帝国皇帝西吉斯蒙德

得到了各王国的认可。后来，查理曼大帝的三个孙子将帝国一分为三。于是，他们就不能再行使皇帝的权力统治包括德意志在内的各王国了。德意志历史上伟大的君主亨利一世[①]根本就没做过皇帝。亨利一世的儿子奥托大帝之后，虽然德意志境内的国王不断前往罗马，觐见教皇，索要皇权，并且确实在亚琛或法兰克福戴上过特殊的皇冠，但即便如此，也徒有皇帝之名，并无皇帝之实权。

因此，16 世纪或 17 世纪的作家在谈论神圣罗马帝国皇帝的权力时，实际上是指德意志国王的权力。同理，他们谈论的神圣罗马帝国其实就是指今日的德国及其周边的一些地区。这些地区包括瑞士、荷兰、洛林、东勃艮第（或弗朗什 - 孔代）。除阿尔萨斯和洛林的部分地区外，今日的德国已不包括上述地区。而在意大利行使王权、征收

查理曼大帝的三个孙子“大胆”查理（左）、
塔洛尔一世（中）与路易（右）签订《凡尔登
条约》（843 年 8 月），将帝国一分为三

① 亨利一世（Henry I the Fowler，876—936），原为萨克森公爵（912 年起），神圣罗马帝国第一位皇帝奥托一世之父。919 年，亨利被萨克森和法兰克诸侯选为德意志国王（919 年到 936 年在位），由此开创了萨克森王朝。据说，亨利被推荐为国王时正在森林里捕鸟，因而获得了“捕鸟者亨利”的绰号。——译者注

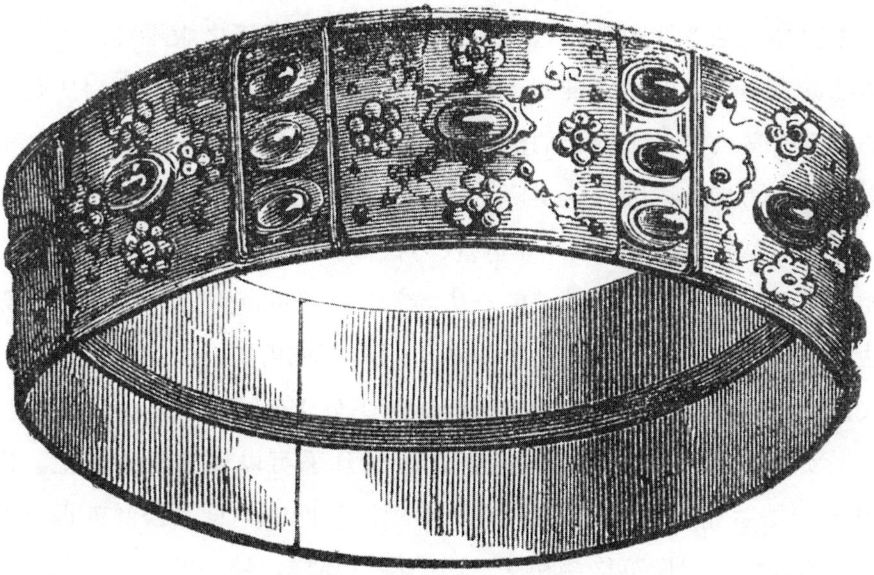

伦巴第铁王冠。据传，铁王冠是由耶稣受难十字架上的铁钉冶制而成的

税赋的不是神圣罗马帝国的皇帝，而是意大利的国王，即伦巴第铁王冠佩戴者。据传，铁王冠是由耶稣受难十字架上的铁钉冶制而成的。

虽然我们可以抛开当时作家们所使用的模糊称谓，换用新的称谓去指代历史上的神圣罗马帝国皇帝，但此举并不明智，因为不熟悉神圣罗马帝国历史的人在我们使用新的称谓后，很难将其与既有的史实联系到一起。因此，神圣罗马帝国后期，尽管皇帝的身份有其特殊性，但我们并没有用新的称谓去指称这一时期的皇帝。此外，神圣罗马帝国的历史比较复杂，皇帝的称谓在不同时期会有不同内涵。这就提醒我们，指称神圣罗马帝国皇帝时，要遵循世代一致的原则，不可脱离传统。我们只需记住：神圣罗马帝国后期，皇帝的权力和英格兰国王亨利八世或法兰西国王路易十四的权力相当，而与尤利乌斯·恺撒或君士坦丁大帝的权力相比，就相去甚远了。

15 世纪的一部法典中有这样一句表述——“除去皇帝的权力”。在古罗马立法者的眼中，这句表述简直是在冒天下之大不韪。不过，紧随该表述之后的是“谁还可以说‘这座房子是我的，这个村庄是我的’呢？”公爵、主教、伯爵和城邦主都能从皇帝那里获得封地，他们对此非常满意，因为这实际上就架空了皇帝的权力。因此，尽管皇帝名义上掌控着整个帝国，但其权力甚微。自中世纪以来，情况一直如此，这也是西欧封建王权的一大特征。由此可见，这样的皇帝既无法成为大一统帝国的君主，也保护不了其疆域内所有农民和小市民的权益，更无力改变他们在封建等级制度下处于底层的命运。

实际上，神圣罗马帝国的直属诸侯几乎可以算独立的君主。像 10 世纪法兰克的诺曼底公爵和 15 世纪法兰西的勃艮第公爵就拥有君主般的权力。就像英格兰和法兰西的国王那样，神圣罗马帝国的直属诸侯彼此之间时有争吵，甚至可能会发生战争。他们自己属地上的臣民如果想要觐见神圣罗马帝国皇帝，必须征得他们的同意后方可成行。

15 世纪初，复兴神圣罗马帝国皇权并重振皇帝的威严看上去是一件遥不可及的事。虽然期盼德意志国王一统天下、重返罗马帝国辉煌时期只能是个梦想，但德意志人民希望民族能够统一的情感迟早有一天还是要到来的。而到那一刻，他们会强烈希望作为统治者的国王能够表现出非凡的政治智慧和绝对的君主威严，以维护德意志民族的统一和安全。然而，德意志人最终并没有等来这样一位有作为的君主，这也是德意志民族最终走向分裂并在三十年战争后彻底分裂的主要原因之一。

15 世纪中叶，神圣罗马帝国尝试着引入议会制度，并设立帝国议会这样的机构，从而结束长期的无政府状态。但各诸侯国那些禀赋聪明的政治家们根本就不想贯彻代表所有人民的思想。原来的封建贵族议会上只能看到帝国的各直属诸侯，现在的帝国议会上情况亦是如此，只不过现在的帝国议会号称“常设性机构”而已。

因此，各诸侯领地上的臣民无权参加帝国议会。无论有怎样的意愿或意见，在国家政策制定层面上他们都没有发言权。帝国议会也不会考虑来自英格兰代表的诉求。当权者比任何阶层都要强大，有将城镇与乡村、国王与人民紧密团结在一起的能力。英格兰代表虽然还没有强大到可以做独立的诸侯，但也不至于就弱小到甘愿接受当权者制定的所有法令。帝国议会甚至没有给那些实力较弱的直属诸侯留有席位。譬如，金雀花王朝初期的男爵就没有资格参加帝国会议，尽管他们和巴伐利亚公爵或萨克森选帝侯一样，都是直接从皇帝那里获得封地。不过，他们的实力确实有限，其封地仅有几平方英里，所以在帝国议会中自然不大可能占有一席之地。

这样的帝国议会实质上更像是欧洲主权国家的代表大会，而与英国议会的性质不同。帝国议会的成员均握有实权，可能会讨论民众的诉求，也可能不会。即便讨论民众的诉求，他们也更愿意在自己领地的内部议会中解决问题。萨克森公爵、黑森伯爵或奥地利大公知道，所有的税务征收、军队训练、教俗物品供应等问题都需在德累斯顿、卡塞尔或维也纳的宫廷内自行解决，而不能指望帝国议会来做这些事。反之，尽管某位诸侯可能犯了众怒，遭到了其他诸侯的谴责，但帝国议会也很难处置他。虽然帝国议会名义上可以封杀他，将他逐出诸侯圈子，但如果他的实力雄厚，并且有强大的朋友帮助，那么封杀令就很难真正地执行下去。这时就有必要向他开战。不过，这种战争可能会以失败告终。

尽管如此，15 世纪末、16 世纪初帝国议会还是取得了一定的进步。在帝国各诸侯的提议下，帝国法院成立了，负责协调各领地诸侯之间

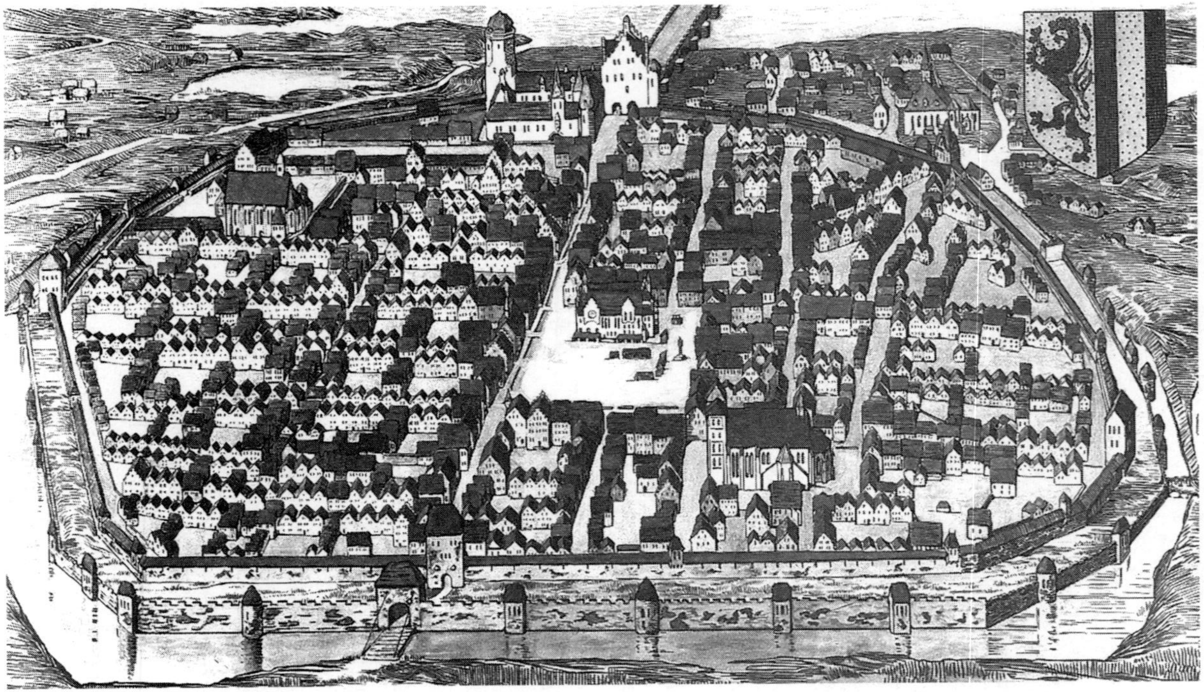

中世纪的德累斯顿

中世纪的卡塞尔

中世纪的维也纳

七大选帝侯

的矛盾，并针对产生的问题和发生的冲突做出合理的判决。为了有效地执行法庭的判决，神圣罗马帝国的各直属诸侯和城邦被分成几个大区。在帝国议会中，每个大区的诸侯和城邦主都拥有发言权。他们还可以召开大区的内部会议，组建军队以维持大区的社会秩序。

世俗诸侯、教会诸侯与直属城邦市民构成了神圣罗马帝国的三大阶层。在参加帝国议会时，三大阶层要分别在各自的议院内进行投票。第一议院由七位选帝侯组成，但只有在选举皇帝时，七位选帝侯才会同时出席，平常的立法或协调工作会议上，波希米亚国王是不出席的，出席的是其他六位选帝侯。第二议院为诸侯议院，由帝国议会中所有世俗诸侯和教会诸侯组成。第三议院由自由城邦的代表组成，这是最能代表普通大众利益的议院，但该议院议员的地位明显不如另外两院议员的地位高。某项提议只有在选帝侯议院和诸侯议院同意通过时，才会递至第三议院进行表决。

这种议会制度几乎是专为各诸侯和选帝侯服务的，存在着极大的漏洞。帝国议会、各大区法院与帝国法院几乎全部为各大诸侯和选帝侯所控制，他们拥有最大的发言权。在平常时期，这种议会制度也许不会引发什么危险，但到了非常时期，一旦出现席卷整个帝国的运动，帝国就会分裂为对峙的双方：一方是德意志民族的普通大众，一方是各路诸侯和选帝侯组成的利益集团。这种情况发生后，上述议会制度很难保证国家的和谐与稳定。如果这种情况发生在英格兰，国王可以通过封新贵族的方式压制上议院中敌对贵族的势力，各选区也可通过重新选举的方式改变下议院中敌对势力占优的局面。但神圣罗马帝国没有下议院。如果皇帝试图从实力不济的直属领地中新封诸侯，并以此来钳制帝国议会中的实权派，那么不仅于事无补，而且会成为世人的笑柄。

第 2 节 德意志的新教状况

16 世纪，德意志地区的新教势力突然抬头，帝国的宪政制度面临严峻的考验。虽然大多数民众表达了支持宗教改革的态度，但帝国议会始终反对宗教改革，担心路德教有朝一日会一统天下。实际的情况是，在选帝侯议院中，三位俗职选帝侯赞成宗教改革，而三位神职选帝侯反对，双方势均力敌，不分高下。不过，在诸侯议院中，神职议员多达三十八名，而俗职议员仅有十八名，双方实力悬殊。简而言之，神圣罗马帝国的诸侯议院就像宗教改革运动之前的英格兰上议院一样。然而，神圣罗马帝国皇帝不像英格兰国王亨利八世那样有魄力。他无权解散教会，也无权将神职议员逐出贵族议院。于是，帝国议会的决议和世俗社会的发展方向完全不一致。期望这样的议会通过有利于新教的措施几乎是不可能的。但从客观上讲，真正的神圣罗马帝国议会应该接受改良后的路德教，并将其视为整个德意志民族宗教的组成部分，这点谁也不应该否认。五十年来，虽然新教在神圣罗马帝国的发展困难重重，但百分之九十的德意志人已经成了新教的信徒。

虽然缺少了国家的支持，但新教还是得到多数世俗诸侯和选帝侯的支持。这些世俗贵族很多时候不得不在有违帝国议会意愿的情况下行事，这成为神圣罗马帝国日后分裂的巨大隐患。

帝国议会没起到英格兰议会那样的作用，帝国的皇帝也不像英格兰国王亨利八世那样有担当。1519 年，查理五世当选为神圣罗马帝国的皇帝。然而，在协调各方利益的过程中，本该强硬时他却表现得非常软弱，本该妥协让步时却表现得过于强硬。作为帝国的皇帝和封

英格兰国王亨利八世

神圣罗马帝国皇帝查理五世

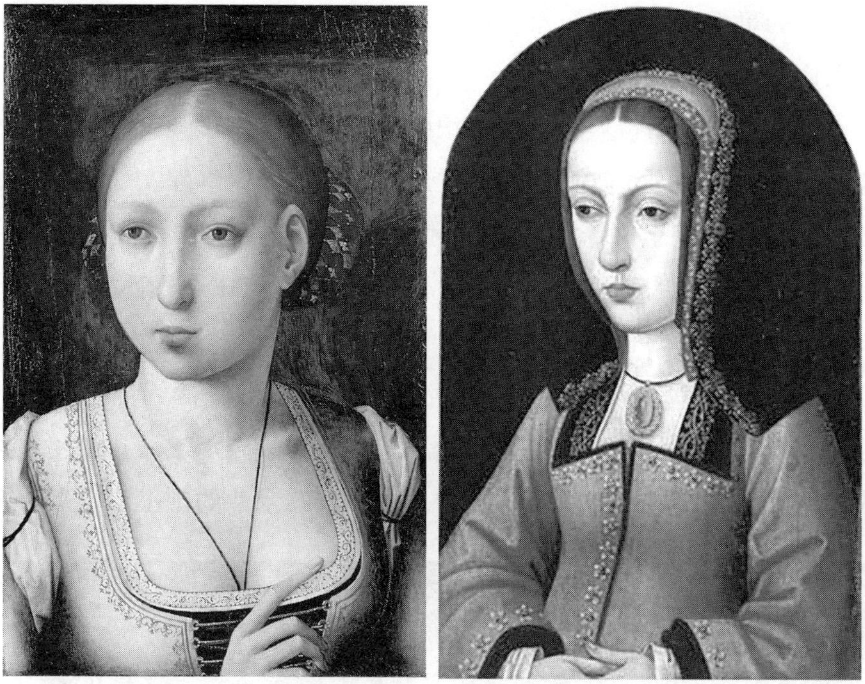

卡斯蒂尔的乔安娜

建国君，查理五世的影响力微乎其微。但作为诸侯，他独霸一方，统治着奥地利公国和提洛尔公国，是当时欧洲最强大的国王之一。他不仅是西班牙的国王，还是西印度群岛的国王，控制着那里所有的资源。此外，意大利的那不勒斯、米兰、西西里岛和撒丁岛都是他的属地。他还以各种头衔统治着勃艮第、弗朗什 - 孔代地区和荷兰的十七个行省。如此伟大的人物本该凭借帝国宪政制度赋予的权力去影响德意志的事态朝好的方向发展。可不幸的是，查理五世终究是外来的君主，满脑子都是外来的思想，其母亲卡斯蒂尔的乔安娜①的西班牙血统一直在影响着他的处事风格。查理五世对任何违背天主

① 卡斯蒂尔的乔安娜（Joanna of Castile，1479—1555），阿拉贡国王斐迪南二世和卡斯蒂尔女王伊莎贝拉一世之女，奥地利大公腓力一世之妻，神圣罗马帝国皇帝查理五世之母。大部分历史学家认为乔安娜患有精神分裂症。——译者注

教教义的事都无法容忍，第一次见到马丁·路德时，他就说道：“那个人休想说服我。”

一些新教世俗诸侯虽然不是很强大，但获得了广大民众的支持。他们与获得外来皇帝支持的诸侯彼此敌对，内战最终爆发。最后，新教诸侯一方大获全胜，他们迫使对手于 1552 年召开了帕绍会议。与会代表一致认为应该尽快召开一次帝国议会，以彻底结束目前的战乱，实现德意志地区的和平。

1555 年，帝国议会终于在奥格斯堡召开会议。因为当时的形势对新教徒非常有利，查理五世对此深感意外和失望，遂派其弟斐迪南代表他出席会议。斐迪南当时是匈牙利和波希米亚的国王，也是哈布

1555 年，帝国议会在奥格斯堡召开会议

斯堡家族继查理五世之后的神圣罗马帝国皇帝。斐迪南和新旧教派的领袖都渴望和平能够早日到来，因为他们担心战争如果再持续下去的话，查理五世的儿子腓力[①]将拥有更加雄厚的实力。

帕绍会议前，信奉新教的各诸侯出于私欲或支持新教发展的需要，已在各自领地内占据了不少天主教教会用地。保证这些新教诸侯的既得利益免受天主教制定的法律限制应该不难，真正的困难是如何在未来还能维持当前的局面。首先，随着新教的不断发展，信奉新教的各诸侯极有可能在各自的领地范围内继续将剩余的天主教教会用地转变为世俗用地。其次，作为帝国诸侯的主教或修道院院长甚至有可能放弃自己原先的信仰，转而信奉新教。

在履行《奥格斯堡和约》的过程中，虽然上述第一种情况看似有可能发生，但《奥格斯堡和约》也强调，只有在帕绍会议召开前的天主教属地世俗化行为才是合法的。这就表明，天主教绝不会放弃当前尚未世俗化土地方面的所有权。

上述第二种情况引发了长时间的争论。新教一方希望天主教主教或修道院院长可以根据自己的意愿改变信仰，皈依新教，然后再在民众中推行新教。而天主教一方则坚持认为，改变信仰的主教或修道院院长应该首先辞去其天主教教职，然后再放弃其所占有的天主教保留用地。最后，双方进一步约定，《奥格斯堡和约》只适用于信仰从天主教转为路德教的情况，不适用于转为其他教派的情况。

在当时的情况下，双方似乎都可以接受《奥格斯堡和约》，但这隐藏着潜在的危险。因为《奥格斯堡和约》虽然表面上是帝国议会表决的结果，但实际上仅仅是各大诸侯和选帝侯意志的体现，似乎除他

① 西班牙、意大利和尼德兰的王位继承者。——原注

查理五世之弟斐迪南。斐迪南是匈牙利和波
希米亚的国王，后来成为神圣罗马帝国皇帝

签订《奥格斯堡和约》

们之外，再无人会去关心事情未来的走向一样。此外，《奥格斯堡和约》规定，整个帝国今后要严格维持1552年时的宗教状况，不可有任何变通。这样绝对的硬性规定实在不大妥当。一方面，《奥格斯堡和约》的制定者没有考虑将大多数人信仰的宗教作为帝国的国教；另一方面，《奥格斯堡和约》制定者背离了宗教信仰自由的原则。他们只在乎自己的利益，根本就没有去倾听德意志人民的心声。

为防止新教发展而设置的障碍流于形式，不久便土崩瓦解了。世俗诸侯们声称，他们有权在自己的领地内继续将天主教教会的土地世俗化。这是他们为属地臣民提供宗教服务的义务，他们应该时刻好好为臣民服务。据说，仅在巴拉丁就有一百多块天主教教会用地变为世俗领地，这和帕绍会议之前发生在德意志北方地区教会用地世俗化“大丰收”时的数目大体相同。

教会保留用地是一种特殊的地产，即帝国为发展教区和修道院事业而专门留出的土地。然而，新教贵族就连这种土地也不放过，为此还想出了规避《奥格斯堡和约》的借口。他们争辩道，教会保留用地并不是由天主教掌控的土地，而是为了防止主教和教士之间发生争执留出的备用土地。因此，天主教的主教如果选择改信新教，就必须从原来的教区辞职，以免冒犯天主教教义。然而，如果新教教会选出了自己的主教，那么当选的主教就可以当仁不让地接管天主教教会的保留用地，直至他去世为止。

就这样，德意志北方地区的八大教区很快就变成新教诸侯的领地。新教教区的领袖其实并非真正意义上的主教，而是当选的诸侯而已，他自封为主教，有时也会谦虚地自称为管理者，负责管理领地范围内的所有世俗事务。

从某种程度上讲，这种做法无可厚非，因为这些地区的臣民主要是新教徒，所以他们没有理由去抱怨什么。此外，只要有足够多的天主教教区沦为新教诸侯的领地，那么帝国议会中的多数派自然会易主。当时的帝国议会要比现在的帝国议会更能代表整个德意志民族的利益。但我们必须承认，天主教教会用地世俗化的过程实际上就是新教诸侯对土地的强取豪夺。难怪天主教会大声谴责，称这些新教管理者根本不配当主教，他们无权占有主教的领地，更不应该拥有帝国议会的席位。

第 3 节 遏制新教发展

在不断发展的过程中，新教本身也产生了重重矛盾。每个小诸侯国都迅速发展起自己的教派，但这些教派的神职人员往往囿于一隅，思想封闭，目光短浅，缺少大局意识。在现实中，他们勾心斗角，互相攻讦，甚至不惜动用武力去消灭对手。刚刚组建起来的耶稣会抓住时机站了出来，以改革罗马教廷的名义向新教各派发出呼吁，要求它们停止冲突，放下纷争。耶稣会强调，唯有如此，大家才能过上安定、和平的生活。对比之下，新教一方在道德上明显处于下风。最终，新教既没能像发生在 16 世纪英格兰的情况那样，驱走耶稣会士，开创一种新的国家生活，也没能像发生在 19 世纪德意志的情况那样，战胜耶稣教会士，创建一套新的科学体系。当时，德意志地区的新教徒普遍缺乏这样的热情和抱负。马丁·路德早已撒手人寰，菲利普·墨兰顿[1]在生命的最后日子里，仍然无助地与身边的敌对势力抗争。

① 菲利普·墨兰顿（Philip Melanchthon，1497—1560），马丁·路德的亲密战友，精通希伯来文及希腊文。他对《圣经》原文了如指掌，是一位卓尔不群的解经家。在他的鼓励下，马丁·路德将《圣经》译为德文。菲利普·墨兰顿在路德派（信义宗）神学立场的界定与阐释方面做出了卓越的贡献。——译者注

马丁·路德撒手人寰

早年的菲利普·墨兰顿

晚年的菲利普·墨兰顿

临终前，菲利普·墨兰顿在病榻上说：“我盼着离开人世，原因有二。首先，我可以亲眼目睹天国的教堂和耶稣的圣容，这一天我向往已久。其次，我还可以从各派教士对我滔天的仇恨中解脱出来。”

就在民族分裂、诸侯各自为政、信仰繁芜的环境下，耶稣会逐渐发展壮大起来。在抵制新教的过程中，天主教逐渐占了上风，并顺势占领了道德高地。因此，天主教的某些做法虽然有强制之嫌，但仍然能为世人所接受。主教和修道院院长让教区的教民在改变信仰和迁出教区之间做选择。科隆大主教试图以通婚的方式改变新教徒的信仰，但这明显与教区的发展趋势不符。在斯特拉斯堡教区，新教徒占了大多数。虽然他们选出的主教是新教徒，但其势头不久便被压了下来。马格德堡①一位信奉新教的主教向帝国议会提出申请，想成为帝国议会议员，却遭到了拒绝。德意志北方其他几位诸侯和他的遭遇一样，虽然保留着教职，但在帝国议会中无席位。于是，这些诸侯都急着消除这种耻辱。几年后，帝国法庭对帕绍会议之后世俗化的四个教区走向做出了最终判决，判决结果和新教诸侯们的主张恰恰相反。

在天主教教会土地世俗化方面，新旧势力的主张各异，难以调和，三十年战争因此爆发。天主教一方主张严格遵守《奥格斯堡和约》中的条文，从自身的利益出发要求教区和领地应该恢复 1552 年召开帕绍会议之前的情况。新教一方则认为处理一切事情必须考虑到当下的社会变化，16 世纪末的社会情形已和四十多年前大不相同，有些事情可能适用当时的法律，有些则不再适用。新教一方声称，不管怎么说，当前的社会状况一定符合大多数民众的愿望。

如果神圣罗马帝国的议会制度真的能够反映民意，那么我们有充

① 马格德堡（Magdeburg）位于易北河畔，805 年建城，曾经作为奥托一世的皇宫所在地而著名。13 世纪时，它发展成繁荣的商业中心，为汉萨同盟主要成员。三十年战争期间，全城三万居民死了两万。——译者注

分的理由相信，人民还是会支持某种折衷办法的。毕竟天主教教区和新教教区的人民之间并不存在任何的敌意，彼此敌对的只是各自教区的统治者。

第 4 节 三大教派及其领袖

天主教区巴伐利亚公爵马克西米利安一世和加尔文教区安哈尔特公爵克里斯蒂安一世是主战派的代表，而路德教区的萨克森选帝侯约翰·乔治一世则是主和派的代表。

萨克森选帝侯约翰·乔治一世

巴伐利亚公爵马克西米利安一世是支持天主教的唯一重要的世俗诸侯。长期以来，他将自己的属地管理得井井有条。他是一位难得的优秀的统治者。没有哪位诸侯能像他那样富甲一方，还拥有一支纪律严明的军队；没有哪位诸侯能像他那样可以提出令各方满意的周全计划；没有哪位诸侯能像他那样会耐心等待执行计划的合适时机。就连最精明的对手都不吝溢美之词：“巴伐利亚公爵计划好的事情自己都长有手脚。”他的计划一旦开始实施，似乎总能获得成功。

如此精明的一位统治者是不可能不加考虑就贸然接受某种思想的，尤其是像这种彻底铲除新教的疯狂思想。马克西米利安一世也不

巴伐利亚公爵马克西米利安一世。他是支持天主教的唯一重要的世俗诸侯

会像某些诸侯那样，因为教皇没有对《奥格斯堡和约》做过批示，就断然宣称其无效。在他看来，《奥格斯堡和约》是解决争议领地一切问题的法律准绳。他也很清楚，遵守《奥格斯堡和约》就意味着与新教及世俗诸侯为敌。因此，他没有打算立刻就采取行动，而是在等待合适的时机。其间，他慢慢地蓄积着力量，以便机会到来时能拥有掌控局势的雄厚实力。尽管他坚持以《奥格斯堡和约》中的条文作为解决问题的原则，但如果真有某种困难出现，他就会在法律允许的范围内做出某种变通，以顺利实施自己的计划。

对新教徒来说，如此稳健、坚决的一位对手远比那些只会叫嚣抨击新教教义的反对者们危险。新教徒们自然难以接受马克西米利安一世主张的观点，因为这样不但意味着新教诸侯属地上数以千计的新教徒不得不改变信仰，而且意味着这些属地内原先零星分布的天主教教区将不断向周边扩大势力。如果事态果真朝着这个方向发展，那么 1552 年天主教一方有所让步后形成的宗教格局就会彻底改变。此一时，彼一时，天主教派在其实力不济时认为可以容忍的事情，在其实力强大起来后，就变成眼中钉肉中刺，必先除之而后快。

于是，抵制《奥格斯堡和约》便成了所有新教诸侯的一种责任，因为这关乎他们自身的利益。在一些主教辖区，新教诸侯们早已为自己的儿孙们划出了封地，但一旦新教徒将来被逐出教区，他们的封地计划就会随之成为泡影。

可现在的问题是，他们应该在多大程度上进行抵制活动。帝国与各属地之间的关系十分松散，抵制某项法律规定或者所谓的法律规定极有可能导致对整个法律体系的抵制。因此，进行什么程度的抵制是新教诸侯必须仔细斟酌的问题。至少在德意志地区，新教诸侯还没有做出过轻率的挑衅行为。巴伐利亚公爵马克西米利安一世因此也就没有任何夺回被占教区的借口。德意志北方地区的路德教徒远离是非之地，他们觉得自己不会面临真正的危险。而德意志南方地区的新教领地就像钉入欧洲天主教中心的楔子，因其所处的特殊地理位置，那里的新教徒们时刻都处在极度戒备的状态。他们得不断提醒自己，他们就是新教的先锋。这片新教领地的一侧是信奉天主教的巴伐利亚公国、乌兹堡主教区和班堡主教区，另一侧是莱茵河和摩泽尔河畔的选帝侯区，此外还有沃尔姆斯、斯派尔和斯特拉斯堡等主教区、奥地利的斯瓦比亚和阿尔萨斯地区、西属弗朗什-孔代和尼德兰地区。而弗朗什-孔代和尼德兰境内都驻有当时欧洲最强大的西班牙军队。明知在劫难逃，这里的新教徒们还是随时准备割断锁喉之绳，奋起抗争，而不是坐以待毙。

正是在这种紧张的气氛里，德意志南方地区的新教诸侯大多都选择了与北方温和的路德教相差甚远的加尔文教作为其信奉的宗教。尽管符腾堡在图宾根大学的影响下坚奉路德教，但巴拉丁、黑森-卡塞尔、巴登-杜拉赫和茨魏-布吕肯新教统治者都选择了信奉加尔文教，希望能从严格的教义中汲取力量，好与罗马教廷殊死搏斗。

不幸的是，德意志的加尔文教与苏格兰、尼德兰的加尔文教情况有所不同。德意志的加尔文教是诸侯意志的体现而非民众的自发选择，这些教徒因为缺少战争风雨的洗礼，所以没有战无不胜的气势。德意志信奉加尔文教的诸侯的军队纪律涣散、意志薄弱、毫无斗志，虽然实力不济，却总喜欢招惹是非。签署《奥格斯堡和约》时，帝国议会只考虑到天主教和新教中路德派的利益。于是，信奉加尔文教的诸侯们便对帝国议会极尽污蔑之能事，这不仅冒犯了天主教各诸侯，还冒犯了路德教各诸侯。

信奉加尔文教诸侯们的情感在安哈尔特公爵克里斯蒂安一世身上

表现得尤其明显。17 世纪初，信奉加尔文教诸邦的领导权按惯例交到了巴拉丁选帝侯腓特烈四世的手上。然而，腓特烈四世是个无能之辈，终日只知酗酒，不理政事。他将权力全部委托给安哈尔特公爵克里斯蒂安一世为首的顾问团，任由他们以他的名义发号施令。

安哈尔特公爵克里斯蒂安一世

安哈尔特公爵克里斯蒂安一世的点子总是取之不尽用之不竭。一个计划受挫后，他能马上提出另一个计划。他还是天生的外交家。据说，他了解欧洲所有政要，并与其中的大多数人交往甚密。在他看来，想与天主教维持和平无异于痴人说梦。他认为，新教诸侯与哈布斯堡家族是势不两立、你死我活的关系。我们先不管他的观点是否正确，但他肯定低估了对手的实力，犯下了致命的错误。当巴伐利亚公爵马克西米利安一世紧锣密鼓地训练军队、筹钱备战时，安哈尔特公爵克里斯蒂安一世却在一味地走他的外交路线。他根本不明白，人们对现有制度的依赖是何等顽固。哪怕这种制度已经腐朽不堪，非到万不得已时，人们不会盼望新制度取而代之。他也不知道马克西米利安一世有多么强大。马克西米利安一世表面上不声不响，实际上却酝酿着一幅革命蓝图。这一切他都没有看到！在他看来，信奉新教的诸侯要想获得安全感，就得不断发展壮大自己的势力，最终打倒神圣罗马帝国皇帝，消灭帝国议会。但皇帝和议会果真被推翻了，他又能做些什么来拯救处于无政府状态的神圣罗马帝国呢？毫无疑问，他会继续实施自己的既定计划，占领周边的主教区，发起新一轮的天主教会财产世俗化运动。结果就是，连新教诸侯也会怀疑下一个被占领的有可能就是他们自己的属地。这就又回到了德意志人民不欢迎的弱肉强食、战乱频仍的老路上了。

1607 年发生的一件事情引起了德意志南方地区信奉新教诸侯的警觉。他们开始躁动不安起来。自由城邦多瑙沃特有座修道院。一天，修道院院长派了一支教士队伍上街游行，在新教徒面前招摇而过。返回修道院的途中，游行队伍遭到了泥浆和石块的袭击，一些教士受伤严重。这种冲突本该交由帝国法庭判决，但由于涉及宗教纠纷，帝国法庭无力解决，只好交由帝国理事会去处理。帝国理事会由各大选帝侯组成，代表帝国的最高权力。但帝国理事会未经任何形式的审判就做出了由帝国接管多瑙沃特的决定，并让马克西米利安一世负责执行该判决。马克西米利安一世派了一小支军队迅速占领了多瑙沃特。他宣布，在收到赔偿前，他的军队会一直占领该城。同时，他还将城内的教堂交给了天主教神职人员管理。教堂是在帕绍会议之后才成为新教徒做礼拜的地方，所以马克西米利安一世完全可以打着严格执法的幌子为自己的行为辩护。

这是一种披着法律外衣公然进行宗教侵略的行为。当德意志南方几个信奉新教的城市——纽伦堡、乌尔姆和斯特拉斯堡，在得知帝国理事会偏袒天主教、做出不公的判决后，纷纷投入周边那些曾令它们嫉恨的新教诸侯怀中。然而，诸侯的政策中也有许多让自己不安的地方。在 1608 年的帝国议会上，巴拉丁选帝侯区的代表首次主张，在税收、宗教问题上少数派不必总是受多数派意志的左右。也就是说，

信奉新教的城市——纽伦堡

巴拉丁没有义务承担帝国共同防御的义务，除非臣民们自愿参与；巴拉丁也不受天主教教会地产重新分配政策的约束，除非其自愿接受。这难道是说巴拉丁只是想保持住目前的地产，还是说一旦条件成熟就去夺取更多的地产？这是新教徒和天主教徒做出的两种截然不同的解读。

1608 年 5 月 14 日，在安哈尔特公爵克里斯蒂安一世的组织下，包括路德教和加尔文教的新教联盟成立了。新教联盟主要由德意志南方地区信奉新教的诸侯国和城邦组成。新教联盟成立的初衷是自卫，大部分成员也是冲着这个目的才加入的，但联盟的首领有着完全不同的想法。

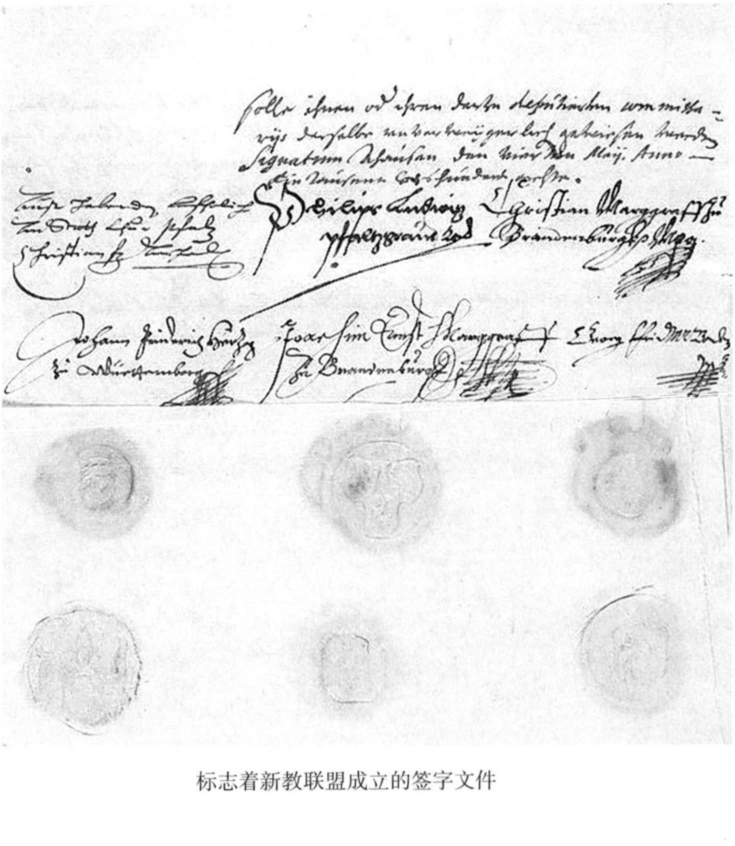

标志着新教联盟成立的签字文件

巴伐利亚公爵马克西米利安一世随即召集所有天主教主教和修道院院长，成立了天主教联盟。许多天主教主教和修道院院长认为，新教成立联盟的目的是吞并天主教的领地。马克西米利安一世统领天主教联盟的能力是新教联盟领导人根本不具备的。天主教联盟成立的目的也是自卫，但这种“自卫”是否包括恢复帕绍会议后天主教失地的动机，这就得视情况而定了。

不管新教联盟中大多数诸侯的目的是什么，安哈尔特公爵克里斯蒂安一世无疑是想发动战争的。他深信，如果不推翻统治神圣罗马帝国的哈布斯堡家族，新教徒的安全就无法得到保障。他还固执地认为，全欧洲的天主教徒会武装起来与他作对。

新教联盟成立不久后，接连发生的几件事将神圣罗马帝国推向了战争的边缘。1609 年春，尤利西 - 克利维斯 - 伯格公国约翰 • 威廉公爵去世。勃兰登堡选帝侯约翰 • 西吉斯蒙德和诺伊堡公爵诺尔夫冈 • 威廉都想继承该公国的爵位。但一支天主教军队声称只有帝国皇

约翰 · 威廉公爵

诺伊堡公爵诺尔夫冈 · 威廉

帝才有权解决这一问题，接着趁机占领了尤利西－克利维斯－伯格公国。于是，为了共同利益，两个信奉路德教的爵位觊觎者决定结盟，一致对敌。法兰西国王亨利四世早就想找借口对西班牙及其盟友开战。尤利西－克利维斯－伯格公国爵位继承冲突简直是天赐良机。不过，亨利四世意外死于刺客的剑下，他的遗孀玛丽·德·美第奇王后只派了一小支军队会同英格兰及荷兰的军队为两位爵位觊觎者撑腰，支持他们联合起来同入侵的西班牙人作战。

然而，在将来领地的处置问题上，勃兰登堡选帝侯约翰·西吉斯蒙德和诺伊堡公爵诺尔夫冈·威廉的观点并不一致。一天，诺伊堡公爵诺尔夫冈·威廉提出了一个自认为绝妙的办法。他跟勃兰登堡选帝侯约翰·西吉斯蒙德说：“您只要把尤利西－克利维斯－伯格公国让给我，再把您的女儿嫁给我，问题不就解决了吗？”这一厚颜无耻的要求彻底激怒了勃兰登堡选帝侯约翰·西吉斯蒙德，他抬手就给了年轻的对手一记耳光。这记耳光的后果出人意料。挨打后的诺伊堡公爵诺尔夫冈·威廉居然放弃新教，改信了天主教，并向西班牙人和天主教联盟寻求庇护。勃兰登堡选帝侯约翰·西吉斯蒙德也放弃了路德教，改信加尔文教，更加积极地投身于新教联盟的事务。不过，这番激烈的冲突并未立即点燃战火，这足以说明德意志人民并不愿卷入硝烟弥漫的战争。

神圣罗马帝国的路德教派持中立态度，对双方意欲发动战争的行为深恶痛绝。路德教的领袖萨克森选帝侯约翰·乔治一世既不愿与安哈尔特公爵克里斯蒂安一世为伍，也不想巴结巴伐利亚公爵马克西米利安一世。约翰·乔治一世只是根据自己的好恶和家族传统做出了依附哈布斯堡家族的决定。不过，约翰·乔治一世很担心新教徒们的安全。虽然他心里很清楚，目前的宗教状况必须改变，但他盼着宗教改

法王亨利四世

1610年，亨利四世遇袭

玛丽·德·美第奇王后

革尽量温和一些。因此，1612 年他提议，帝国理事会仍应保留最高司法权，但皇帝在提名帝国理事会成员时应考虑平衡天主教和新教成员的数量。这样一来，剥夺多瑙沃特自治权之类的判决将来就不会发生了。

遗憾的是，约翰·乔治一世并没有做统治者的天分。他酒量过人，狩猎勇猛，但缺少将愿望变为现实的定力。每当计划受挫后，他都选择放任自流，不再坚持。1613 年，在矛盾各方各执一词、互不相让的混乱局面中，帝国议会会议中断。这时，一点点火星便可引发冲天大火。

第 2 章　波希米亚之乱

第 1 节　哈布斯堡家族及其臣民

17 世纪初，查理五世胞弟斐迪南一世的后世子孙瓜分了哈布斯堡家族的领地。家族领袖是神圣罗马帝国皇帝鲁道夫二世。他不仅是奥地利[①]大公，还是波希米亚和匈牙利的国王。其弟马克西米利安三世是提洛尔公爵，其表弟斐迪南一世则是施蒂利亚、克恩顿和卡尼奥拉三地的统治者。

鲁道夫二世

马克西米利安三世

① 仅指奥地利大公国，而非现在的主权国家奥地利。——原注

在属地管理上，令哈布斯堡家族的诸侯们备感头疼的是如何解决他们与民众之间的信仰冲突问题。他们信奉天主教，但提洛尔之外的其他领地的民众大多信奉新教。当时，宗教矛盾事关重大。让事情变得更糟的是，新教事业还得到了某些实力雄厚的贵族支持，发展势头迅猛。除宗教冲突外，现在又多出了政治纷争。事实上，斐迪南一世曾经在其领地内推行过强硬的镇压政策，很轻易地便遏制住了新教的发展势头，新教思想好像从未在中欧民众心中扎根。然而，鲁道夫二世根本没有这样的能力。他经常情绪失控，时而大发雷霆，时而做出疯狂的举动。

1606年，与土耳其人停战后，鲁道夫二世认为他终于可以像斐迪南一世那样去惩治领地内的新教徒了。岂料此举竟引发了新教大叛乱。率众揭竿而起的居然是他的弟弟马蒂亚斯。若换作别人，哈布斯堡家族的各诸侯为了共同利益，就可能将其树为敌人，共同镇压。

两年后，双方休战。奥地利和匈牙利成了马蒂亚斯的属地，而波希米亚、摩拉维亚和西里西亚仍归鲁道夫二世。

鲁道夫二世的鲁莽之举反倒让信奉新教的贵族势力得到了发展。匈牙利紧邻土耳其，境内的新教徒随时会投向敌人的怀抱，所以马蒂亚斯不得不事事迁就他们。在奥地利，马蒂亚斯和信奉新教的贵族经过几番斗争后，也被迫妥协。1609年，波希米亚贵族议会逼迫鲁道夫二世下了《皇帝诏书》，诏书明确了波希米亚王国的臣民在一定范围内享有信仰自由的权利。但这里的信仰自由不是指宗教崇拜上的自由。人们的思想可以随心所欲，但建教堂、做礼拜的具体事宜则要由当权者来决定。但问题是，谁是真正的当权者呢？这没有明文规定。

根据《皇帝诏书》的规定，当权者是贵族议会的各成员，亦即约一千四百位封建领主和四十二位城邦主。《皇帝诏书》附则指出皇室

马蒂亚斯。他领导了新教大叛乱

1608年，马蒂亚斯与鲁道夫二世会面，双方休战

领地为特殊地块，没有领主。如此一来，新教贵族领主就有权在自己的领地内禁止建立天主教堂，而国王则没有这样的权力，无权干涉人们的宗教活动。

鲁道夫二世本想打破这种权力上的束缚，结果却引发了新一轮叛乱。1611 年，他丢掉了波希米亚王国。获得新教贵族支持的马蒂亚斯成了波希米亚国王。1612 年，鲁道夫二世驾崩，马蒂亚斯又登上神圣罗马帝国的皇帝宝座。

安哈尔特公爵克里斯蒂安一世唯恐天下不乱，想方设法阻止宗教和解。在得到《皇帝诏书》之前，他向自己的外交官解释道："只要匈牙利、摩拉维亚、奥地利和西里西亚站到我们这边，哈布斯堡家族就无力与我们抗衡了，其势力范围将只剩下波希米亚、巴伐利亚和几个主教辖区了。从力量对比看，我们完全能打败哈布斯堡家族。此外，我们还要改变他们的信仰，让他们皈依新教。事情会这样发展的。只要巴伐利亚敢帮助马蒂亚斯对付奥地利新教徒，我们就对它动武，重新夺回多瑙沃特，顺便再夺取两三个主教区。我们首先要保证我们有足够的资金。当然，我们还要尽快制定法规，以便更好地进行统治。"

但安哈尔特公爵克里斯蒂安一世还是失望了。马蒂亚斯的属地安定了下来。他用了一种非常隐蔽的方法与新教贵族不断周旋。我们不知道，这个信仰天主教的新皇帝能否将当时的新教领地治理好。不过，在任何情况下，马蒂亚斯都不会贸然行事。在新教贵族控制的地盘上，马蒂亚斯虽然没有直接抨击《皇帝诏书》，但在暗中竭力地弱化其影响。新教贵族分别在布劳瑙修道院区和布拉格大主教区建起了教堂，但修道院院长和主教严禁他们使用。于是，双方就天主教主教的权力展开了争论。新教贵族声称，天主教区是皇室领地，皇室领地没有领主，天主教主教无权关闭新教教堂。但马蒂亚斯则不这么认为。在自己的属地上，马蒂亚斯有一套规避《皇帝诏书》的办法。马蒂亚斯让天主教神父到新教教堂任职，并让他们强制新教徒参加天主教的礼拜活动。新教贵族对此一直保持沉默，认为马蒂亚斯已年老体衰，等他驾崩后，便可选一位信奉新教的贵族来做国王。但巴拉丁选帝侯或萨克森选帝侯能否当选为波希米亚国王还不得而知。

1617 年，马蒂亚斯突然召开波希米亚议会。他向与会的各大贵族声明，波希米亚国王由选举产生的观点是错误的。马蒂亚斯的证据是，在他被选为国王之前，各大贵族一致认为波希米亚的王位是世袭的，他当选国王只是战争时期的特例而已。做这番声明时，马蒂亚斯甚至使用了恐吓手段。他命亲信带话给那些拒不顺从他意志的人，“除非他们肩上有两颗以上的脑袋”。

虽然对手有情绪，甚至可能起来反抗，但结果并没有改变。马蒂亚斯给出的理由固然不好辩驳，但优秀的辩手还是可以轻易抓住他的一些把柄。只要指控马蒂亚斯有违反《皇帝诏书》的行为，就可将他彻底击败，但没人这么做。更糟糕的是，随着中立派继承人纷纷放弃王位继承权，在斯蒂利亚疯狂驱逐新教徒的斐迪南有可能成为波希米亚国王。尽管如此，波希米亚议会还是顺从了马蒂亚斯的意志，放弃了选举国王的权力，承认斐迪南为下一任世袭国王。

与表兄巴伐利亚公爵马克西米利安一世相比，新国王斐迪南多了几分宗教徒的狂热，却少了几分政治家的天分。不过，二人对宗教事业的看法是比较一致的。作为天主教信徒，他们始终无法容忍异教教义，往往站在天主教的立场上去解释法律。斐迪南确实勇敢，也能解决一些简单的问题，但面对棘手的问题时，总是一筹莫展。

斐迪南接下来要考虑是否要宣誓接受《皇帝诏书》了。他咨询了耶稣会。耶稣会教士告诉他，尽管过去颁发这样的诏书是有问题的，但《皇帝诏书》现在已经成为法律，接受倒也无妨。加冕大典上，斐迪南转向身边的贵族说："能坦然戴上波希米亚的王冠，我很开心。"就这样，他心无挂碍，宣誓就职了。

不久，波希米亚人便发现生活开始变化了。之前，哈布斯堡家族的信仰只限于国王身边的人。自从斐迪南做了国王后，天主教正在慢慢影响所有波希米亚人的生活。皇家领地内接连发生了打压新教徒的

成为波西米亚国王的斐迪南。他是狂热的天主教徒

活动。布劳瑙的新教徒被逐出了教堂，克洛斯特格拉布的新教教堂也被夷为平地。

第 2 节 布拉格之乱

1617 年，波希米亚的新教徒们默默忍受着宗教压迫，他们的日子非常难过。1618 年，他们被迫反抗。一些护教者依法组建起新教贵族议会。1618 年 3 月 5 日，新教贵族议会召开，向马蒂亚斯递交了请愿书。1618 年 5 月 21 日，等皇帝到波希米亚后，新教贵族议会将重启。

议会再次开幕前，马蒂亚斯早早派人送来谕旨，为斐迪南的所作所为辩护，同时宣布新教贵族议会为非法组织。新教贵族议会当时误以为谕旨是由两名臭名昭著的反新教摄政官克鲁姆的威尔姆·斯拉瓦塔和马丁尼茨的雅罗斯拉夫·波伊塔代笔写就的。

克鲁姆的威尔姆·斯拉瓦塔

马丁尼茨的雅罗斯拉夫·波伊塔

在新教议会中，以图尔恩的亨利伯爵为首的护教派一心想将斐迪南赶下台。这时，护教派决定利用民众的愤怒将摄政官克鲁姆的威尔姆·斯拉瓦塔和马丁尼茨的雅罗斯拉夫·波伊塔置于死地。这样一来，臣民们和皇帝之间的矛盾激化到了不可调和的地步。

1618 年 5 月 23 日发生的“扔出窗外事件”拉开了三十年战争的序幕。正如一位当代作家所言，“这是罪恶的开始”。当天早晨，基恩德里希·玛特亚斯·图尔恩－瓦尔萨西纳伯爵率领一支由新教贵族及其支持者组成的队伍，全副武装地冲向了皇宫。他们冲进那两位摄政官的房间，指控他们就是皇帝谕旨的执笔人。克鲁姆的威尔姆·斯拉瓦塔和马丁尼茨的雅罗斯拉夫·波伊塔百口莫辩，最后被拖到了一个窗户前，距窗户七十多英尺的下方是护城河，只要一望，就头晕目眩。马丁尼茨的雅罗斯拉夫·波伊塔拼命挣扎，大声祈求上帝的保佑。“那就让你见上帝去，这里不欢迎你这样的混蛋。”愤怒的人们边说边把他扔出了窗外。马丁尼茨的雅罗斯拉夫·波伊塔高喊着“耶稣，玛利亚”掉向了地面。有人嘲笑道：“我倒要看看玛利亚会不会救他。”但过了一会儿，那人又说道：“天哪，玛利亚真的救了他。”随后，克鲁姆的威尔姆·斯拉瓦塔也被扔了出去，他的秘书法布里丘斯跟着被扔了出去。不过，上帝保护了三位虔诚的天主教徒。他们伤得不严重，狼狈地逃离了现场。

民族或党派英雄有时会横空出世，“扔出窗外事件”的结果便是如此。然而，要想取得革命成功，事情就远非如此简单了。

组建新政府的工作比较容易。新教议会选出了三十名行政委员。所有耶稣会士都被逐出波希米亚。议会召开大会，动员士兵加入革命军。不过，维持军队运转需要有充足的资金，而现有的税收状况无法满足这一要求。于是，新教贵族们想到了借款。最后，他们打算将这

克鲁姆的威尔姆·斯拉瓦塔、马丁尼茨的雅罗斯
拉夫·波伊塔与法布里丘斯被愤怒的人们抓住

克鲁姆的威尔姆·斯拉瓦塔、马丁尼茨的雅罗斯拉夫·波伊塔与法布里丘斯先后被愤怒的人们扔出窗外

笔资金摊派给各城邦，而自己却分文不出。各城邦当然拒绝接受。就这样，筹资计划宣告失败。议会虽通过了提高税收的决议，但并未付诸实施。因此，他们的军队随时都有可能解散。

神圣罗马帝国的新教诸侯会帮助波希米亚新政府吗？萨克森选帝侯约翰·乔治一世表示，他非常同情波希米亚的遭遇，但不会考虑跟皇帝作对。有人问他有何打算，他回答道：“帮忙灭火。”

与德累斯顿相比，海德堡[①]向波希米亚人提供了很大的帮助。1610年，腓特烈四世[②]驾崩后，腓特烈五世[③]继位，他唯安哈尔特公爵克里斯蒂安一世马首是瞻。腓特烈五世娶了英格兰国王詹姆斯一世

三十年战争时期的海德堡

① 海德堡坐落于内卡河畔。1214年，海德堡城堡开始成为巴拉丁选帝侯的宫邸所在地。1386年，海德堡大学设立后，这里成为欧洲的政治、经济、文化重镇。——译者注

② 腓特烈四世（1574—1610），巴拉丁选帝侯路德维希六世之子，其母是黑森的伊丽莎白。1583年，腓特烈四世继承选帝侯，由叔父约翰·卡西米尔摄政。1592年，约翰·卡西米尔去世后，腓特烈四世开始亲政。腓特烈四世是德意志宗教改革和新教最主要的支持者之一，在1608年新教联盟成立的过程中发挥了重要作用。——译者注

③ 腓特烈五世（1596—1632），腓特烈四世第三子，其母为奥兰治亲王威廉一世之女路易莎·朱丽安娜。1610年，腓特烈五世继承选帝侯，1614年亲政。1613年，他娶英王詹姆斯一世之女伊丽莎白·斯图亚特公主为妻。——译者注

腓特烈五世

詹姆斯一世之女伊丽莎白·斯图亚特

之女伊丽莎白·斯图亚特，与英格兰的联姻让他实力大增，至少表面上如此。他虽然在精神上不断鼓励着波希米亚人，但迟迟没有给他们提供实质性的帮助。

第 3 节 波希米亚战争

波希米亚新教政府只能靠自己了。斐迪南在确保自己当选为匈牙利国王后，返回了维也纳，并以神圣罗马帝国皇帝马蒂亚斯的名义接管了朝政。斐迪南的军队共有一万四千人，由尼德兰军事学校毕业的军官布阔伊伯爵查尔斯·波纳文图尔·德·隆格瓦勒统率。1618 年 8 月 13 日，皇帝的军队进入了波西米亚边境。战争一触即发。波希米亚境内的两个天主教小镇百威和皮尔森自然在皇帝的势力范围内。只要新教政府下达进攻百威的命令，马蒂亚斯的军队就会前往救援。

新教政府开始警觉起来，建议议会马上执行之前通过的征税计划，战争动员除了面向军人，还面向普通民众。在战争动员方面，新教议会达成了一致。然而，在讨论如何执行新税收政策前，大多数议员纷纷找借口躲回了家中。看来，提高税收收入已经不可能。

我们可以将1618年8月30日视为波希米亚新教贵族政治“自杀”的日子。欧洲各国之所以能维持良好的社会秩序，主要是因为它们大多实行君主集权制，无论它们的统治者是国王、公爵还是选帝侯。但也有例外的情况，威尼斯、瑞士和尼德兰就不是这样的体制，而未来英格兰的体制则更加不同。正是因为这些民族有各自独特的体制，才能傲然屹立于世界民族之林。如果一个国家的人民只知道废黜国王，却不能建立起新秩序，那么它在世界上将无法立足。

欧洲不少国家对哈布斯堡家族极其不满，希望波希米亚叛乱立即发生。萨沃伊公爵查尔斯·艾曼努尔一世刚刚与西班牙停战，对哈布斯堡家族的恶行仍然耿耿于怀。于是，他与新教联盟首领签署了一份协定，答应派两千大军到波希米亚，听候新教政府的调遣。

这支军队的指挥官是欧内斯特·冯·曼斯费尔德伯爵。他是一位曾在西班牙服役的名将的私生子。欧内斯特·冯·曼斯费尔德伯爵后来改变了信仰，成为一名新教斗士，不再为西班牙国王效力。他禀赋过人，多才多艺，勤勉勇敢，深得将士拥戴。不过，他也因纵容将士肆意掠夺而臭名昭著。他性如虎狼，其麾下将士自然也如狼似虎。

一进入波希米亚，欧内斯特·冯·曼斯费尔德伯爵便奉命前往围攻皮尔森，基恩德里希·玛特亚斯·图尔恩－瓦尔萨西纳伯爵负责牵制布阔伊伯爵查尔斯·波纳文图尔·德·隆格瓦勒的军队。新教政府执行新的征税计划未果，现在只好采取权宜之计，将军费强行摊派给少数富人。

这种权宜之计短期内收效明显。西班牙向斐迪南承诺的援助迟迟

萨沃伊公爵查尔斯·艾曼努尔一世

欧内斯特·冯·曼斯费尔德伯爵

没有到来，所以失去了实际意义。谨慎的巴伐利亚公爵马克西米利安一世只想保存实力，不愿卷入事端。最后，只有犹豫不决的西里西亚于1618年11月初派出了援军。布阔伊伯爵查尔斯•波纳文图尔•德•隆格瓦勒的大军进攻受阻后，退守百威。1618年11月21日，皮尔森小镇向欧内斯特·冯·曼斯费尔德伯爵投降。随着冬季来临，战争暂告一段落。然而，这个冬天，波希米亚南部的人民没有好日子过，布阔伊伯爵查尔斯·波纳文图尔·德·隆格瓦勒属下的匈牙利士兵饥肠辘辘。为了填饱肚子，他们不择手段，赤裸裸地掠夺当地百姓，其野蛮残暴的行径无以言表。

就在这时，安哈尔特公爵克里斯蒂安一世正在游说年轻的巴拉丁选帝侯腓特烈五世，希望他能积极支持新教事业。虽然波希米亚的新教领袖已经开始讨论推选腓特烈五世做新国王，但腓特烈五世顾虑重重，举棋不定。一方面，他答应皇帝马蒂亚斯愿意会同巴伐利亚公爵、美因茨选帝侯、萨克森选帝侯联手促使交战双方和解；另一方面，他又同意出使都灵，从而给萨沃伊公爵查尔斯·艾曼努尔一世造成一种错觉——腓特烈五世可能会在马蒂亚斯驾崩后夺取皇位。这样一来，萨沃伊公爵查尔斯·艾曼努尔一世就会向神圣罗马帝国的哈布斯堡家族开战。

海尔布隆。1618年9月，新教联盟成员在此会晤

显然，腓特烈五世选择了一条极不安全的路线，因为1618年9月在海尔布隆会晤的新教联盟成员在波希米亚事件上均表现得异常冷静，连安哈尔特公爵克里斯蒂安一世也没提之前的计划。原来安哈尔特公爵克里斯蒂安一世担心日后会有联盟成员背叛他，到那时他就不能说作为集体的新教联盟支持他了。

萨沃伊公爵查尔斯·艾曼努尔一世至少在语言上表现得好像他已经将哈布斯堡家族的土地全部踩在了脚下似的。1618年8月，他同意推举腓特烈五世做波希米亚的新国王。可是到了1619年2月，他又说自己做波希米亚国王更合适。作为补偿，他会把奥地利的阿尔萨斯和斯瓦比亚送给腓特烈五世，或许还可以让腓特烈五世兼任奥地利大公或匈牙利国王。他还说，如果腓特烈五世想占有主教领地，那么在教皇干预之前，要赶紧行动。这些疯话让支持腓特烈五世的党羽备感兴奋。新教盟军的元帅安斯帕克侯爵在得知这些消息后，无比兴奋地说："我们终于可以推翻旧世界了。"

迄今为止，这些都只是私下达成的共识。不过，盲目自信的感觉已经在波希米亚人的心头荡漾，他们终于可以向保守、求和的心态挥手告别了。

第4节 斐迪南称帝

如果连来自新教联盟内部的援助都可能是弊大于利的话，那么波希米亚人就更不应该依靠外力了。尼德兰人确实帮了些忙，也愿意再尽一份力，无奈他们现在也深陷困境，心有余而力不足。英王詹姆斯一世则直接告诉女婿腓特烈五世，他不想侵犯他国主权，而且他已经应西班牙的请求调解波西米亚臣民和国王之间的矛盾了。调停工作已经让他忙得不可开交了，他没有精力像其他人那样大动干戈。

1619年3月20日，新的战役尚未打响，马蒂亚斯就驾崩了。斐迪南再次宣誓遵从《皇帝诏书》的规定，但在争议问题上仍然固执己见，自然遭到了新教政府委员的反对和嘲讽。最终，解决争议只能诉诸武力了。有了尼德兰人的资金支持和海德堡的资金及军火援助，基恩德里希·玛特亚斯·图尔恩-瓦尔萨西纳伯爵和欧内斯特·冯·曼斯费尔德伯爵在战局上取得了主动。欧内斯特·冯·曼斯费尔德伯爵负责牵制布阔伊伯爵查尔斯·波纳文图尔·德·隆格瓦勒的兵力，基恩德里希·玛特亚斯·图尔恩-瓦尔萨西纳伯爵负责收复远离波希米亚叛乱中心但至今仍属马蒂亚斯的领地。他不费吹灰之力就攻下了摩拉维亚。1619年6月5日，他兵临维也纳城下。维也纳城内只有斐迪南

基恩德里希·玛特亚斯·图尔恩-瓦尔萨西纳伯爵

本人和区区三百卫戍部队以及一些志愿守城的市民。基恩德里希·玛特亚斯·图尔恩-瓦尔萨西纳伯爵要求守城人赶快打开城门受降。但在奥地利贵族和斐迪南进行谈判的时候，他错失了战机。上奥地利①与下奥地利②的贵族们大多是新教徒。马蒂亚斯驾崩后，他们不愿再向斐迪南称臣。下奥地利向维也纳派来一个使团，要求斐迪南同意他们和波希米亚结盟。实际上，这是要把斯塔利亚到西里西亚的整个地区变成一个联邦共和国。

然而，斐迪南置人身安危于不顾，坚决不受要挟。他深知，一旦屈服，就等于承认了新教贵族所提制度的合法性，而在他看来，这种制度与神圣的帝国法律格格不入。他站在十字架前，找到了代表自己家族及天主教与新教抗争的力量。他始终相信神圣罗马帝国和上帝会赐给自己无穷的力量，尽管没有人认为钉在十字架上的人会给他这个恳求者带来任何东西，也不会俯身说出诸如“斐迪南，我绝对支持你”这样的话来。

面对奥地利贵族派来的使团，斐迪南表现得坚贞不屈。虽然他们极尽各种威胁之能事，但他就是拒不签字。于是，对方的恐吓不断升级，有人甚至放话要将他废黜，让他的子嗣全部改信新教。就在这时，城下传来了一阵军号声。一支骑兵从基恩德里希·玛特亚斯·图尔恩-瓦尔萨西纳伯爵没有设防的一处城门疾驰而入，赶来为斐迪南解围。刚刚还颐指气使的使团赶忙溜了出去，暗自庆幸躲过了一劫。

如果基恩德里希·玛特亚斯·图尔恩-瓦尔萨西纳伯爵真能下决心攻城，那么一小支援军不堪一击。但由于粮食和军需品供应没有跟

① 上奥地利（Upper Austria）位于奥地利西北。其北部为花岗岩高原，南部为阿尔卑斯山脉，有高峰湖泊相映，风光秀丽。中部的多瑙河平原是奥地利主要的经济区。

② 下奥地利（Lower Austria）位于奥地利东北部。其西北为花岗岩高原，东北为肥沃黄土覆盖的低丘，西南是阿尔卑斯山脉，东南是维也纳盆地，多瑙河横贯境内，土地丰饶，素有“鱼米之乡”的美称。

上，他只能指望城内的敌人投降，但敌人并未向他投降。失望之余，他只好率军撤回了波希米亚，结果却发现布阔伊伯爵查尔斯·波纳文图尔·德·隆格瓦勒已重挫欧内斯特·冯·曼斯费尔德伯爵，并突破了欧内斯特·冯·曼斯费尔德伯爵对百威的封锁。

斐迪南不愿与奥地利的臣民争辩有关权力的问题，所以就没有在维也纳多逗留。新皇帝选举要在法兰克福举行，他必须赶到现场。在神圣罗马帝国的新教诸侯看来，斐迪南戴上皇冠不是一件无关紧要的事。很多迹象表明，他极有可能当选为皇帝。而一旦重掌波希米亚王国大权，在处理造成神圣罗马帝国四分五裂局面的问题上，他会比马蒂亚斯的态度更强硬。巴拉丁选帝侯腓特烈五世及其支持者有上千个排除斐迪南当选皇帝的计划，但最后没有一个成功实施。1619 年，萨克森选帝侯约翰·乔治一世提出的反驳理由同 1612 年一样。他称，斐迪南不是波希米亚国王，不能以波希米亚国王的名义参选皇帝。因此，皇帝选举必须推迟到波希米亚问题解决后方可进行。当时，如果三位新教选帝侯能统一思想，斐迪南也就不会那么轻易地当选为帝国皇帝了。

先不管新教选帝侯的提议有多少优点，该提议至少能把北方地区的路德教和南方地区的加尔文教团结起来，共同御敌，这才是最重要的。但巴拉丁选帝侯腓特烈五世不信任萨克森选帝侯约翰·乔治一世，非要按自己的计划行事。萨克森选帝侯约翰·乔治一世一怒之下，居然给斐迪南投了支持票。巴拉丁选帝侯腓特烈五世当然不想显得与别人格格不入，于是也将票投给了斐迪南，毕竟他心中也没有其他人选。1619 年 8 月 28 日，斐迪南以全票当选为帝国皇帝，史称“斐迪南二世”。

在这之前的两天，布拉格也举行了一场选举。波西米亚人将 1617 年出任国王的斐迪南废黜后，选举巴拉丁选帝侯腓特烈五世当

巴拉丁选帝侯腓特烈五世成为波西米亚国王

新国王。

巴拉丁选帝侯腓特烈五世应该接过这个烫手的山芋吗？众说纷纭，莫衷一是。新教联盟各诸侯甚至连巴拉丁选帝侯腓特烈五世的亲信都表示反对。巴拉丁选帝侯腓特烈五世的家人意见也不统一，其母亲拿骚的路易丝·朱莉安娜警告他不要轻举妄动，而乐观、美丽的妻子伊丽莎白·斯图亚特则鼓励他当仁不让。可怜的年轻人心烦意乱，不知如何是好，最后只好用“这一切都是上帝的安排”来安慰自己。在海德堡臣民眼含泪水的挽留中，巴拉丁选帝侯腓特烈五世俯视着脚下奔涌的内卡河，走出了雄伟壮丽的城堡。其母亲拿骚的路易丝·朱莉安娜悲叹道：“他还是要到波希米亚去啊。”1619年11月4日，巴拉丁选帝侯腓特烈五世在布拉格加冕，上演了波希米亚之乱的最后一幕。

第3章 斐迪南二世夺取波西米亚与巴拉丁

第1节 讨伐腓特烈五世

随着腓特烈五世登上波西米亚王位的消息传来，天主教的自信大大增强了。教皇保罗五世说：“腓特烈五世简直是作茧自缚。”耶稣会教士背地里说：“他也就当一个冬天的国王，长不了。”他们都认为，1620年夏，运动发起之时便是腓特烈五世下台之日。腓特烈五世上台之前，波希米亚发生的一切事情还有些道理。然而，现在如果放任帝国的某个诸侯随便以什么理由占领另一个诸侯的领地，那么如何保证整个帝国不会回到弱肉强食的无政府状态呢？腓特烈五世的行为已经冲击了帝国制度的根基，但他又提不出任何具有建设性的替代方案。

巴伐利亚公爵马克西米利安一世比任何人都清楚腓特烈五世所犯的错误。在和新皇帝斐迪南二世一番谈话后，他认为自己该出手做些事情了。一直以来，他都保持着沉默，因为他很清楚，公然侵略必然会招致全世界的反对。既然腓特烈五世这次犯了大错，他就应该趁机讨伐。当然，正义的外衣下隐藏着私利。他的如意算盘是：讨伐结束后，腓特烈五世的选帝侯身份——也许还有他的领地——就可以成为自己的了。此外，他还要牢牢控制上奥地利，从而迫使斐迪南二世给他结清所有的战争费用。

从斐迪南二世的被动忍受到巴伐利亚公爵马克西米利安一世的主动出击，人们立刻感受到了这一变化的结果。巴伐利亚公爵马克西米利安一世的首要目标是要么将神圣罗马帝国的新教诸侯争取到他的阵营，要么使他们保持中立。神圣罗马帝国东部发生的一系列事件将他推向了领袖的位置。在匈牙利，斐迪南二世只控制着约五分之一的领地，其余领地为土耳其人和特兰西瓦尼亚的新教诸侯拜特伦·加博尔平分。拜特伦·加博尔是一位勇猛彪悍、精力旺盛的王公。他希望在

土耳其人的帮助下，将整个匈牙利收入囊中，当然，如果能顺便统治奥地利，那就更好了。1619 年 11 月初，拜特伦·加博尔的军队与波希米亚盟军一起在维也纳城外烧杀掠夺。不过，他的军队如果没有胜利就难以为继。到了 1619 年 12 月，拜特伦·加博尔发现攻城无望——和基恩德里希·玛特亚斯·图尔恩－瓦尔萨西纳伯爵夏天的经历一样，于是就向东撤军。维也纳市民对唆使他发动战争的背后主谋深恶痛绝，咒骂那些人恬不知耻，居然想将新月旗插到基督文明的土地上。

这种咒骂虽然有点儿夸大事实，但收到了一定的效果。神圣罗马帝国的新教诸侯不再看好腓特烈五世在波西米亚的事业了。在纽伦堡召开的新教联盟会议上，他们没有继续支持腓特烈五世。巴伐利亚公爵马克西米利安一世只想着如何与萨克森选帝侯约翰·乔治一世及北方各诸侯协调关系，根本无暇顾及动摇不定的新教联盟会走向何方。

随着腓特烈五世的实力不断增强，萨克森选帝侯约翰·乔治一世对他的戒备之心与日俱增，这一点不难理解。因为这不仅威胁到了帝国现有的制度，而且大大威胁了萨克森选帝侯约翰·乔治一世据守的德累斯顿。布拉格之乱废黜了斐迪南的王位，但新国王腓特烈五世

特兰西瓦尼亚

绝非等闲之辈。头戴波希米亚王冠的腓特烈五世已经拥有众多领地，如果再将波希米亚这块新领地纳入自己的统治，那么在整个神圣罗马帝国，他就变成无人能敌的超级诸侯了。而且到帝国皇帝选举时，一位选帝侯握有两张选票这种前所未有的情况就会出现。帝国曾经重要的萨克森选帝侯约翰·乔治一世的影响力会大打折扣。

但萨克森选帝侯约翰·乔治一世也并非一无所获。1620 年 3 月，天主教联盟在米尔豪森举行会议，承诺不会强行收回新教诸侯所占土地及北方已世俗化的教会土地，但条件是这些土地的领主要继续效忠皇帝斐迪南二世。这一承诺也得到了斐迪南二世的确认。

不过，后来发生的事情表明，光有承诺是不够的。萨克森选帝侯约翰·乔治一世对维持时局比较满意，而巴伐利亚公爵马克西米利安一世则把主要精力放在了备战上。1620 年 5 月，西班牙政府命令在尼德兰指挥作战的西班牙将军安布罗吉奥·斯皮诺拉率军驰援神圣罗马帝国的军队。新教联盟闻讯十分惊慌，被迫于 1620 年 6 月 3 日签署了《乌尔姆条约》，承诺对天主教联盟保持中立。这样一来，巴伐利亚公爵马克西米利安一世率军挺进波希米亚时就解除了后顾之忧。而新教联盟在受到攻击时，也可以奋起保卫包括巴拉丁在内的所有领地。

巴伐利亚公爵马克西米利安一世的军队由蒂利伯爵约翰·塞克拉斯指挥。他一身正气，军事才华横溢。在他的带领下，三军将士士气高涨。1620 年 6 月 23 日，他率军进入奥地利境内。1620 年 8 月 20 日，上奥地利各诸侯无条件投降，向斐迪南二世俯首称臣。下奥地利各诸侯在此之前就已向帝国军队投降。与此同时，萨克森选帝侯约翰·乔治一世攻入了卢萨蒂亚，现正以斐迪南二世的名义围攻包岑城。安布罗吉奥·斯皮诺拉率军沿莱茵河挺进，并于 1620 年 8 月底抵达了美因茨。

新教联盟赶忙组织军队抵抗西班牙人。但联盟领导之间意见不统一，致使联军毫无斗志。安布罗吉奥·斯皮诺拉一路攻城拔寨，势如破竹，几乎占领了巴拉丁的莱茵河左岸所有地区。新教联军节节败退，退守沃尔姆斯，最后只能听凭命运发落。

巴伐利亚公爵马克西米利安一世做好了攻打波西米亚的准备，不久，他和布阔伊伯爵查尔斯·波纳文图尔·德·隆格瓦勒成功会师，而腓特烈五世则陷入了绝境。

初到布拉格时，腓特烈五世受到了臣民的热烈欢迎。他的儿子——后来英格兰内战时期的鲁珀特亲王——出生后，人们纷纷向他表达了真诚的祝福。可是没过多久，腓特烈五世偏袒加尔文教派的做法就彻底激怒了路德教派的臣民。加尔文教徒将挂在皇家教堂墙上的圣徒画像无情地扯了下来，并将神圣的十字架随手扔到了木材堆上。十字架是天主教徒和路德教徒都无比敬畏的圣物啊！腓特烈五世下令将鲁道夫二世隐居期间收藏的艺术珍品一一登记，以便日后出售。但据说，执行该项任务的官员私吞了不少艺术珍品。当然，真实的民怨之外，总会有流言存在。不过，事实也好，流言也罢，这一切都充分说明了波西米亚贵族不好对付。一次，腓特烈五世一大早打算召集贵族们议事，但贵族们说让他们这么早起床侵犯了他们享有的特权。

不久，人们便发现腓特烈五世并未让波希米亚变得繁荣强大。新教诸侯推选他做国王，不是看重他的个人能力，而是他的人脉关系，希望他能动用欧洲所有新教地区的力量来支持波希米亚的革命事业。可事实上，腓特烈五世的朋友几乎没给过他任何实质性的帮助。面对席卷而来的风暴，他只能静观其变了。新教联盟既无组织意识，也无奉献精神。安哈尔特公爵克里斯蒂安一世被任命为新教联军总指挥，尽管他英勇善战，但军队士气低迷，缺乏必胜的信念。其他将领勾心

西班牙将军安布罗吉奥·斯皮诺拉

马克西米利安一世麾下悍将蒂利伯爵约翰·塞克拉斯

斗角，无法协同作战。虽然新的征兵令下达了，但人们要么闭门不理，要么远走他乡。留下的人们也因物资匮乏，生活异常艰辛，暴动随时可能会发生。

1620年9月28日，腓特烈五世走进了军营。此刻，他对最终的胜利仍然抱有希望。几个月前围攻维也纳未果而撤军的拜特伦·加博尔对当时的行为深感懊悔，现在又赶来支援腓特烈五世。虽然瘟疫正在军营肆虐，但蒂利伯爵约翰·塞克拉斯依旧坚持行军，一路攻城拔寨。他精心选择阵地。条件对己方不利时，他绝不会贸然去打无准备之仗。

拜特伦·加博尔

1620 年 11 月 8 日上午，帝国军队逼近了布拉格，在城外的白山安营扎寨[①]。由于瘟疫蔓延，帝国军队的战斗力大受影响。布阔伊伯爵查尔斯·波纳文图尔·德·隆格瓦勒提出按兵不动的建议，但蒂利伯爵约翰·塞克拉斯则认为应该立即向敌人发动进攻。就在两位指挥官各持己见之时，一名随军的多明我会修士站出来说道："孩子们啊，你们为什么还踌躇不前呢？上帝已经为我们指明了敌人。我们要想活着，就应该奋勇杀敌。"然后，他又指着一幅被新教徒损坏的圣母画像说："看这里，看看他们都做了些什么！圣母会保佑你们的，上帝也会与

布阔伊伯爵查尔斯·波纳文图尔·德·隆格瓦勒

① 史称"白山之战"。——译者注

你们并肩作战的，勇敢地去战斗吧，胜利终将属于你们！”多明我会修士激情澎湃的话音未落，布阔伊伯爵查尔斯·波纳文图尔·德·隆格瓦勒就改变了立场。

那是一个礼拜天的早晨。当读到“把恺撒的东西还给恺撒”这句话时，维也纳的天主教士兵群情激昂，振臂高呼，决心实现救世主的誓言。摆在他们面前的任务看似困难，其实不然。天主教军队攻进布拉格城时，腓特烈五世正在设宴款待英格兰的两位大使。在这么紧急的情况下，腓特烈五世指望的匈牙利军队竟然逃之夭夭。至此，腓特烈五世败局已定。为了活命，腓特烈五世一路向神圣罗马帝国北方地区逃去，最后在海牙找到了一处避难之地。

波希米亚的贵族统治也走到了尽头。蒂利伯爵约翰·塞克拉斯其实还是很仁慈的，给贵族们出逃留出了时间。岂料身处险境的贵族们未能审时度势，白白错失了出逃的时机。最后，主要贵族接连被送上了断头台，他们曾经占有的土地全部被充公。神圣罗马帝国天主教贵族接管了波希米亚这片曾经独立的土地。尽管波希米亚曾经接受《皇家宪章》① 这样的约法，但其历任统治者有权按自己的意愿改变领地内教堂的用途。这次叛乱被平定后，这样的特权不复存在了，城镇和皇室领地的所有新教教会只能服从征服者的意志。最大的新教组织波希米亚教友会立即被驱逐，而路德教信徒暂时被赦免。

避免波希米亚战争升级为神圣罗马帝国全面战争有可能吗？斐迪南二世和巴伐利亚公爵马克西米利安一世都想攫取更多的胜利果实，因此不可能就此收手。在他们看来，腓特烈五世是一个不折不扣的侵略者，理应受到重罚；如果放任他休养生息，他极有可能会卷土重来。

① 《皇家宪章》（Royal Charter）是由神圣罗马帝国皇帝签发的、赋予某组织某些权利的法律文件。——译者注

此外，战争的开销巨大。在巴伐利亚公爵马克西米利安一世获得战争费用补偿前，斐迪南二世不得不将上奥地利抵押给他。如果能用巴拉丁的部分地区交换上奥地利，对二人来说那就是一件双赢的事。巴伐利亚公爵马克西米利安一世不仅能得到巴拉丁的土地，还能得到选帝侯的资格，而斐迪南二世则既维持了帝国的秩序，又保证了天主教区的安全。因此，1621 年 1 月 22 日，斐迪南二世正式下诏，将腓特烈五世的领地收归帝国，并剥夺了他的选帝侯资格。

斐迪南二世是否有权这样做？这是个极富争议的问题。他当选皇帝时确实承诺过，未经公正审判，绝不会随意剥夺任何人的权力。不过，他解释道，这一承诺只适用于那些疑似有罪之人，而腓特烈五世则不同，其滔天罪行是显而易见的。然而，引发争议的事情远比法律或个人问题更重要。帝国的臣民对腓特烈五世的遭遇并未表现出多少同情，只有一种强烈的感受，即新教诸侯国绝不能落入天主教之手。无论从自身利益考虑，还是从新教邻国的利益考虑，这样的事情都不应该发生。

第 2 节　上巴拉丁之战

腓特烈五世如果真正做到了像他说的那样，放弃觊觎别人领地的念头，就可以在海德堡安度自己的余生。不过，他始终无法放弃夺回波西米亚王国的打算。他前一天还在谈论和平，隔一天就又挑起了战争的话题。他如果真的想要和平，就不应该问斐迪南二世他过去的罪行是否可以得到赦免。可是他不但问了，而且向斐迪南二世提出了赦免其罪的要求。

当然，腓特烈五世是在岳父英王詹姆斯一世一再劝说下才这样做的。詹姆斯一世一直在调解双方的矛盾，深信事态不至于发展到动武的地步。

新教联盟内部乱了方寸。黑森－卡塞尔伯爵莫里斯在臣民的强烈要求下与安布罗吉奥·斯皮诺拉达成了和解。随后，斯特拉斯堡、乌尔姆和纽伦堡也纷纷效仿。1621 年 4 月 12 日，新教联盟在美因茨签署了一份解散协议，承诺会将新教联军从巴拉丁撤离。安布罗吉奥·斯皮诺拉则承诺 1621 年 5 月 14 日之前不会对新教联盟开战，确保其拥有充分的撤军时间。

现在，巴拉丁已陷入了危险。各种迹象表明，巴拉丁被攻陷后，这里的选帝侯资格也将不保。一些不支持腓特烈五世的贵族们也开始恐慌起来。萨克森选帝侯约翰·乔治一世对斐迪南二世的做法就表示

1621 年左右的詹姆斯一世

了反对，就连天主教的神职人员也忧心忡忡，他们担心战争会进一步扩大，原本保持中立的各路诸侯会因争夺选帝侯爵位而大动干戈。

腓特烈五世在波西米亚不仅拥有国王的头衔，而且握有一定的实权。他任命欧内斯特·冯·曼斯费尔德伯爵为将军，屯兵波西米亚。尽管欧内斯特·冯·曼斯费尔德伯爵驻守的阵地接连失守，但1621年4月底，仍以腓特烈五世的名义据守着泰伯和维廷高。

命欧内斯特·冯·曼斯费尔德伯爵担任将军时，和平就彻底无望了。攻陷皮尔森后，由于缺衣少食，本该保家卫国的军队反而成了百姓的祸害。在那个年代，纪律最严明的军队也常会犯下令人发指的罪行。但在今天，就算无耻至极的人也不可能犯那样的恶行。当时，只要战争需要，士兵们就会长期充当雇佣军。哪支军队的饷银高、战利品丰厚，他们就为哪支军队卖命。他们没有国家观念，加入什么样的军队完全随性决定。他们会为暂时雇佣他们的贵族卖命。为了获得报酬或满足私欲，他们常常不择手段，无所不用其极，将人类最丑陋的本性展露无遗。

不过，卷入这场糟糕战争中的不同军队表现得还是不尽相同。侵入敌国的军队大多会掠夺当地百姓的财物。虽然蒂利伯爵约翰·塞克拉斯率领的巴伐利亚军也不例外，在波希米亚犯下了严重的罪行，但他能按时给士兵发饷，善于鼓舞士气，军纪整顿得不错。一次，蒂利伯爵约翰·塞克拉斯跟一名牢骚满腹的官员说，尽管他的士兵不是修女，但在任何情况下都能克制自己，不会施暴。欧内斯特·冯·曼斯费尔德伯爵给士兵发不出军饷，于是他的军队走到哪里，就抢到哪里。军事行动没有任何目标，士兵们只是为了填饱肚子。一个地方的粮食吃光后，他们就必须赶到另一处有粮的地方。他们遵循着生存原则，根本无暇顾及君主的需要和利益。

1621年5月底，新教联军解散后，众多士兵涌入了欧内斯特•冯•曼斯费尔德的军营。很快，上巴拉丁就组建了一支一万六千名士兵的队伍，欧内斯特・冯・曼斯费尔德伯爵任统帅。他暂时稳定了形势，但当地百姓深受其害。他不满足于一味地防守，就派兵攻占了波希米亚境内的一个哨站，并威胁班堡和乌兹堡的主教说，如果天主教联军不从其领地撤走，那么将遭到血洗。之后，他又攻占了洛伊希滕堡，将洛伊希滕堡伯爵虏回了营地。

然而，首次攻打巴伐利亚，欧内斯特・冯・曼斯费尔德伯爵便遭遇了大败。拜特伦・加博尔在匈牙利杀掉布阔伊伯爵查尔斯・波纳文图尔・德・隆格瓦勒后，正在与神圣罗马帝国的军队交战。在这种情况下，斐迪南二世开始犹豫起来，考虑是否应该接受英格兰提出的调停方案。然而，欧内斯特・冯・曼斯费尔德伯爵的军队是不可能接受调停的，因为需要不断攻打别人才能养活自己。

然而，首先遭受重创的不是上巴拉丁，而是下巴拉丁。一年前出访英格兰的贺拉斯・维尔爵士①带回了一支英格兰志愿军，听命于腓特烈五世。但巴拉丁的物资供应已经吃紧，腓特烈五世无力给英格兰志愿军提供资金和给养了。偏偏就在这时，西班牙人推迟了休战期。这样一来，贺拉斯・维尔爵士就不能明目张胆地入侵让他垂涎欲滴的斯派尔主教领地了。为求心安，贺拉斯・维尔爵士下令严禁掠夺行为发生，但暗中还是默许了部分士兵的恶行。

整个天主教区彻底被激怒了。安布罗吉奥・斯皮诺拉回到布鲁塞尔后，贡萨洛・德・科尔多瓦接过了军队的指挥权，宣布休战期结束，接着讨伐贺拉斯・维尔爵士。

---

① 贺拉斯・维尔（Horace Vere，1565—1635），英格兰军官，曾参加过八十年战争和三十年战争。1620年，贺拉斯・维尔奉英王詹姆斯一世之命前往巴拉丁为腓特烈五世解围。——译者注

贺拉斯·维尔爵士

贡萨洛·德·科尔多瓦

此时，欧内斯特·冯·曼斯费尔德伯爵在上巴拉丁的气数已尽。地方行政长官对他早已深恶痛绝，宁肯与巴伐利亚公爵马克西米利安一世讲和，也不愿再受他的肆意盘剥。欧内斯特·冯·曼斯费尔德发现形势不妙，就表达了率军为皇帝效劳的打算。然而，他并没打算真这样做。1621 年 10 月 10 日，他签署了遣散军队的文书。第二天天亮前，他悄悄地溜出城，向海德堡飞驰而去。

蒂利伯爵约翰·塞克拉斯发现后，马上去追。但欧内斯特·冯·曼斯费尔德没有停下来和他作战的意思，而是又去了阿尔萨斯，最后占领了阿尔萨斯的哈根瑙，并将它变成一个军事要塞。

第 3 节　腓特烈五世的盟友

冬天来临时，交战双方在下次开战前有足够的时间进行谈判。然而，为保证谈判顺利进行，欧内斯特·冯·曼斯费尔德的军队的给养问题就必须首先解决。这样一来，在外交官们谈判期间，欧内斯特·冯·曼斯费尔德的军队才能保持安静。因此，詹姆斯一世主动提议由他承担这笔费用。然而，他因此与下议院发生了争执，最后解散了议会。因为议会不同意拨款，所以他没能筹到所需的资金。

囊中羞涩的詹姆斯一世不得不向西班牙求助。他希望通过联姻的方式拉近与西班牙的关系，于是就让自己的儿子威尔士亲王查理[①]迎娶了西班牙公主玛丽亚·安娜。如果可能的话，西班牙政府也盼望德意志的战乱不要升级。尽管西班牙控制着西印度群岛的所有财富，但政府仍旧十分拮据。本该充当一国财富来源的工业在西班牙却为无诚信之徒控制，世上所有的黄金就这样慢慢耗尽了。和平时期，西班牙

① 即后来的查理一世。——译者注

都很难维持军队的运转，现在又不得不为在尼德兰的战事筹钱。1621年，虽然西班牙与尼德兰签署的十二年休战协议已经终止，但安布罗吉奥·斯皮诺拉在布拉班特和佛兰德斯的军队不敢掠夺钱财，以免将这些效忠西班牙的行省拱手送给敌人。因此，与欧内斯特·冯·曼斯费尔德的军队一样，安布罗吉奥·斯皮诺拉的军队也依靠国家供养。在这种情况下，西班牙急盼神圣罗马帝国内战早日结束，否则战争还会消耗数以百万计的达克特①。然而，怎样才能结束战争呢？通往和平道路上的障碍不是虚张声势的腓特烈五世，而是实际控制帝国重要机构的天主教联盟，更何况天主教联盟还拥有一支战无不胜的精锐之师。在这种形势下，新教徒怎能不担心其世俗利益会受到侵犯呢？如果不能给新教徒安全感，又怎能获得长久的和平呢？

然而，西班牙的大臣们并未打算彻底解决这个问题。他们认为只要满足詹姆斯一世的私利即可。于是，西班牙公主玛丽亚·安娜的嫁妆标准远远超过了其他欧洲国家的标准。西班牙的大臣们还强烈反对将选帝侯的爵位移交给巴伐利亚公爵马克西米利安一世，认为这很可能会引发无休无止的战争。因为他们是忠实的天主教信徒，所以不便直接提出解决问题的方案。他们试探性地建议，能不能说通腓特烈五世和詹姆斯一世将巴拉丁选帝侯爵位传给腓特烈五世的后嗣，但条件是腓特烈五世同意将长子腓特烈·亨利送往维也纳接受教育。他们虽然对这个男孩今后的宗教信仰没有提出任何要求，但无疑希望他日后能成为一名虔诚的天主教教徒。

这种建议从根本上就不可行。腓特烈五世尽管有很多缺点，譬如头脑简单、思想顽固，但一贯坚守自己的宗教信仰，就像马德里的西

① 达克特金币是"一战"以前的欧洲贸易专用货币。——译者注

威尔士亲王查理

西班牙公主玛丽亚·安娜

腓特烈五世的长子腓特烈·亨利，1629 年薨逝

班牙人坚守自己的信仰一样。因此，他绝不肯让自己的孩子在维也纳接受耶稣会士的教育从而改变信仰。

各方商定在西属尼德兰首府布鲁塞尔召开一次会议，首先就休战条款达成共识，其次为接下来的全面和平做准备。虽然西班牙尚未宣布其和平计划，但腓特烈五世认为外交手段不会给他带来多少好处。他非常清楚，获得军队的支持比千言万语更管用。他有这样的想法再正常不过了。

现在，腓特烈五世唯一考虑的就是兵源问题，但只崇尚武力而不顾其他方面已经成为他致命的缺点。腓特烈五世制定的一切政策都是为了鼓励更多的臣民参军，奔赴前线，奋勇杀敌，根本就没有考虑那些热爱和平的臣民的心理感受。最终，各城邦对他的事业敬而远之。神圣罗马帝国北方地区各路诸侯也与他道不同不相为谋。如果他能抛开自己光辉的过往，承认正是自己目前所做的一切才给新教事业带来了一系列灾祸，引咎退位，并且积极恳请贤明之士接替他的王位，那么整个神圣罗马帝国的舆论就很有可能会支持他。实际上，舆论是一股非常强大的力量。接下来发生的灾难原本可以避免。

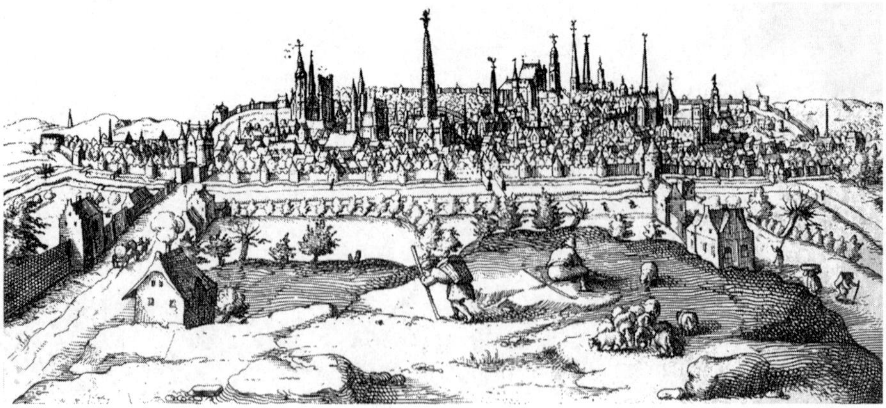

三十年战争时期的布鲁塞尔

腓特烈五世没有这样做。如果做了，他就不是腓特烈五世了。与1619年的情况一样，1622年，安哈尔特公爵克里斯蒂安一世的这位学生只看到了兵力的增长，却根本没有意识到在道义上已经完全落了下风。

需要说明的是，即便人数能代表战斗力，腓特烈五世的未来也不可能达到1622年春天的状态了。这次，欧内斯特·冯·曼斯费尔德伯爵的军队不再是孤军作战。南方的巴登-杜拉赫侯爵格奥尔格·弗雷德里希加入了腓特烈五世的阵营。不伦瑞克的克里斯蒂安也准备率军援助腓特烈五世。如果说巴拉丁问题还好解决的话，那么新参战的两大诸侯绝对是通往和平道路上的两大障碍。

巴登-杜拉赫侯爵格奥尔格·弗雷德里希因巧立名目占有天主教教会财产而臭名昭著。他或者为自己的侵占行为找到借口，或者直接废除那些妨碍他侵占行为的法律条文。

不伦瑞克的克里斯蒂安是不伦瑞克-沃尔芬比特尔公爵腓特烈·乌尔里克的弟弟。在家族权势的庇荫下，1616年他当选为哈尔伯斯塔特主教，亦即地方执政官。然而，这个年轻人只有主教之名义，没有主教之实权。在天主教士看来，他的就职仪式简直就是在亵渎神明。不伦瑞克的克里斯蒂安步入教堂时，人们在管风琴的伴奏下唱起了赞美诗。随后，在一片耀眼的烛光中，他被领向了高高的圣坛。当人们唱到“主啊，请宽恕您的子民吧”时，四位年长的教士将他领上了圣坛。接着，他又从圣坛走下，和教士们一起跪在圣坛前，拖着长音吟诵了三遍：“主啊，请宽恕您的仆人吧。”之后，在一片圣歌中，他又被领上了圣坛。最后，他面向教士们站定，神色肃穆的布道者则站在一旁高声宣布道：“这位就是上帝亲自为我们选出的主教，上帝安排他来统治我们这片土地。”

不伦瑞克的克里斯蒂安（1599—1626）

不伦瑞克－吕内堡公爵腓特烈·乌尔里克（1591—1634）

不过，不伦瑞克的克里斯蒂安随后的所作所为让那些对他仰慕万分的人大失所望。他就像英格兰早期历史传说中的混世魔王一样，既没有主教的样子，也不擅长管理自己的领地。他将臣民交给手下的官员去管理，自己却满世界寻找打仗的机会。他像若阿尚·缪拉[①]一样有勇无谋，却是一名天生优秀的骑兵指挥官。他喜欢打仗，就像和平年代的年轻人喜欢体育运动一样。

如果不伦瑞克的克里斯蒂安决定去打仗，那么站在哪一边不是他要考虑的问题。他与生俱来有一种英雄主义情怀，喜欢把自己标榜为崇高事业的倡导者和捍卫者。但实际上，他只不过是《米尔豪森协定》框架下的一个地区的主教而已，在帝国议会中并未占据一席之地，而且他还必须对皇帝忠心，服从皇帝的意志，才能勉强确保曾经靠掠夺得来的教会财产不被帝国军队武力收回。所有这一切都让他感到无比屈辱。后来，他来到了海牙，遇到了美丽的表姐[②]——在海牙避难的波希米亚王后伊丽莎白·斯图亚特。在她的劝诱下，不伦瑞克的克里斯蒂安决定加入反对天主教的事业。过不了多久，这极有可能会变成他自己的事业，因为谁也不知道巴拉丁失守后《米尔豪森协定》能否继续生效。

① 若阿尚·缪拉（Joachim Murat，1767—1815），拿破仑一世册封的元帅之一。作为大战的独立指挥员，他虽然不懂战略，战术平庸，但是一位杰出的骑兵指挥官和勇猛的战士。拿破仑一世评价他道：“战场上面对敌人时，他最勇敢，这一点无人可比。但在其他方面，他的行为愚蠢至极。”——译者注

② 丹麦国王腓特烈二世（Frederick II of Denmark，1534—1588）的长女丹麦的伊丽莎白（Elizabeth of Denmark，1573—1625）嫁给不伦瑞克－吕内堡公爵亨利·尤利乌斯（Henry Julius，1564—1613），二人生五子五女，不伦瑞克的克里斯蒂安是他们的第二子。丹麦国王腓特烈二世的次女丹麦的安妮（Anne of Denmark，1574—1619）嫁给英格兰国王詹姆斯一世（James I，1566—1625），二人生三子四女，伊丽莎白·斯图亚特（Elizabeth Stuart，1596—1662）公主是他们的长女，嫁给波希米亚国王腓特烈五世。因此，伊丽莎白·斯图亚特是不伦瑞克的克里斯蒂安的表姐。——译者注

1621 年夏，不伦瑞克的克里斯蒂安招募了一支军队，并率军入驻天主教区的帕德博恩。当时，该教区的主教正强令所有路德教信徒改信天主教。在这种形势下，路德教信徒当然希望有一位在宗教信仰方面不那么偏激的领导者出现。不伦瑞克的克里斯蒂安正符合这种要求。他才不管人们是信奉天主教还是新教，只要能从他们那里搜刮到钱财供养军队就行。城堡小镇、村舍农场均遭到了他的洗劫。人们无论贫富，无一幸免。他推倒了帕德博恩大教堂的神龛，将其熔化后铸成了银币，并在上面刻了一句铭文——“上帝的朋友，教士的敌人”。这种行为或许情有可原，但他对农民的迫害不可饶恕。许多村庄无法满足他的贪欲。于是，他那些恼羞成怒的军官便将其付之一炬。最后，实在搜刮不到什么钱财了，不伦瑞克的克里斯蒂安才挥军南下，与欧内斯特·冯·曼斯费尔德伯爵会合去了。

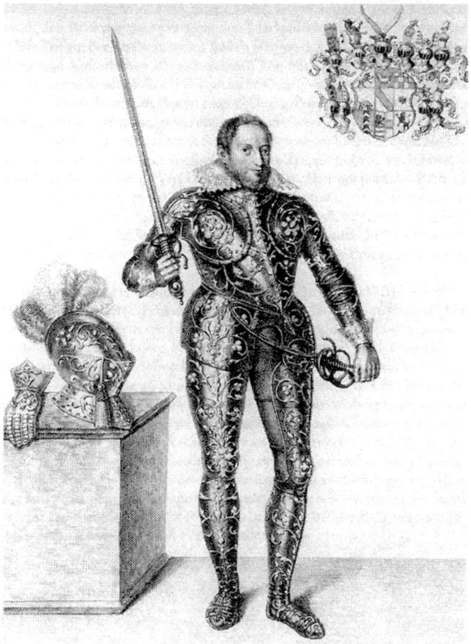
格奥尔格·弗雷德里希（1573—1638）

神圣罗马帝国新教的命运就掌握在这几个人的手里。欧内斯特·冯·曼斯费尔德伯爵明确告诉贺拉斯·维尔爵士，无论休战与否，都不会放下武器，除非皇帝同意将奥地利所属的阿尔萨斯的一块土地割让给他，以赔偿他在战争中的损失。

如果巴登－杜拉赫侯爵格奥尔格·弗雷德里希、不伦瑞克的克里斯蒂安和欧内斯特·冯·曼斯费尔德伯爵的军队联合抗敌，那么蒂利伯爵约翰·塞克拉斯虽然有贡萨洛·德·科尔多瓦率领的西班牙军队做外援，但在兵力上仍处于绝对的劣势。不过，蒂利伯爵约翰·塞克拉斯也有自己的优势。他的军队训练有素，给养充足，将士们完全拥护他的领导，坚决服从他的指挥。此外，他对自己的事业始终抱有必胜的信念，认为宗教正义必将战胜邪恶势力，社会终将会回归有序的状态。

第 4 节　争夺下巴拉丁

数支天主教军队已经出动，1622 年 4 月中旬在巴拉丁集结。在贺拉斯·维尔爵士的坚守下，海德堡、曼海姆、弗兰肯塔尔三地的军事要塞暂时安全。腓特烈五世加入了欧内斯特·冯·曼斯费尔德伯爵在阿尔萨斯的军队。在最初的几场战斗中，新教军队均取得了胜利。欧内斯特·冯·曼斯费尔德伯爵的军队与巴登-杜拉赫侯爵格奥尔格·弗雷德里希会师后，共同猛烈进攻蒂利伯爵约翰·塞克拉斯驻扎在维斯洛赫的军队。经验丰富的蒂利伯爵约翰·塞克拉斯退守温普芬

鏖战维斯洛赫

温普芬战役

后，马上向贡萨洛·德·科尔多瓦求援。贡萨洛·德·科尔多瓦旋即驰援。这时，欧内斯特·冯·曼斯费尔德伯爵和巴登－杜拉赫侯爵格奥尔格·弗雷德里希在作战计划上产生了分歧，各持己见，互不相让。加之军粮匮乏，士兵们食不果腹。最终，欧内斯特·冯·曼斯费尔德伯爵愤然离去，留下巴登－杜拉赫侯爵格奥尔格·弗雷德里希独自面对未卜的命运。

接着，温普芬战役上演了。1622 年 5 月 6 日，蒂利伯爵约翰·塞克拉斯和贡萨洛·德·科尔多瓦发现敌人只剩一支孤军，于是抓住战机，彻底击败了巴登－杜拉赫侯爵格奥尔格·弗雷德里希。之后，贡萨洛·德·科尔多瓦率军去阻击欧内斯特·冯·曼斯费尔德伯爵的军队。欧内斯特·冯·曼斯费尔德伯爵的将士饱受饥饿之苦，根本无还手之力，只好撤回阿尔萨斯。

战役进行期间，外交官们在布鲁塞尔召开了一次会议。经过几轮斡旋，英格兰代表理查德·韦斯顿爵士受托前往说服腓特烈五世休战。

此时，温普芬战役尚未打响，腓特烈五世对胜利仍抱有希望。他给岳父詹姆斯一世写信说，休战之时也就是他失败之日，他的国库已空，只有通过战争进行掠夺，他的军队才能存活。可是短短几天后，他就被击败了。1622 年 5 月 13 日，他做出承诺，同意休战。1622 年 5 月 28 日，他又改变主意，因为他获悉巴登－杜拉赫侯爵格奥尔格·弗雷德里希有望率军杀回来，不伦瑞克的克里斯蒂安也正率军渡过美因河朝这里赶来。于是，他告知理查德·韦斯顿爵士他不能参加在布鲁塞尔举行的和谈了。

1622 年 6 月 1 日，腓特烈五世和欧内斯特·冯·曼斯费尔德伯爵率军离开曼海姆，去与不伦瑞克的克里斯蒂安会合。他们途中要经过达姆施塔特，黑森－达姆施塔特伯爵路易五世虽然信奉路德教，但是忠实的保皇派。他不仅热爱和平，而且希望在帝国皇帝斐迪南二世的支持下获取与黑森－卡塞尔伯爵莫里斯有争议的土地。因此，他注定会成为腓特烈五世和欧内斯特·冯·曼斯费尔德伯爵前进道路上的拦路虎。腓特烈五世当时虽然并不知道黑森－达姆施塔特伯爵路易五世曾得到西班牙资助的事实，但仍在那里实施了一系列暴行，这简直令人匪夷所思。

路易五世（1577—1626）

他们的军队一进入达姆施塔特，就一如既往地掠夺财物、荼毒生灵。黑森－达姆施塔特伯爵路易五世劝说腓特烈五世向斐迪南二世投降，认为这才是恢复和平的正道。腓特烈五世断然拒绝，声称他大老远到此不是来求和的。在通往美因河的要道上，黑森-达姆施塔特伯爵路易五世有一座要塞。只要攻克这座要塞，腓特烈五世和欧内斯特·冯·曼斯费尔德伯爵就可以与不伦瑞克的克里斯蒂安顺利会合了。然而，黑森-达姆施塔特伯爵路易五世不肯行方便。为了不和他们纠缠，他决定外出躲一阵子。可不幸的是，逃出去没多久他就被抓了回来。即便如此，他也没有向坚守要塞的指挥官下达投降的命令。腓特烈五世只得去寻找其他过河的通道了，但没等找到。这时，蒂利伯爵约翰·塞克拉斯率领援军赶到了。腓特烈五世被迫押着黑森-达姆施塔特伯爵路易五世退守曼海姆，自己的军队则损失惨重。

在这种情况下，腓特烈五世准备再次接受布鲁塞尔会议提出的休战建议。但蒂利伯爵约翰·塞克拉斯和贡萨洛·德·科尔多瓦现在不接受和谈。他们知道不伦瑞克的克里斯蒂安不久会率军抵达美因河，就想趁其孤军无援之际将其一举歼灭。关注英格兰在巴拉丁利益的阿瑟·奇切斯特勋爵是一位久经沙场的老将，目睹了巴拉丁地区发生的一切，非常清楚腓特烈五世失败的原因。他写道："在我来看，巴登-杜拉赫侯爵格奥尔格·弗雷德里希和欧内斯特·冯·曼斯费尔德伯爵的军队纪律散漫，没有秩序，所以各自的领地面临危险也就不足为奇了。据说，不伦瑞克的克里斯蒂安的军队也好不到哪里去。试想，由一帮社会渣滓组成的军队，其统帅既无能力给士兵发饷，又无权对他们奖惩，只能任由他们通过烧杀掠夺去自谋生路，这样的军队会好到哪里去呢？"

1622年6月20日，也就是阿瑟·奇切斯特勋爵写出上文的前一天，蒂利伯爵约翰·塞克拉斯和贡萨洛·德·科尔多瓦在赫希斯特截击了不伦瑞克的克里斯蒂安的军队。尽管不伦瑞克的克里斯蒂安突破了敌军的包围，率军越过了美因河，但他的军队损失惨重。与欧内斯

Höchst.

蒂利伯爵约翰·塞克拉斯和贡萨洛·德·科尔多瓦在赫希斯特截击了不伦瑞克的克里斯蒂安的军队

特·冯·曼斯费尔德伯爵会师时，他只剩下为数不多的人马。

糟糕的战况让曼海姆陷入一片恐慌。巴登－杜拉赫侯爵格奥尔格·弗雷德里希立刻抛弃了新教盟友。欧内斯特·冯·曼斯费尔德伯爵和不伦瑞克的克里斯蒂安无奈之中带着腓特烈五世退守阿尔萨斯。正是在阿尔萨斯，腓特烈五世和他们正式撇清了关系，不愿再为他们将来的行为承担任何责任。

腓特烈五世在色当蛰伏了一段时间，静观时局的变化。他在给妻子的信中写道：“愿上帝保佑我们能在世界上觅得一隅，平安度过余生。”看来，决定德意志和欧洲未来的人需要比腓特烈五世有更清醒的头脑和更坚定的意志才行。过了不久，腓特烈五世又回到了海牙。和许多英明的前辈一样，腓特烈五世的事业也以失败告终。在追求丰功伟业的道路上，不断奔走呼号的腓特烈五世深深体会到了那种“求助无人帮，求胜永无望”的绝望。

第4章 新教军队转战神圣罗马帝国北方

第1节 欧内斯特·冯·曼斯费尔德伯爵挺进尼德兰

一旦蒂利伯爵约翰·塞克拉斯在战场上唤起军队的士气，攻陷巴拉丁的各个要塞就只是时间问题了。1622年9月16日，海德堡守军向蒂利伯爵约翰·塞克拉斯投降。1622年11月8日，贺拉斯·维尔爵士发现曼海姆也岌岌可危。弗兰肯塔尔坚守了几个月后，也向西班牙人投降了。

虽然布鲁塞尔会议早在1622年9月就无果而终，但英王詹姆斯一世仍认为和平有望。与此同时，神圣罗马帝国皇帝斐迪南二世和巴伐利亚公爵马克西米利安一世正在推动事情朝他们早已预料到的方向发展。1622年11月，他们召集诸侯们到雷根斯堡开会，希望诸侯们同意将巴拉丁的选帝侯资格转给巴伐利亚公爵马克西米利安一世。

新教诸侯再发出有组织的反对声音已经不大可能。现在，除了大部分诸侯反对他们，几乎所有的选帝侯也反对他们。到1623年2月13日腓特烈五世的选帝侯爵位被判转移后，情况就更严重了。巴伐利亚公爵马克西米利安一世余生将一直拥有选帝侯资格。腓特烈五世的家人如果要求获得选帝侯的资格，那么就得上法庭，由法庭做出公正的判决。然而，即便法庭认为他们的主张合理，他们也只能等到巴伐利亚公爵马克西米利安一世薨逝后再享有他们本该享有的权利。目前，如果腓特烈五世能忍辱含垢地请求斐迪南二世宽恕他，并主动放弃选帝侯爵位，那么斐迪南二世也许会考虑将其领地归还。西班牙特使对此表示抗议，但他的反对仅仅停留在口头上，行动上并未表现出来。

现在，事态是朝战争还是和平方向发展主要取决于神圣罗马帝国北方新教诸侯的态度了。毋庸置疑，他们只要能够统一行动计划，并大力推进实施，就能成为一股左右当前局势的力量。然而，遗憾的是，统一行动恰恰是最不可能发生的事情。事实上，过去几年里接二连三发生的一些事情让萨克森选帝侯约翰·乔治一世不知何去何从。一开始，帝国军队进攻巴拉丁便动摇了他与斐迪南二世的友谊的根基。紧接着，腓特烈五世挟持黑森－达姆施塔特伯爵路易五世一事又让他与新教联盟产生了隔阂。过了些日子，有传言说，斐迪南二世已经找到借口，准备将路德教的神职人员逐出波希米亚。这个传言更让他愤怒不已。加之巴拉丁选帝侯资格的旁落，他怒不可遏了，因为这样一来，新教诸侯在选帝侯议院中就变成少数派，彻底失去了发言权。不过，他一点儿也不想和斐迪南二世开战，从而破坏目前和平得以维持的基石。总之，不到万不得已，他绝不会卷入战争。他盼望的理想状态是在庄严的帝国会议上提出自己的解决办法。但问题是，即便他的方案遭到强烈反对，他也不会为了捍卫自己的立场而诉诸武力。

如果令神圣罗马帝国北方人民担心的只有蒂利伯爵约翰·塞克拉斯的大军，那么战争到此可能就画上句号了。毋庸置疑，斐迪南二世和巴伐利亚公爵马克西米利安一世会遵守《米尔豪森协定》，而北方的新教诸侯并没有使用武力收复巴拉丁的坚定信心。然而，令北方人民始料未及的情况又出现了。1622 年 7 月，腓特烈五世宣布解散新教军队时，欧内斯特·冯·曼斯费尔德伯爵和不伦瑞克的克里斯蒂安并没有放下武器。之前，他们为了和平而不惜付出任何代价，现在则会为了战争而不惜牺牲一切。

不久，这些战争狂人还是被迫离开了阿尔萨斯，因为他们已经把那里能吃的都吃光了，而且他们知道蒂利伯爵约翰·塞克拉斯的大军正在紧追不舍。于是，他们便匆忙逃向了洛林，像蝗虫一样在那片诱人的土地上暂时落脚。谁也不知道他们接下来会去祸害哪里。法兰西王国迅速派兵加强了边防。看来，靠掠夺过活的套路行不通了。不伦瑞克的克里斯蒂安的军队还发生了内讧，从而没能成功挺进莱茵河下游地区。正当欧内斯特·冯·曼斯费尔德伯爵和不伦瑞克的克里斯蒂安不知何去何从时，荷兰共和国向他们表达了雇佣他们三个月的意愿。

1621 年，西班牙和荷兰重新开战以来，荷兰人的战事并不顺利。1621 年冬，尤利西的驻军向西班牙统帅安布罗吉奥·斯皮诺拉投降后，安布罗吉奥·斯皮诺拉转而围攻贝亨奥普佐姆，并且占领贝亨奥普佐姆指日可待。欧内斯特·冯·曼斯费尔德伯爵的军队若想赶来救援，首先就得穿越西属尼德兰地区。1622 年 8 月 28 日，1621 年发生在巴拉丁的一幕再现了：前往弗勒吕斯的途中，欧内斯特·冯·曼斯费尔德伯爵的军队又遭到贡萨洛·德·科尔多瓦的堵截[①]。更糟糕的是，他麾下的两个团哗变了，声称若拿不到军饷就不参加战斗。在这个关键时刻，欧内斯特·冯·曼斯费尔德伯爵展现出非凡的勇气和智慧。他策马扬鞭，冲到哗变将士面前，恳请道，不打仗可以，但至少要装出打仗的样子。然后，他率余部向敌人发起了进攻。不伦瑞克的克里斯蒂安也身先士卒，率骑兵冲在队伍的最前头。左臂中枪后，他依然奋勇作战，他胯下的战马死了三匹。战斗结束后，双方损失惨重。不

① 史称“弗勒吕斯战役”（Battle of Fleurus）。——译者注

尤利西的驻军向安布罗
吉奥·斯皮诺拉投降

前往弗勒吕斯的途中，欧内斯特·冯·曼斯费尔德伯爵的军队遭到贡萨洛·德·科尔多瓦的堵截，双方爆发激战

过，欧内斯特·冯·曼斯费尔德伯爵达到了既定目标，可以安心地率军前行了。

不伦瑞克的克里斯蒂安接受了截肢手术。手术是应他的要求在号角声中进行的。他说：“对付敌人，我有一条胳膊就够了。”他把从西班牙人那里抢来的银器铸成了银币，上面刻有“阿尔特拉重生”的字样。

安布罗吉奥·斯皮诺拉撤走了攻城部队，贝亨奥普佐姆安全了。欧内斯特·冯·曼斯费尔德伯爵的军队自由散漫惯了，与军纪严明的荷兰军队格格不入。因此，得到过他帮助的人们都盼着他尽早离开。

三十年战争时期的贝亨奥普佐姆

1622 年 11 月，荷兰不再雇佣他的军队，他只得前往明斯特主教区另谋出路。然而，明斯特的敌人显然过于强大，于是他又将目光瞄上了东弗里斯兰这片富饶的土地。东弗里斯兰虽然易守难攻，但容易陷入孤立无援的困境。最后，他率军进入东弗里斯兰，疯狂盘剥这里的百姓，榨干了他们的钱财，吃光了他们的粮食。

第 2 节　不伦瑞克的克里斯蒂安扰乱下萨克森

这就是新一轮的暴行。斐迪南二世既然被视作帝国和平的守护者，就得出面干涉。不过，蒂利伯爵约翰・塞克拉斯进攻东弗里斯兰绝不是军事行动那么简单。北方许多新教诸侯对获胜后的天主教军队能否继续遵守《米尔豪森协定》深表怀疑。当然，不伦瑞克的克里斯蒂安第一时间就表达了这样的忧虑。不管其他地区会出现怎样的情况，哈尔伯斯塔特教区无疑都不会再受《米尔豪森协定》的保护了。天主教联盟和斐迪南二世都没有向那些不再效忠皇帝的诸侯做出保护他们权利的承诺，同时认为不伦瑞克的克里斯蒂安根本就没有半点儿忠心。

一方面，不伦瑞克的克里斯蒂安告诉可怜的诸侯们保持中立是不可能的，要求他们必须为新教事业而斗争；另一方面，蒂利伯爵约翰・塞克拉斯也跟诸侯们说保持中立是不可能的，要求他们为皇帝而战，与欧内斯特・冯・曼斯费尔德伯爵之流的卑鄙行径作斗争。一时之间，新教诸侯们竟不知该如何是好。他们希望战争不是目前的这种局面，盼着蒂利伯爵约翰・塞克拉斯或不伦瑞克的克里斯蒂安中的一方能置另一方于死地。这样一来，他们就无需面对两难的抉择了。

但两难依然存在。哈尔伯斯塔特属于下萨克森地区，而整个下萨克森地区的诸侯之间、城邦之间签有共同防御协定。因此，下萨克森地区就如同被置于两团烈火之中一般。天主教联军从南而来，盘踞在东弗里斯兰的欧内斯特·冯·曼斯费尔德伯爵的军队从北虎视眈眈，随时有可能攻至威悉河北岸。

1623年2月，下萨克森地区决定招募军队，以应对一触即发的战争。但备战的主要目的是防御欧内斯特·冯·曼斯费尔德伯爵而非蒂利伯爵约翰·塞克拉斯的军队入侵。如果斐迪南二世能确保下萨克森各诸侯在原主教区的既得利益，那么他们便会对斐迪南二世无比忠

诚。但斐迪南二世认为，他只能遵守《米尔豪森协定》，任何超出协定的承诺都会让他背负助纣为虐的骂名，因为那无异于承认抢夺他人财物是合法的。

于是，下萨克森地区各诸侯也加入了反对皇帝的行列。不伦瑞克的克里斯蒂安之兄不伦瑞克－吕内堡公爵腓特烈·乌尔里克受到母亲丹麦的伊丽莎白过分管束，懦弱无能。看到自己的爱子——不伦瑞克的克里斯蒂安落难后，丹麦的伊丽莎白非常着急，就劝腓特烈·乌尔里克同意让他的弟弟来他的领地避难。这样一来，不伦瑞克的克里斯蒂安及其军队就会为腓特烈·乌尔里克这位安分守己的公爵服务，而不伦瑞克的克里斯蒂安甚至有与斐迪南二世讲和的可能。

不伦瑞克的克里斯蒂安接受了母亲的提议，并与斐迪南二世展开了谈判。然而，事实上，他从未想过真正放弃自己野心勃勃的事业。一些年轻的贵族也渴望建功立业，于是纷纷征募军队，最后聚集在不伦瑞克的克里斯蒂安的麾下。追随者的数量几乎每周都在上升。最后，一些邻近邦国的诸侯实在忍无可忍，就请求下萨克森地区的新教联盟领袖命令他马上消失。不伦瑞克的克里斯蒂安大骂他们无所作为，白白断送了新教事业的大好前程。随后，他便率军向尼德兰开拔，而蒂利伯爵约翰·塞克拉斯的军队则紧追不舍。1623 年 8 月 6 日，蒂利伯爵约翰·塞克拉斯的军队在施塔特洛恩追上了不伦瑞克的克里斯蒂安的军队。如果再有几个小时行军的话，不

蒂利伯爵约翰·塞克拉斯的军队在施塔特洛恩追上了不伦瑞克的克里斯蒂安的军队

伦瑞克的克里斯蒂安的军队本可以安全越过边境的。但现在一场恶战已经不可避免。不伦瑞克的克里斯蒂安短时间内征招而来的士兵根本不是蒂利伯爵约翰·塞克拉斯的军队里那些作战经验丰富的士兵的对手。结果，不伦瑞克的克里斯蒂安的两万士兵仅有六千人越过了边境。

第 3 节　下萨克森面临危险

虽然不伦瑞克的克里斯蒂安遭到重创，但由他而生的隐患并未根除。欧内斯特·冯·曼斯费尔德伯爵仍盘踞在东弗里斯兰。下萨克森地区的诸侯们在教会土地的处置方面依然忧心忡忡。即便皇帝严格遵守《米尔豪森协定》，难道就能保证他不会以其他非武力的方式夺回教会土地吗？之前，地方行政官之所以能担任主教，是因为他们是由教会选出的。而天主教教徒只有在教会中占大多数，才有可能担任主教。不过，通常情况下，教会中占大多数的新教徒会通过各种匪夷所思的方法来确保其对权力的绝对掌控，这极有可能会引起斐迪南二世的怀疑。斐迪南二世也许会因此而制定严格的法律，从而将教会中的多数派变为少数派。1623 年 4 月 18 日发生在奥斯纳布吕克的情况就是一例。当时，教会选择了一位天主教徒接替新教徒出任主教。当然，这和附近驻有一支天主教军队不无关系。不伦瑞克的克里斯蒂安很清楚他肯定无法再

早期的奥斯纳布吕克

保住自己的主教职务了，于是正式递交了辞呈。因此，在合理运作的情况下，哈尔伯斯塔特教区极有可能会步奥斯纳布吕克的后尘。毋庸置疑，主教选举有其卑鄙阴暗的一面。担任主教关乎少数贵族的切身利益。这些贵族虽然可能没有主教之实，却享有这一职务带来的诸多好处。当然，这只是一个硬币的一面而已。神圣罗马帝国北方地区分布着诸多教区，如果斐迪南二世将这些教区悉数收复，就意味着他的军队必须占领帝国的整个北方地区。无论何人只要看看地图，就会发现：如果所有的主教领地都驻扎了天主教联盟的军队，或者西班牙国

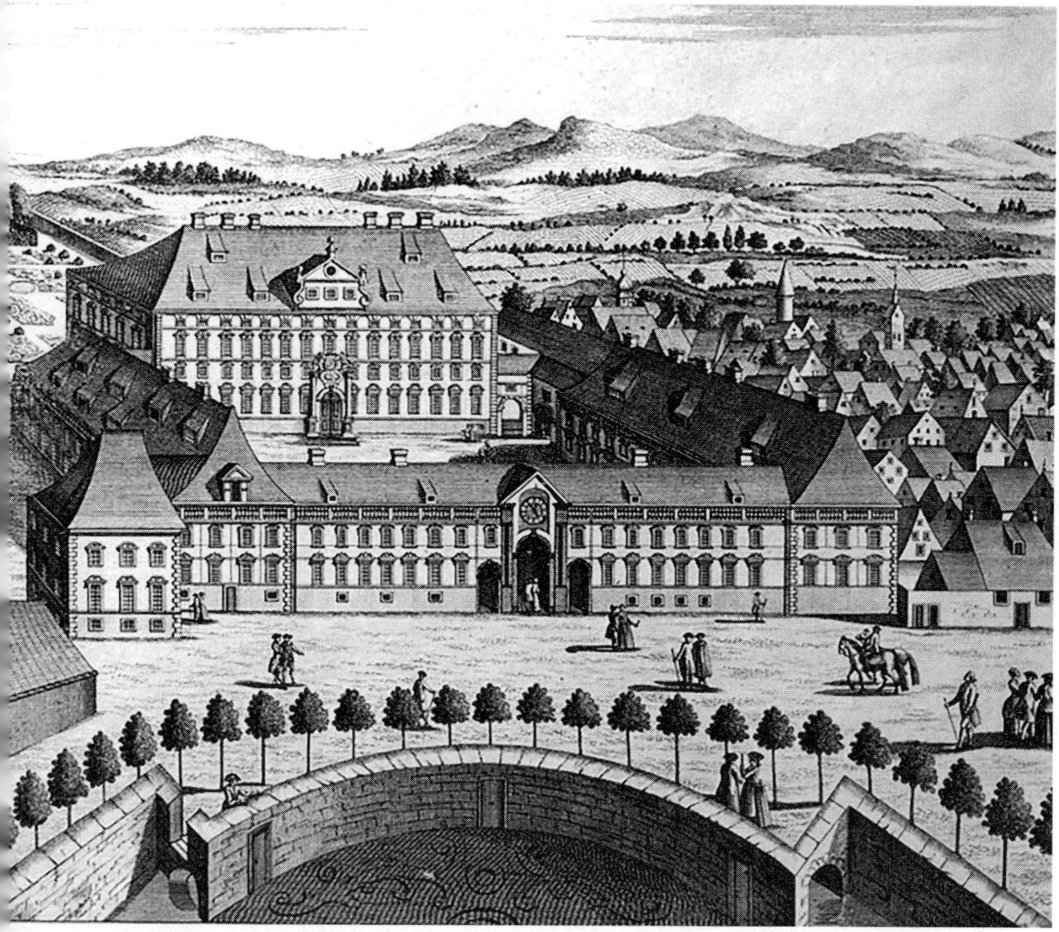

王腓力四世的军队，那么新教诸侯们的独立梦想就只能是“明日黄花”了。一个不争的事实不应忘记，即诸侯们的独立与新教的独立密不可分。如果斐迪南二世和巴伐利亚公爵马克西米利安一世掌控了局势，那么神圣罗马帝国的新教徒就只能寄人篱下，忍气吞声了。但事实上，尽管耶稣会教士认为神圣罗马帝国的新教徒有许多缺点，但他们还是有高贵的气节，绝不可能在屈辱中苟活。

1623 年的西班牙国王腓力四世

下萨克森地区的新教诸侯们能坚定地保持中立吗？他们派遣使者觐见斐迪南二世，希望斐迪南二世在解决教区问题时能多考虑一下他们的利益。与此同时，他们还向萨克森选帝侯约翰·乔治一世求助。斐迪南二世给他们的答复是，他不会违反《米尔豪森协定》的条款。而萨克森选帝侯约翰·乔治一世只是给他们提了一些好的建议，但并未提供任何实质性的帮助。更糟糕的是，分裂的迹象开始在新教联盟内部出现。参加新教联盟的诸侯、城邦虽然同意支持军队加强共同防御，但当需要采取实际行动时，却纷纷竭力逃避责任。他们派出的士兵能少则少，应支付的钱能慢则慢。士兵本该承担保家卫国的责任，但在得不到军饷的情况下通常比敌人更危险。因此，下萨克森地区的新教诸侯们决定解散军队，将士兵遣返。新年伊始，下萨克森地区已经没有任何防御能力了。无论谁先出手，都能将该地区轻而易举地收入囊中。

互相扯皮这一问题由来已久。如果帝国、帝国议会和教会完全由某一派系控制，那么这个伟大的民族就不会再讲各自应该承担什么责任了。“同一地区成员”这一提法虽然站位较高，但未能深入人心。各城邦都在想尽办法将防御重任推给各诸侯，而各诸侯又毫不迟疑地将防御重任推给各城邦。战争的洪水倾泻而下，终会将他们全部吞噬。

第 4 节　英格兰和法兰西

1624 年春，局势暂时缓和了。在榨干东弗里斯兰的财富后，欧内斯特·冯·曼斯费尔德伯爵率军撤回了尼德兰。现在，只有天主教联盟的军队还处于正常运作状态。如果说神圣罗马帝国是大西洋中部的一个岛国，既不会影响他国，也不会受他国影响的话，那么它目前还保有军队的做法只能让人觉得斐迪南二世和天主教联盟想进一步扩大战果，而这就与他们声称维护和平的宗旨格格不入了。

然而，神圣罗马帝国并非岛国，其周围有强邻环伺。这些强邻都希望趁神圣罗马帝国疲于应付内战之际，浑水摸鱼，捞一些好处。虽然斐迪南二世已经强大到令所有强邻嫉妒了，但事实上他的实力并不足以抵御这些强邻的入侵。斐迪南二世现在掌握着成功必备的两个要件：法律和军队。他虽然镇压了所有反对自己的势力，威慑了那些胆小怕事的诸侯，但并未真正赢得民心。他让帝国的臣民们自己去权衡利弊：究竟是让外国势力入侵为好还是就势归顺皇帝为好？斐迪南二世看似代表了整个德意志民族的利益，但事实上只要还未深陷战争的泥潭，超过半数的臣民仍会选择中立。

现在，英格兰终于露出了备战的迹象。威尔士亲王查理曾出访马德里[①]，希望娶回西班牙公主玛丽亚·安娜，从而帮助姐夫腓特烈五世要回巴拉丁。然而，他的如意算盘落空了，玛丽亚·安娜公主没有娶到，要回巴拉丁的希望依旧渺茫。不过，他此行洞悉了西班牙的

早期的马德里

① 1623 年 3 月 7 日，威尔士亲王查理到达马德里。——译者注

真实意图——安排腓特烈五世的子嗣在维也纳接受教育，虽然表面上保证他们可以坚持父亲的信仰，但实际上并非如此。威尔士亲王查理对西班牙的意图非常生气，返回英格兰后便力劝父亲詹姆斯一世做好武力解决问题的准备。1624 年春，英格兰和西班牙的所有谈判无果而终，议会与詹姆斯一世开始讨论收复巴拉丁的最佳方案。

西班牙国王腓力二世（1527—1598）

英格兰下议院对神圣罗马帝国发生的事情知之甚少，尚未搞清楚斐迪南二世和天主教联盟如此迅速取得胜利的原因，对局势的认知还仍旧停留在西班牙国王腓力二世时期，高估了西班牙的实力，却低估了斐迪南二世的实力，所以就天真地认为，派遣几千名士兵援助荷兰共和国、牵制西班牙的兵力，然后只需向西班牙发动海战即可。

詹姆斯一世并没有急于采取行动。他对时局有着更加清晰的认识。他认为，斐迪南二世在神圣罗马帝国的实力不容小觑，只有通过欧洲大国结盟的方式才能将其推翻。面对困难，英格兰下议院退缩了。毕竟发起大陆战争要付出极高的代价，而且英格兰下议院的愤怒只针对西班牙，而非神圣罗马帝国的皇帝，因为斐迪南二世根本就不关心英格兰的内政。最终，议会支持詹姆斯一世去与其他大国谈判，并盼着在冬天看到谈判的结果。

詹姆斯一世首先出访法兰西王国。他很清楚，一旦神圣罗马帝国内战演化为一场欧洲战争，决定战争走势的就一定是法兰西王国。在这个伟大的国度里，当时的情况和现在一样，两种对立的思想在激烈交锋，都想取得主导地位。这两种思想就是英格兰于16世纪摒弃掉的旧思想及于18世纪才为人们所接受的新思想。与英格兰及神圣罗马帝国遇到的问题一样，法兰西王国也需要考虑如何才能在不破坏国家统一的情况下使不同的教派和谐共处。英格兰各教派非常重视国家的统一，没有哪个教派会提出专门要求得到特殊的照顾。因此，英格兰的宗教问题比法兰西王国和神圣罗马帝国的宗教问题好处理得多。在英格兰，当谈到宗教问题时，人们关心的不是在诺森伯兰郡该推行哪种教义而在康沃尔郡又该推行哪种教义这样的问题，而是该享有多少宗教自由的问题。但在神圣罗马帝国，情况完全不同，人们唯一关心的是在两个不同教派之间应该如何划分疆界的问题。无论是希望增加诸侯权力的人，还是希望增加皇帝权力的人，都没有超越地域分界思想的胸襟。从某种程度上讲，法兰西王国也面对同样的问题。《南特敕令》保证了胡格诺派的信仰自由，允许其在几百个乡村处所、某些市镇自由地宣传和传播其作为宗教改革派的教义。法兰西的民族统一思想虽然无法与英格兰媲美，但远好于神圣罗马帝国。那些在法兰西被称为胡格诺派的新教徒在安全防务方面可以不依赖王室的军队，因为其享有保留军队的权利。因此，胡格诺派的新教徒在法兰西腹地的栖生之所，实质上构成了一个个独立于王室的小共和国。

第5节　黎塞留的崛起

但胡格诺派的这种好日子并未延续多久。强化君主专制慢慢成了维护法兰西王国统一的主流思想。统治阶层认为，维持《南特敕令》

的思想最终会造成法兰西民族的分裂。年轻的国王路易十三自亲政以来，一直积极地处理朝政，冥思苦想着如何在整个法兰西王国内树立起自己的威信。

路易十三毕生的奋斗目标就是要实现君权至上。虽然他的智商并不算太高，无法制定像样的政治计划，更不用说将计划完美地付诸实施了，但他具有知人善任的能力。他只要认准了可以帮助自己实现目标的人，便会极其信任地将全部事业托付给对方打理，而他自己并不关心对方是如何具体操作的。

三十年战争时期的路易十三

路易十三登基的最初几年里，法兰西王国就像一个千疮百孔的烂摊子。以铁腕统治著称的亨利四世遇刺身亡后，一些贵族就又过上了半独立于王室的自在生活，而那些依附王室的贵族也只是看中了王室提供的高官厚禄。当时尚未亲政的路易十三对此不得不保持沉默。然而，胡格诺派享有的诸多特权让他忍无可忍。不久，他便对胡格诺派开战，发誓要让胡格诺派向王权低头。

所有这一切都预示着法兰西王国的未来将和神圣罗马帝国大不相同。诸多迹象表明，路易十三一旦统治了胡格诺派盛行的市镇，就会强制推行自己所信奉的天主教。一次朝议时，许多大臣恳请路易十三对胡格诺派零容忍，这与路易十三的想法不谋而合。作为一名虔诚的天主教徒，路易十三在自己的军队取得胜利时，还希望看到自己的教派大获全胜，没有什么比这更令他开心了。

路易十三可不是斐迪南二世，但这并不意味着他就比斐迪南二世高贵或完美，而是意味着他能看到来自各方的潜在危险。神圣罗马帝国内战初起之时，法兰西王国是支持皇帝的。《乌尔姆条约》签署前，法兰西王国的特使在谈判桌前使出了浑身解数，最终促使巴伐利亚公爵马克西米利安一世率军进驻波希米亚。然而，随着 1622 年巴拉丁失陷，路易十三有了其他的想法。他开始认为对君主专制构成严重挑战的不再是少数几个胡格诺派盛行的市镇了，而是哈布斯堡家族两大分支[①]的胜利会师。经过多年的发展，西班牙的势力范围已经越过比利牛斯山脉，延伸至那不勒斯、米兰、弗朗什－孔代和尼德兰。弗兰肯塔尔和西巴拉丁现在也驻有西班牙的军队。通过这些驻军，依稀可以看到当年强盛时期的西班牙的影子，而现在它正展示着其世界强国的形象与不可限量的前途。在这种形势下，路易十三被迫于 1622 年

① 即哈布斯堡家族分别统治的神圣罗马帝国和西班牙王国。——译者注

路易十三与黎塞留（1585—1642）

与胡格诺派握手言和。1623 年，他向欧内斯特·冯·曼斯费尔德伯爵的军队提供了一些援助。1624 年，他将红衣主教黎塞留召入了自己的顾问团。

希望这位沉着冷静、远见卓识的红衣主教初掌法兰西政府大权时就能以自己的方式开展工作是不切实际的。他首先必须认真考虑所有法兰西人的情感需要，尤其是路易十三本人的情感需要。路易十三既有旧忧又有新虑：一方面，必须彻底击溃胡格诺派，在国内巩固专制王权；另一方面，得设法削弱哈布斯堡家族在整个欧洲的影响力。黎塞留的任务就是要通过实际行动告诉路易十三如何能实现这两个目标；如何在保证宗教自由的同时铲除叛乱分子；如何让天主教徒和新教徒都接受他的统治；如何让他在国内备受爱戴，而在国外威风八面。

黎塞留的第一个计划没有完全成功。他鼓励路易十三继续进行外交斡旋，最后促成了威尔士亲王查理和自己妹妹亨丽埃塔·玛丽亚的婚约。当然，婚约的签署并非一帆风顺，因为英格兰人主要信仰新教。路易十三和黎塞留便向威尔士亲王查理提出了许多完婚条件。威尔士亲王登基成为英王查理一世后，不愿也无法再遵守这些条件了。两个王室之间由此产生了隔阂，最终引发了战争。

亨丽埃塔·玛丽亚（1609—1669）

当然，两个王室生出矛盾还有其他原因。詹姆斯一世和儿子威尔士亲王查理都希望与法兰西王国结盟，因为这样有助于腓特烈五世的复国大业。然而，路易十三和黎塞留拒绝了他们结盟的请求。作为天主教教徒，路易十三不愿和维护天主教事业的两个霸主[①]公开宣战。在向新教军队提供资助时，他虽然毫不吝啬，但毕竟还是法兰西国王，所以需要通过拒绝与英格兰结盟的方式求得作为天主教教徒在良心上的安慰。不过，实际上，路易十三不仅同意向荷兰人提供大笔资金，还与英格兰国王共同支持欧内斯特・冯・曼斯费尔德伯爵的军队，甚至帮助其取道法兰西王国进入阿尔萨斯，为攻打巴拉丁做准备。与此同时，路易十三准备在意大利发动一场战争。西班牙军队从前占领了意大利的瓦尔泰林河谷，通过该谷就可以顺利前往哈布斯堡家族统治的神圣罗马帝国了。1624 年底，一支法兰西军队攻入瓦尔泰林河谷，轻轻松松地赶走了西班牙军队。

然而，欧内斯特・冯・曼斯费尔德伯爵的军队最终并未抵达阿尔萨斯。就在新招募的军队[②]准备从英格兰出发时，黎塞留找借口劝说欧内斯特・冯・曼斯费尔德伯爵改变行军的路线。当时，安布罗吉奥・斯皮诺拉已经围攻布雷达[③]了。与 1622 年贝亨奥普佐姆被围攻时一样，荷兰人正急着四处求救。虽然黎塞留认为欧内斯特・冯・曼斯费尔德伯爵此时应该率军前往布雷达而非阿尔萨斯，但这次无论如何都不肯让他取道法兰西王国前往目的地。

1625 年，詹姆斯一世为此向法兰西王国表达了强烈的抗议，但无济于事。最后，在拖延了很长一段时间后，欧内斯特・冯・曼斯费

① 即神圣罗马帝国和西班牙王国。——译者注

② 这支军队是欧内斯特・冯・曼斯费尔德伯爵从英格兰招募的雇佣军。——译者注

③ 史称“布雷达之围”（1624—1625）。——译者注

布雷达之围

尔德伯爵才获准率军向荷兰海岸进发，但只准前往巴拉丁，不可靠近布雷达。远征军由一万两千名英格兰步兵和不伦瑞克的克里斯蒂安麾下的两千名法兰西骑兵组成。然而，远征并没有取得任何结果。在这种情况下，詹姆斯一世同意了儿子威尔士亲王查理婚约中附带的条件，但没敢将之拿到下议院去讨论，因此议会没有召开会议。没有议会的支持，英格兰的国库空空如也，詹姆斯一世也就无力负担欧内斯特·冯·曼斯费尔德伯爵军队的粮饷。可怜的是，那些几周前被强行招募的、毫无作战经验的士兵们登陆后才意识到，不仅缺衣少食，而且面对严寒的挑战。不久，他们就像冬天里的苍蝇一样大批死去。远征军最终没能改变布雷达投降的命运，而幸存的士兵寥寥无几，根本不能攻入神圣罗马帝国。

布雷达守将投降

黎塞留亲临拉罗谢尔观战

黎塞留希望 1625 年成为自己开创辉煌事业的一年，当然，这意味着他要比 1624 年付出更多的努力。在盟友威尼斯和萨沃依的配合下，黎塞留控制了瓦尔泰林河谷。而根据盟约，法兰西军队应帮助萨沃依公爵夺取与西班牙关系密切的热那亚。盟友们还进行了深入会谈，决定将西班牙人赶出米兰公国。黎塞留甚至想进一步介入神圣罗马帝国的内政。不过，盟友们最终没有达成一致意见。就在盘算这些计划时，黎塞留突然发现自己还没有完全控制住国内的局势。1622 年，虽然路易十三与胡格诺派签署了和约，但王室的官员们并未严格遵守，侵占了胡格诺派不少的土地。一位强硬的胡格诺派贵族苏比斯公爵本杰明·德·罗翰愤而率领自己的舰队突袭了一些停泊在布列塔尼省布拉韦河上的皇家战舰，将其全部收为自己的战利品。之后，苏比斯公爵本杰明·德·罗翰率舰队驶向商业城市拉罗谢尔，说服该城与他结盟，公开反抗王室的压迫。

黎塞留如果真想介入神圣罗马帝国内战，首先就得平定国内的叛乱。他利用英格兰和荷兰都想与法兰西王国结盟的机会，从两国成功租借来了战舰。1625 年深秋，苏比斯公爵本杰明·德·罗翰的舰队被彻底击败，他本人则逃往英格兰避难。不过，拉罗谢尔没有被攻陷，内陆的胡格诺派仍未被征服。因此，目前法兰西王国无力大张旗鼓地介入神圣罗马帝国内战，而斐迪南二世还能安然地度过一段时光。黎塞留会重新提起介入神圣罗马帝国内战的计划吗？这首先要看他能否成功地平定叛乱，其次还要看平定叛乱后整个局势对他是否有利。一个包容的法兰西王国有利于日后的战事。然而，如果法兰西的征服者和被征服者彼此视对方为十恶不赦之徒，必先除之而后快，而不是将对方视为虽犯有错误但可以原谅的兄弟，那么这样的法兰西在欧洲政治的天平上也不会有太多的分量。

第5章 克里斯蒂安四世参战

第1节 克里斯蒂安四世和古斯塔夫·阿道夫二世

法兰西王国介入神圣罗马帝国的计划暂时受阻，英格兰国王詹姆斯一世和儿子威尔士亲王查理也因囊中羞涩而无法兑现之前的承诺。但这时，丹麦和瑞典的统治者对向北方蔓延而来的德意志战争开始关注了起来。

丹麦国王克里斯蒂安四世对未来的担忧并非空穴来风。克里斯蒂安四世作为荷尔斯泰因公爵，还是下萨克森联盟成员之一。他一直想扩大自己在北海沿岸地区的影响力。他在格吕克斯塔特[①]修筑了防御工事，希望以此阻断前往汉堡的贸易通道。他还凭借自己在易北河和威悉河流域的地位，为自己的儿子腓特烈[②]谋得了费尔登主教和不莱梅副主教的职务。最终，腓特烈升任了不莱梅大主教一职。因此，新教教区归属问题对他而言极其重要。他非常清楚，如果神圣罗马帝国真的像一个强大的帝国那样运转的话，那么他在神圣罗马帝国两大河流的河口地区苦心经营起来的事业将会付诸东流。

① 格吕克斯塔特是克里斯蒂安四世于1617年在易北河右岸的一片沼泽地上建起来的城市，建城不久后就成了重要的贸易中心，与汉堡互为贸易上的竞争对手。——译者注

② 即后来的丹麦国王腓特烈三世（1609—1670）。——译者注

这已经不是克里斯蒂安四世第一次关注神圣罗马帝国内战的进程了。和所有的路德教诸侯一样，他强烈反对腓特烈五世接管波希米亚王国。腓特烈五世兵败出逃后，他意识到必须组建一支强大的军队，从而防止斐迪南二世对新教诸侯发动疯狂的报复行动。1621 年初，他听取了英王詹姆斯一世的建议，同意和他联手武装保卫巴拉丁。如果当时仗果真打起来的话，那么依詹姆斯一世和克里斯蒂安四世的性格，他们在推进战事上是会适可而止的。战区里的百姓就可免遭欧内斯特·冯·曼斯费尔德伯爵军队的疯狂掠夺，战局也不会像现在这般尴尬。然而，当时詹姆斯一世主张先进行和谈，和谈失败后再动武。克里斯蒂安四世则认为，虽然这样做不会有什么结果，但只好按兵不

克里斯蒂安四世（1577—1648）

动，任巴拉丁面对未卜的命运。随后发生的事情让克里斯蒂安四世又平添了几分焦虑。1624 年，他虽然想阻止神圣罗马帝国的进一步扩张，但与下萨克森地区其他诸侯的表现一样，也在联合出兵的问题上犹豫不决。在自己管辖的领地内，克里斯蒂安四世治理有方。因此，他是一个优秀的政治家。但他的军事指挥才干能否与蒂利伯爵约翰·塞克拉斯匹敌呢？这有待在日后的战争中进一步检验。

瑞典国王古斯塔夫·阿道夫二世是一位叱咤风云的历史人物。他是 17 世纪全力支持新教发展的少数欧洲君主之一。他不仅拥有天马行空的想象力，而且具备不屈不挠的斗志。他不愿安于现状，碌碌无

古斯塔夫·阿道夫二世（1594—1632）

为。只有在艰难险阻中开创了事业，他才能真正地快乐起来。与他相比，不伦瑞克的克里斯蒂安就缺乏一点儿发动战争的勇气。不仅如此，古斯塔夫·阿道夫二世还有不伦瑞克的克里斯蒂安根本就不具备的两个优点，即对事态发展多种可能性准确预判的能力与无比强大的自我控制能力。古斯塔夫·阿道夫二世虽然是个精力旺盛、不知疲倦的斗士，但一旦有迹象表明发动战争并非明智之举，就能及时克制自己好战的本性。纵观整个历史长河，鲜有君主具备古斯塔夫·阿道夫二世这种强大的自我控制能力，而这种能力恰恰是伟大的人格魅力，就像自然界或艺术品中恰到好处的绮丽壮美一样，让人赞叹不已。

如此伟大的人物绝不仅仅是一名头脑发热的新教事业支持者，他不可能只为了追求政治权力而不顾时代赋予自己的使命。他从未忘记过自己的第一要务——拯救和保卫祖国。1611 年，古斯塔夫·阿道夫二世刚登上王位之时，瑞典正在丹麦军队的蹂躏下苦苦挣扎[①]。两年后，他虽然被迫割地求和，但至少确保了瑞典王国的独立。接着他要做的就是控制波罗的海，这是他穷其一生的奋斗目标。1617 年，他将俄国人从海岸赶走[②]后，曾不无自豪地说道：“现在，敌人的战舰未经我们许可，休想再进入波罗的海。”不过，除俄国这个对手外，他还得防备另一个更加危险的敌人——波兰。波兰国王西吉斯蒙德三世是他的堂兄，因为信奉天主教而没有当成瑞典国王。席卷欧洲的宗教改革运动最终影响到了古斯塔夫·阿道夫二世的生活。当时的法律有明文规定：尼德兰十七省是西班牙属地，波西米亚是斐迪南二世的属地，新教教区和世俗化土地重新归天主教神职人员所有，瑞典为西吉斯蒙德三世的属地。

---

① 史称“卡马尔战争”（1611—1613）。——译者注

② 史称“英格里安战争”（1610—1617）。——译者注

波兰国王西吉斯蒙德三世（1566—1632）

荷尔斯泰因－戈托普的克里斯蒂娜（1573—1625）

如果古斯塔夫·阿道夫二世认为所有这一切只不过是哈布斯堡家族的两个王朝在维护和巩固自己既得利益的结果，那么他就应该站出来誓死反抗。如果古斯塔夫·阿道夫二世认为每个独立的民族都应该拥有自己的权利，都可以有自己的宗教信仰——在他所处的时代，其实就是一种精神的不同表现形式而已，这样的想法奇怪吗？

1617 年，瑞典刚和俄国停战，与波兰的战事又起[①]。再次和同族的这位老对手较量时，古斯塔夫·阿道夫二世没有忘记关注神圣罗马帝国的动向，因为刚执掌帝国大权的斐迪南二世是西吉斯蒙德三世的姐夫，极有可能会帮助西吉斯蒙德三世来对付瑞典。不过对德意志而言，古斯塔夫·阿道夫二世也不完全是外族人，因为他继承了母亲荷尔斯泰因－戈托普的克里斯蒂娜的德意志血统。1618 年夏，他秘密访问柏林时，喜欢上了勃兰登堡选帝侯约翰·西吉斯蒙德的漂亮女儿勃兰登堡的玛丽亚·艾丽奥诺拉。勃兰登堡选帝侯约翰·西吉斯蒙德掌掴了自己在克里维斯爵位上的竞争对手后，就改信加尔文教，并加入了新教联盟。不过，他的薨逝[②]推迟了古斯塔夫·阿道夫二世的婚期。直到 1620 年，

① 史称“波瑞战争”（1617—1618）。——译者注

② 1619 年 12 月 23 日，勃兰登堡选帝侯约翰·西吉斯蒙德薨逝。——译者注

他第二次访问柏林时才征得新任选帝侯乔治·威廉的同意，得以和他心仪的勃兰登堡的玛丽亚·艾丽奥诺拉完婚。但乔治·威廉性格上优柔寡断的缺点让古斯塔夫·阿道夫二世日后简直无法忍受。一次，古斯塔夫·阿道夫二世趁着乔治·威廉离开勃兰登堡远赴布拉格之际，秘密进入神圣罗马帝国，甚至远游至海德堡。这次远游给他留下了终生难忘的印象。美丽富饶的莱茵河谷蜿蜒向西，直抵远山深处，在蓝天映衬之下朦胧可见。与来自威尼斯的游客相比，他这个来自贫瘠寒冷的北方的旅行者在面对郁郁葱葱的伦巴第平原时，情不自禁地连连赞叹。让他难忘的还有莱茵河畔教士的巨额财富和奢华气派。他用瑞

古斯塔夫·阿道夫二世与勃兰登堡的
玛丽亚·艾丽奥诺拉（1599—1625）

早期的里加

典贵族的口吻说道：“如果这些教士是我的臣民，我一定要让他们明白，谦卑忠顺才是教士该有的品质。”

显然，古斯塔夫·阿道夫二世与安哈尔特公爵克里斯蒂安一世有几分相似，并且都想推翻旧制度。不过，古斯塔夫·阿道夫二世还具备安哈尔特公爵克里斯蒂安一世所不具备的优点。面对危机，他总能沉着应对。如果生命可以延长的话，他一定会打破日渐衰微的旧秩序，建立起生机勃勃的新秩序。

返回瑞典后，古斯塔夫·阿道夫二世重燃斗志，继续与波兰开战。1621 年，他攻克了里加。1622 年，他与波兰签署了停战协议。这时，他终于得闲，可以关注邻国的局势了。

1624 年，新的警报拉响。敌视瑞典及其宗教的神圣罗马帝国变得异常强大起来。与丹麦国王克里斯蒂安四世不同，古斯塔夫·阿道夫二世虽然对腓特烈五世领导的新教运动没有抱过高的期望，但当时仍然支持腓特烈五世统治波希米亚王国。然而现在，神圣罗马帝国的胜利正一路向北蔓延。如果神圣罗马帝国牢牢控制梅克伦堡和波美拉尼亚海岸，那么就会危及瑞典对波罗的海的统治。情况果真如此的话，古斯塔夫·阿道夫二世虽然战胜了俄国和波兰，却并不能得到多少实际利益。

所有这一切听起来好像只与个人私利有关：克里斯蒂安四世担心其家族所控制的教区的安危及其在易北河与威悉河的统治地位；古斯塔夫·阿道夫二世关心自己在波罗的海的霸主地位。但事实并非如此，尤其对古斯塔夫·阿道夫二世而言，保护受迫害的新教徒根本就是子虚乌有的事。历史学家为了方便开展工作，往往在剖析了人的思想后，就贴上特定的标签，就像生物学家为陈列的标本贴标签一样。他们认为，甲某的行为跟实现扩张的目的有关，乙某的行为跟实现国家利益有关，而丙某的行为则跟实现特定的宗教目的有关。然而，现实生活中发生的事情远非这么简单。虽然斐迪南二世和巴伐利亚公爵马克西米利安一世主张依法行事，维护统治秩序，但其中就掺杂着宣扬宗教信仰的意图。古斯塔夫·阿道夫二世的行为也不例外。通过他的行为，我们可以窥见其诸多方面的意图：扩大瑞典的势力范围，支持神圣罗马帝国新教诸侯反对斐迪南二世，帮助神圣罗马帝国新教徒巩固既得利益。这些都是他伟大事业的组成部分，彼此不可分割。还有一点不应忘记，古斯塔夫·阿道夫二世的对手是天主教耶稣会和天主教联盟的军队，一个根本没有国家立场的联合体。未来的德意志思想自由，社会秩序井然，更像是 17 世纪那个联合体的破坏者，而不像维持松散关系的联合体自身。

第 2 节 英格兰的外交斡旋

1624 年 8 月，英格兰的两位特使罗伯特·安斯特拉瑟爵士和詹姆斯·斯潘士爵士从伦敦出发，先后拜访了丹麦国王和瑞典国王。他们出使两国的目的是想说服两位国王参加收复巴拉丁的战争，恢复神圣罗马帝国从前的秩序。

乔治·威廉（1595—1640）

克里斯蒂安四世一开始有些犹豫。詹姆斯一世在1621年的做法让他至今无法释怀，他要看到英格兰采取真正的行动后再定夺。不久，罗伯特·安斯特拉瑟爵士在下萨克森地区游说成功的消息传来了。接着，欧内斯特·冯·曼斯费尔德伯爵在英格兰招兵买马的消息也传来了。于是，克里斯蒂安四世准备参战。

古斯塔夫·阿道夫二世则要谨慎得多。他一点儿也没怀疑过当下任务的重要性。他认为，所有对哈布斯堡家族不满的诸侯，从东边的拜特伦·加博尔到西边的法兰西国王路易十三，都应该团结一致，共同对敌。正是基于这样的观点，他与自己的内兄勃兰登堡选帝侯乔治·威廉建立了密切的联系。这时，勃兰登堡选帝侯乔治·威廉对战争表现出了少有的渴望，这与他对这次战争的意义理解不够透彻不无关系。

关于发动战争的方式，古斯塔夫·阿道夫二世也有自己的想法。首先，军事指挥权应该集中在他一个人手里，由他来负责军队的调遣。其次，他要征招一批士兵，募集一笔钱款。他对英王詹姆斯一世向克里斯蒂安四世做出过怎样的承诺并不关心。此外，他还要求控制波罗的海和北海的两个港口，从而确保军队调动畅行无阻。然而，在整个战争计划中，最能说明他有先见之明的要属与法兰西王国协调关系一事了。为了避免出现像英格兰政府意见不统一的情况，他并未打算让路易十三统治的天主教国家与新教各政权走得过近。如果法兰西王国愿意提供帮助，他当然会欣然接受。不过，他认为，法兰西军队最好能进驻神圣罗马帝国的南方地区或意大利，然后自行决定采取哪种军事行动。其中原因是远在北方的古斯塔夫·阿道夫二世还是希望自己统率的是一支纯粹的新教军队。

1625 年 1 月，英格兰搞清楚了古斯塔夫·阿道夫二世和克里斯蒂安四世的诉求。古斯塔夫·阿道夫二世要求招募五万名士兵，其中一万七千名士兵的军饷要由英格兰财政承担，而且四个月的军饷到手后，才会去考虑开战的问题。他可不想成为第二个欧内斯特·冯·曼斯费尔德伯爵，养活军队不得不靠掠夺。

克里斯蒂安四世提出的要求相对较低。他认为招募三万名士兵足矣，并且英格兰只需承担六千名士兵的战时开销。如果要选择，詹姆斯一世和威尔士亲王查理都倾向于克里斯蒂安四世的方案。但就算只有六千人，一个月的开销也高达三万英镑。虽然与法兰西王国联姻之事已定，但詹姆斯一世还是迟迟没有召集议会就这笔开销进行表决，因为实在找不到拨款的合适理由。英法两国国王仍然不明白，其实现在就该做出选择了，但他们只是一厢情愿地希望古斯塔夫·阿道夫二世可以给丹麦军队做后援。不过，古斯塔夫·阿道夫二世对此置若罔闻。他对克里斯蒂安四世不抱任何希望，对备战不够充分的新教联盟也没有任何信心。他对前来游说的英格兰特使詹姆斯·斯潘士爵士说，他提出的要求确实高，接着补充道：“你们要知道，我们的敌人是欧洲最强大的君主，支持他的不仅有西班牙和神圣罗马帝国的许多诸侯，还有整个罗马天主教联盟。如果有谁认为跟这样的对手开战是件容易的事，那么就让他去开战好了。我们怀有的目的各不相同，单是统一行动就已经非常困难，更不要说从顽固的敌人手里夺回土地了。如果还有谁认为实现这样的目标易如反掌，那就将这份光荣的使命交给他去完成，让他去享受成功的果实吧。”

说完这番讽刺意味很浓的话后，古斯塔夫·阿道夫二世就暂时不再关注神圣罗马帝国的战事了，而是继续和波兰国王西吉斯蒙德三世展开了交锋。他一贯认为，这种交锋非常必要，只有这样才可以阻止西吉斯蒙德三世对瑞典大肆发难。

克里斯蒂安四世盲目乐观的计划就要接受考验了。1625 年 3 月，詹姆斯一世驾崩。1625 年 5 月，查理一世答应向克里斯蒂安四世提供每月三万英镑的军饷，并且先期向他提供了四万六千英镑的启动资金。根据查理一世的建议，欧内斯特·冯·曼斯费尔德伯爵放弃了沿莱茵河前往攻打巴拉丁的计划，然后率部走海路去支援克里斯蒂安四世。

然而，现在的问题是克里斯蒂安四世能否获得神圣罗马帝国新教百姓的支持。虽然下萨克森地区选择了他来担任军事总指挥，但各阶层人士的意见并不统一。城镇里那些日子过得不错的商人不太愿意同皇帝斐迪南二世开战，深信与诸侯们结盟不会带来任何好处，而皇帝斐迪南二世是否会给他们带来威胁尚不可知。然而，他们的影响力毕竟有限，左右不了局势。下萨克森地区成立了一个反抗斐迪南二世的联盟中心。斐迪南二世要想维护自己的尊严，就必须除之。1625 年 7 月 18 日，蒂利伯爵约翰·塞克拉斯率领大军渡过威悉河，进入下萨克森地区，与丹麦的战争随之爆发。

第 3 节 华伦斯坦组建军队

单以蒂利伯爵约翰·塞克拉斯的兵力就能够击败丹麦国王克里斯蒂安四世及其盟友的联军吗？斐迪南二世及其大臣对此忧心忡忡。随着权力的不断增强，斐迪南二世真正的支持者反而越来越少。1620 年，所有的盟友中只有天主教联盟还在支持他。西班牙因围攻布雷达而不堪重负，根本无力支援斐迪南二世了。此时，西班牙只能一方面想办法拉拢萨克森选帝侯约翰·乔治一世，另一方面让教皇乌尔班八世尽

教皇乌尔班八世（1558—1644）

力去褒奖那些路德教教徒，称他们比加尔文教教徒更有教养。但这些并未奏效。萨克森选帝侯约翰·乔治一世事实上没有加入丹麦国王克里斯蒂安四世的军事行动，因为他认为下萨克森地区的诸侯们都应该接受《米尔豪森协定》，而腓特烈五世也应该向斐迪南二世投降。即便如此，萨克森选帝侯约翰·乔治一世也认为下萨克森战争与波西米亚战争的性质完全不同。斐迪南二世拒绝承认新教教区的永久性地位，所以任何一位新教诸侯都无法死心塌地支持他。

斐迪南二世的朋友变少了，而敌人却增多了。克里斯蒂安四世是一位比腓特烈五世更令人敬畏的对手。此外，1622 年接受和谈的拜特伦·加博尔在神圣罗马帝国东部蠢蠢欲动，而西部的强敌法兰西王国随时有可能参战。除蒂利伯爵约翰·塞克拉斯的军队外，斐迪南二世急需再组建一支军队。但现实情况是，他的国库已经空虚，无力供养额外的军队了。

就在斐迪南二世一筹莫展之际，一位大臣主动请缨，愿意自费组建一支军队。这位大臣就是阿尔布雷希特·冯·华伦斯坦。他生于波希米亚一个败落的贵族家庭，父母都是路德教徒。十二岁时，他的父母双亡。一个叔叔收养了他，让他在以严格著称的波西米亚兄弟会学校读书。波西米亚兄弟会就是后来的莫拉维亚兄弟会，以严苛培养道德而闻名遐迩。

就像苏格兰长老会长期布道对查理二世的影响一样，波西米亚兄弟会的教义也深深影响了阿尔布雷希特·冯·华伦斯坦。后来，他又加入了奥洛穆克耶稣会，学习了奥洛穆克耶稣会的宗教教义。不过，他真正相信的还是自己及星相学这门神秘的学问。星相学让他确信，上天早已为他安排好非凡的一生。在哈布斯堡家族控制下的波西米亚，他这位有能力但无财力的年轻的新教徒几乎没有容身之处。然而，

阿尔布雷希特·冯·华伦斯坦（1583—1634）

当时只是三个世袭领地公爵的斐迪南二世看中了他的军事能力，而不久后他的确在战争中展示出了才华。对阿尔布雷希特·冯·华伦斯坦来说，攫取财富可以不择手段。于是，他通过婚姻摇身变成大庄园主。波希米亚之乱爆发时，他是莫拉维亚军队的一名上校。当时，军民们都对斐迪南二世怀有敌意，但他不顾反对，带着庄园所有的钱财直奔维也纳而去。不过，斐迪南二世并未接受这笔不义之财，而是将其还给了莫拉维亚人。莫拉维亚人公开批评了阿尔布雷希特·冯·华伦斯坦的不义之举。但在接下来相对正当的一系列战役中，阿尔布雷希特·冯·华伦斯坦因出色的战术和无畏的勇气而闻名，取得了白山战役大捷，彻底击溃了腓特烈五世。

阿尔布雷希特·冯·华伦斯坦取得白山战役大捷后，斐迪南二世与皇储向上帝祷告

斐迪南二世一方获胜后，阿尔布雷希特·冯·华伦斯坦得到了不少好处。斐迪南二世不是个斤斤计较的生意人，无论和平时期还是战争时期，都会把具体的事情交给手下人去做。而处置战败贵族的事务是有利可图的。除了因战功卓著而从斐迪南二世那里获得许多封地，阿尔布雷希特·冯·华伦斯坦还想尽办法以极低的价格购买了大量庄园。不久，他便成了波希米亚最富有的领主，同时做了弗里德兰的诸侯。

现在，看到斐迪南二世身陷困境，阿尔布雷希特·冯·华伦斯坦主动提出组建一支军队，费用全部由他来承担。这样一来，斐迪南二世不必再为军饷劳心费神，而新建的军队也不必靠掠夺才能生存。阿尔布雷希特·冯·华伦斯坦的军队不管进驻哪里，他都会要当地的权贵分担军费。因此，他的军队养成了良好的纪律，没有像欧内斯特·冯·曼斯费尔德伯爵的军队那样掠夺百姓。

有种观点认为，阿尔布雷希特·冯·华伦斯坦承诺供养一支五万人而不是两万人的军队，但该观点遭到了现代历史学家的质疑。没错，阿尔布雷希特·冯·华伦斯坦最初的承诺确实是供养两万名士兵，但增加人数的想法迟早会产生。军政管理是阿尔布雷希特·冯·华伦斯坦计划的真髓，所以军队的人数自然越多越好。

虽然斐迪南二世和阿尔布雷希特·冯·华伦斯坦的个性迥异，但他们走到了一起，这一直让人们非常好奇。实际上，这恰恰是斐迪南二世治国方式的必然结果。他对制定真正符合臣民利益的法律的要求视而不见，只是一味地按照旧法律行事，而对其他变通的方法一概不考虑。最终，为了维护自己的地位和尊严，他只能诉诸武力了。

在斐迪南二世看来，用派捐而非掠夺的方式供养军队就是在合法有序地发动战争。但遗憾的是，事实并非像他想象的那样简单。神圣罗马帝国的民法规定，没有征得帝国议会的同意，皇帝无权因军事目的而筹款。现在，神圣罗马帝国犹如一盘散沙，所以帝国议会是召集不起来的。没人认为通过派捐的方式筹集军费是合法的。其实，这种为战争筹款的做法只有在查理一世那里才是合法的，因为英格兰国王在登基之时就拥有了这样的权力，即紧急情况下，为保护臣民的利益，可以强制性地摊派军费。1626 年，查理一世就以这样的方式筹集过一次军费。但斐迪南二世的情况完全不同。目前，他已经陷入进退两难的境地。不接受阿尔布雷希特·冯·华伦斯坦的计划，他必败无疑；接受他的计划，帝国的臣民们必定更加强烈地反抗。

军费是由军方摊派、负责筹集的，因此不受地方官员的控制。即使军方已经采取最温和的收缴方式，广大的农民或市民仍怨声载道，因为他们不得不拿出积蓄来交给军队长官，而这些军队长官根本就没管理过地方事务，只知一味地搜刮，直到连自己都觉得良心过不去为止。那些希望军人态度温和的百姓一定不知道战争对普通士兵性格的影响会有多么严重。

事实上，在阿尔布雷希特·冯·华伦斯坦及其士兵的思想里，“温和”这个词是不存在的。阿尔布雷希特·冯·华伦斯坦的治军思想是维持严苛的军纪和无情地榨取百姓的财富。当这种军队从战战兢兢的地方官员身边走过时，官员们只能在心中默念：“上帝啊，请保佑我们这片土地吧！”

既然阿尔布雷希特·冯·华伦斯坦的治军策略比欧内斯特·冯·曼斯费尔德伯爵高明不了多少，他的军队的组织纪律也不算太好，那他为什么没有遭受欧内斯特·冯·曼斯费尔德伯爵那样的惨败呢？对这个问题的最好解释是，阿尔布雷希特·冯·华伦斯坦成功地避开了欧内斯特·冯·曼斯费尔德伯爵必须面对的那些困难。欧内斯特·冯·曼斯费尔德伯爵从一开始就像一块不安定的滚石。为了生存，他的军队不得不去掠夺。而他的士兵们在尚未接受正规训练的情况下，就遇到了蒂利伯爵约翰·塞克拉斯和贡萨洛·德·科尔多瓦训练有素、作战经验丰富的军队。阿尔布雷希特·冯·华伦斯坦不停地告诫自己不能重蹈欧内斯特·冯·曼斯费尔德的覆辙。他通常会率领自己的军队前往那些收获远多于付出的地方。时间一长，士兵们便对他非常信任，愿意听从他的命令，跟随他奔向新的征程。

1625 年秋，阿尔布雷希特·冯·华伦斯坦率军进驻马格德堡和哈尔伯斯塔特主教区，开始摊派军费，这种摊派是不分贫富的。他和部下对军备的要求远高于蒂利伯爵约翰·塞克拉斯。为他效力的人待遇非常优厚。军中上至将军，下至普通军官，无不追求豪华的装备和各种排场的生活。久而久之，上行下效。这种风气在下级士官中流行起来。面对蒂利伯爵约翰·塞克拉斯的求援，阿尔布雷希特·冯·华伦斯坦置若罔闻，任他继续独自同丹麦军队作战。阿尔布雷希特·冯·华伦斯坦没有让自己的军队在残酷的战争中过早地接受考验，事实证明这是明智之举。他采取的所有举措都是经过深思熟虑的。他的生活非常奢华，他想通过这种方式告诉士兵们：战争中不光有苦难，还有美好的一面。他偶尔也会效仿蒂利伯爵约翰·塞克拉斯的做法，攻城拔寨后允许士兵们掠夺。然而，他从来没有让奢华的生活阻碍自己对更高目标的追求。他是一位知人善任的战略家，非常重视将士们的军事才能。在选拔优秀的士兵时，他从来不过问他们的宗教背景。在他的军队中，有些将军系出名门，这和其他欧洲国家选拔将军没什么两样，但还有些将军没有显赫的出身和爵位，完全是因为高超的本领和无畏的勇气而得到重用的。“不分出身，人人平等”是阿尔布雷希特·冯·华伦斯坦选拔军事人才的原则。将士们只有在战场上奋勇杀敌，表现出英雄气概，才能得到他的赏识，进而获得各种荣誉和奖励。

这是神圣罗马帝国新出现的军事力量，它与帝国的诸侯们没有任何关联，与皇帝本人也只存在名义上的关联。更奇怪的是，领导这支军事力量的竟然不是德意志人，而是斯拉夫的波希米亚人。其实，像蒂利伯爵约翰·塞克拉斯、阿尔布雷希特·冯·华伦斯坦和古斯塔夫·阿道夫二世等叱咤战场的风云人物竟然都是外族人。整个德意志民族竟然找不出一位一流的政治家或斗士。

1625 年冬，几次和谈在不伦瑞克举行了，但历史遗留问题没有得到解决。斐迪南二世和天主教联盟一方只承认《米尔豪森协定》，其他一概不谈。他们不可能违背自己的本心承认新教诸侯永久占有教区土地，并完全享有帝国诸侯相应的特权。下萨克森地区的诸侯们对斐迪南二世的态度感到非常不满。在确立新教身份时，下萨克森地区的教士们有些行为貌似不合法，有些行为甚至明显不合法。这容易被斐迪南二世和帝国理事会抓住把柄，从而改变新教教会的性质。斐迪南二世和帝国理事会的初衷确实可能是做到处事公正，但实际上，在处理争议问题时，多多少少会偏袒自己的一方。丹麦国王克里斯蒂安四世及其盟友代表神圣罗马帝国新教地区的宗教和政治势力，拒绝接受斐迪南二世提出的和谈条件，要求斐迪南二世必须对新教诸侯目前所占土地的合法性做出永久承诺，从而确保新教诸侯未来的权益。

第 4 节　曼斯费尔德伯爵和克里斯蒂安四世兵败

1626 年春，战争拉开了序幕。交战双方拥有的兵力大体相当。阿尔布雷希特·冯·华伦斯坦目前的兵力已远超初建军队时的规模。据说，他和蒂利伯爵约翰·塞克拉斯的军队加起来共有七万兵力，而准备和他们开战的克里斯蒂安四世的总兵力为六万多。支持丹麦国王克里斯蒂安四世的不仅有欧内斯特·冯·曼斯费尔德伯爵和不伦瑞克的克里斯蒂安，还有出身神圣罗马帝国贵族、主张对异教采取宽容态度的萨克森－魏玛公爵约翰·欧内斯特一世。转战匈牙利边境的拜特伦·加博尔再次对维也纳构成了威胁。这时，连下奥地利的信奉新教的农民也开始反抗驻扎在家乡的巴伐利亚军队，以捍卫自己的宗教和家园不受侵犯。

萨克森－魏玛公爵约翰·欧内斯特一世（1594—1626）

然而，除了兵力不相上下，交战双方的境况完全不同。蒂利伯爵约翰·塞克拉斯和阿尔布雷希特·冯·华伦斯坦的军队进攻敌人的土地，所以筹集军需品时无所顾忌，不用考虑会伤害敌对的诸侯和城邦的情感。但克里斯蒂安四世不同。他已经与这些诸侯和城邦结盟，所以如果其感受没有受到重视，就会倒向斐迪南二世一边。除了这种顾虑，英格兰的失信也让克里斯蒂安四世始料未及。

1625 年春，查理一世曾承诺向克里斯蒂安四世每月提供三万英镑的军费，并估计英格兰议会能同意他的决定。但在 5 月召开的会议上，议会对查理一世和他的宠臣白金汉公爵乔治·维利尔斯所赞襄的事业表示怀疑。将自己的钱用在神圣罗马帝国的内战上，这让英格兰人无法接受。最终，议会表决通过了只拨付十四万英镑的决定。与当初一年的战争预算相比，该数目至少缺了一百万英镑。不过，查理一世并未放弃努力。1625 年冬，他又派白金汉公爵乔治·维利尔斯出使荷兰，签署了《海牙协定》。《海牙协定》规定，荷兰每月出资五千英镑资助丹麦国王的军队，英格兰则需重新兑现每月出资三万英镑的承诺。人们认为，新一届英格兰议会应该会支持查理一世的这次决定，但谁也没料到的是，这届议会比上届议会更固执、更保守。议会决定，1625 年 5 月送出的四万六千英镑就是同意查理一世资助的全部款项。

因此，从某种程度上而言，丹麦国王克里斯蒂安四世及其盟友的境遇与欧内斯特·冯·曼斯费尔德伯爵在 1621 年和 1622 年的境遇基本相同。虽然供给链还没有完全断开，但他们的境况已经非常糟糕了。他们只想着如何能搞到足够的粮食存活下去，根本无心再关注战事。

首先和敌人交手的是欧内斯特·冯·曼斯费尔德伯爵的军队。

欧内斯特·冯·曼斯费尔德伯爵曾一度率部驻扎在易北河以北。他的军队的生存全靠盘剥吕贝克和勃兰登堡的百姓，但这并非长久之计。现在，阿尔布雷希特·冯·华伦斯坦的军队来了。除了迎战，欧内斯特·冯·曼斯费尔德伯爵别无选择，否则阿尔布雷希特·冯·华伦斯坦就会与蒂利伯爵约翰·塞克拉斯联手对付丹麦国王克里斯蒂安四世。

在整个战斗生涯中，阿尔布雷希特·冯·华伦斯坦只要能隐蔽军队，就绝不会打阵地战。在军队缺乏作战经验时，他更加坚持这种战略。他夺取了易北河上的德绍桥，筑起了坚不可摧的堡垒，坐等欧内斯特·冯·曼斯费尔德伯爵来犯。1626 年 4 月 25 日，欧内斯特·冯·曼斯费尔德伯爵出现了，指挥将士们向堡垒不断地冲锋，但均无功而返。阿尔布雷希特·冯·华伦斯坦以逸待劳，瞅准时机突然猛攻。敌军阵脚大乱，四散逃窜。最终，阿尔布雷希特·冯·华伦斯坦大获全胜。

欧内斯特·冯·曼斯费尔德伯爵在德绍桥战役大败后不久，不伦瑞克的克里斯蒂安突然薨逝。这时，丹麦军队只能背水一战了。欧内斯特·冯·曼斯费尔德伯爵和萨克森－魏玛公爵约翰·欧内斯特一世会合后，穿越西里西亚，去支援拜特伦·加博尔。在派遣部分兵力增援蒂利伯爵约翰·塞克拉斯后，阿尔布雷希特·冯·华伦斯坦率余部在欧内斯特·冯·曼斯费尔德伯爵后面紧追不舍。

面对危险，克里斯蒂安四世会采取怎样的举措呢？查理一世承诺的军费迟迟未到。这时，克里斯蒂安四世的军队如果采取守势，就意味着要面临饥饿，随之而来的可能就是将士哗变。在看到战胜敌人尚存一线希望后，克里斯蒂安四世冒险率军前往图林根，希望能取道图林根挺进波希米亚，然后与拜特伦·加博尔和欧内斯特·冯·曼斯费尔德伯爵会合，最终在皇帝世袭领地的中心再次插上新教的旗帜。然而，蒂利伯爵约翰·塞克拉斯正密切地监视着他的一举一动。1626

年8月27日，卢特尔上演了一场遭遇战。双方势均力敌，杀得难解难分。就在战斗尚未分出胜负之时，丹麦军队中有人突然高喊：“不发军饷，我们再也不打窝囊仗了。”结果，克里斯蒂安四世大败而归。后来，他气急败坏地抱怨道，如果查理一世兑现了承诺，那么结局就会是另外一种情况。

奉阿尔布雷希特·冯·华伦斯坦之命增援蒂利爵约翰·塞克拉斯的军队在战场上的表现非常出色。阿尔布雷希特·冯·华伦斯坦率余部一路紧追欧内斯特·冯·曼斯费尔德伯爵。欧内斯特·冯·曼斯费尔德伯爵抵达西里西亚，受到了新教徒的欢迎，而随后到来的阿尔布雷希特·冯·华伦斯坦却发现主要城镇均有敌军驻守。追至匈牙利境内时，他发现欧内斯特·冯·曼斯费尔德伯爵已与拜特伦·加博尔会合了，于是就采取了惯用的战术——占据有利地形、坚守要塞，任凭敌人前来攻打。事实证明，他的策略非常正确。拜特伦·加博尔原本希望得到土耳其人的帮助，但土耳其人并没有兑现承诺。于是，他没有冒险围攻坚守要塞的阿尔布雷希特·冯·华伦斯坦，以免重蹈德绍桥战役失利的覆辙。最后，拜特伦·加博尔向阿尔布雷希特·冯·华伦斯坦提出了休战请求。阿尔布雷希特·冯·华伦斯坦提出的条件之一是欧内斯特·冯·曼斯费尔德伯爵必须离开匈牙利。在被迫去往威尼斯的路上，欧内斯特·冯·曼斯费尔德伯爵身染重病。这位永远不向命运低头的冒险家，就像古老的北方斗士一样，拒绝死在病床上。他对部下说：“快扶我起来，我就要死了。”在部下的搀扶下，他保持着站立的姿势，望着远方山巅的第一缕阳光，离开了人世。他用尽最后一口气说道：“团结……团结……像男人一样坚持到底。”然而，实际上，他的存在才是团结道路上的主要障碍。

第 6 章 施特拉尔松德之围与拉罗谢尔之围

第 1 节 阿尔布雷希特 · 冯 · 华伦斯坦再创辉煌战绩

这时，分歧在阿尔布雷希特 · 冯 · 华伦斯坦与天主教联盟之间出现了。帝国军队在击败腓特烈五世后，斐迪南二世收回了德意志南方地区。因此，平定德意志北方地区的叛乱后，斐迪南二世也会收回北方地区。美因茨选帝侯兼大主教格奥尔格 · 弗雷德里希 · 冯 · 格里芬克劳表示，他想获得至少一位战败诸侯的土地。然而，阿尔布雷希特 · 冯 · 华伦斯坦希望将所有战败诸侯的土地都封给不伦瑞克 - 吕内堡公爵乔治。不伦瑞克 - 吕内堡公爵乔治是一名信奉路德教的帝国军队高官，战功卓著。

分歧不仅仅是个人观点迥异那么简单。天主教联盟希望能将确保天主教神职人员利益的旧政策尽快合法化，而阿尔布雷希特 · 冯 · 华伦斯坦则希望军队中天主教和新教相互融合的情况也能够在帝国继续保持下去。他认为，只有叛乱才是需要严惩的罪行；只有忠诚，尤其是部下的忠诚，才是需要奖励的美德。

阿尔布雷希特 · 冯 · 华伦斯坦与天主教联盟还存在另一个严重的分歧。天主教联盟主张阿尔布雷希特 · 冯 · 华伦斯坦的军队开销应该全部由新教诸侯来承担，而阿尔布雷希特 · 冯 · 华伦斯坦则坚称，作

美因茨选帝侯兼大主教格奥尔格·弗雷德
里希·冯·格里芬克劳（1573—1629）

不伦瑞克 - 吕内堡公
爵乔治（1582—1641）

为皇帝的将军，他有权决定在何处驻军，也有权在天主教联盟的领地内摊派并征收军费。

这么多年来，第一次有人向皇帝建议用友好的方式去解决宗教分歧问题，这也是唯一明智的解决办法。如果斐迪南二世抛开教派保护政策而采纳阿尔布雷希特·冯·华伦斯坦的建议，那就意味着他必须将帝国统一大业置于各诸侯的利益之上，对所有教派一视同仁。但遗憾的是，向皇帝提出这一建议的人并不能保证帝国统一大业能够最终完成。要想超越教派利益，就要有信心统一整个德意志民族。但阿尔布雷希特·冯·华伦斯坦能确保整个民族统一起来吗？武力可以维护但不能建立起稳定的制度。在德意志人眼中，他们只知道阿尔布雷希特·冯·华伦斯坦的军队比蒂利伯爵约翰·塞克拉斯的军队人数更多，并且其行为更残暴。如果德意志的统一换来的是赋税沉重的未来，到处是饥肠辘辘的农民和烧成灰烬的村庄，那么这样的统一是德意志人不愿看到的。

虽然阿尔布雷希特·冯·华伦斯坦的建议也有可取之处，但奇怪的是，斐迪南二世起初就是不为所动。每当陷入两难、无法决断时，斐迪南二世都会听从首席大臣汉斯·乌利奇·冯·埃根伯格的意见。1626年11月，阿尔布雷希特·冯·华伦斯坦会见了汉斯·乌利奇·冯·埃根伯格，阐述了自己的想法。他说，如果有必要，他可以扩军至七万人。这样就可以避免与敌人正面激战。对尚未完全适应战场的军队来说，正面激战是极其危险的。阿尔布雷希特·冯·华伦斯坦的策略是夺取各个战略要塞，最终克敌制胜。胜利后，斐迪南二世将顺理成章地成为神圣罗马帝国真正的主人，接受四方诸侯的朝拜。如此一来，在帝国内部，所有势力均臣服于皇帝；在帝国外部，再没有国家可以指手画脚了。

汉斯·乌利奇·冯·埃
根伯格（1568—1634）

汉斯·乌利奇·冯·埃根伯格很快就被说服了，这也等于说服了斐迪南二世。1627 年 1 月，阿尔布雷希特·冯·华伦斯坦受封为弗里德兰公爵，比他原先的爵位更高，这表明了斐迪南二世对他的认可。如果阿尔布雷希特·冯·华伦斯坦当时不仅告诉斐迪南二世如何去镇压德意志人民，而且告诉他如何去赢得民心，那么德意志和欧洲的历史有可能被改写。

迄今为止，新教徒对帝国的反抗行动均以失败告终。所有反抗行动都带有革命的性质，这说明新教徒一直处于改变命运的弱势地位。现在，神圣罗马帝国运转良好的机制显现出解体的迹象。间隙出现了，而且日益扩大。阿尔布雷希特·冯·华伦斯坦曾问道：“难道皇帝就是一种永远无法取消的职位吗？”天主教联盟代表回答道：“帝国离不开皇帝，皇帝也离不开帝国。”关于这一问题存在两种不可调和的理论。被称作皇帝的人其实一直都是少数主教的工具，如果阿尔布雷希特·冯·华伦斯坦想办法控制了皇帝，那么皇帝就成了他的工具。在天主教联盟代表眼里，帝国并不代表德意志全体人民的利益，甚至也不代表诸侯的利益，仅仅代表主教及教会的利益。

阿尔布雷希特·冯·华伦斯坦与天主教联盟的分歧还未发展到公然争吵的地步。这时，敌人的势力虽然遭到了削弱，但仍不容小觑。查理一世强行征款入国库的行为遭到了除几名宠臣之外所有英格兰人的批评，他们称这是史无前例的公然违法行为。尽管如此，查理一世仍一意孤行地派遣查理·摩根爵士率领一支名义上为六千人但实际上不足四千人的军队前往支援丹麦国王克里斯蒂安四世。支援克里斯蒂安四世的将军有：布拉格之乱的战斗英雄基恩德里希·玛特亚斯·图尔恩－瓦尔萨西纳伯爵、作战经验丰富的巴登－杜拉赫侯爵格奥尔格·弗雷德里希、萨克森－魏玛公爵约翰·欧内斯特一世的弟弟——

萨克森－魏玛的伯恩纳德。沃尔芬比特尔、诺德海姆及宁堡几个实力强大的城镇都支持克里斯蒂安四世。这些地方的百姓都盼着摆脱天主教教士的压迫，分得土地。

北方的新教徒再次将求助的目光转向了东边的拜特伦·加博尔，但拜特伦·加博尔没有采取任何行动。因为没有土耳其人的帮助，他

萨克森－魏玛的伯恩纳德（1604—1639）

什么也干不了。这时，正与波斯打得不可开交的土耳其[①]决定与斐迪南二世和解。1627年9月，和解达成，拜特伦·加博尔成了摆设。

和谈解放了阿尔布雷希特·冯·华伦斯坦的双手。萨克森－魏玛伯爵约翰·欧内斯特一世一年前薨逝时，他的副将仍带兵驻扎在西里西亚。1627年5月，阿尔布雷希特·冯·华伦斯坦派不伦瑞克－吕内堡公爵乔治去截断其退路。1627年7月，阿尔布雷希特·冯·华伦斯坦亲率三倍于敌的大军前往西里西亚。敌人闻风丧胆，相继献城投降，只有一地坚守阵地，进行抵抗。1627年8月底，阿尔布雷希特·冯·华伦斯坦控制了整个西里西亚。捷报迅速传到了维也纳。很快，西里西亚各地均遭到了盘剥勒索，百姓的钱财都进了阿尔布雷希特·冯·华伦斯坦与蒂利伯爵约翰·塞克拉斯的金库。

西里西亚失守后，克里斯蒂安四世想通过和谈来避免灭亡的命运。但斐迪南二世的两位将军阿尔布雷希特·冯·华伦斯坦与蒂利伯爵约翰·塞克拉斯要求他先割让荷尔斯泰因，否则免谈。克里斯蒂安四世断然拒绝了这一要求。于是，阿尔布雷希特·冯·华伦斯坦与蒂利伯爵约翰·塞克拉斯合力将他驱逐到遥远的北方。在向北逃跑的过程中，巴登－杜拉赫侯爵格奥尔格·弗雷德里希的军队与丹麦军队的联系也被切断了。在维斯马海岸等了很久，巴登－杜拉赫侯爵格奥尔格·弗雷德里希的军队才登上运其过海与丹麦军队会合的船，然而刚在海利根哈芬登陆，一支庞大的帝国军队就赶了过来，接着发起了猛攻。巴登－杜拉赫侯爵格奥尔格·弗雷德里希和几名主要军官迅速乘船逃走了。之后，巴登－杜拉赫侯爵格奥尔格·弗雷德里希的将士们纷纷转投到阿尔布雷希特·冯·华伦斯坦麾下。就这样，丹麦军队的七支劲旅被克里斯蒂安四世葬送了。

① 史称“奥斯曼－萨法维战争”（Ottoman–Safavid War，1623—1639）。——译者注

就在蒂利伯爵约翰·塞克拉斯率军围攻下萨克森的军事要塞时，阿尔布雷希特·冯·华伦斯坦的军队紧追丹麦国王克里斯蒂安四世的军队。1627 年底之前，除若干个城镇仍在抵抗外，石勒苏益格和日德兰地区都被阿尔布雷希特·冯·华伦斯坦占领。

看来再进行几次围攻，战争就结束了。于是，阿尔布雷希特·冯·华伦斯坦开始酝酿疯狂的计划。德意志地区的抵抗全部被镇压后，他将自任十万大军的统帅，誓将土耳其人赶出君士坦丁堡[①]。然而，这仅仅是他的美梦而已。即使丹麦被击败了，蒂利伯爵约翰·塞克拉斯的军队仍然存在。蒂利伯爵约翰·塞克拉斯的军队迟早会与阿尔布雷希特·冯·华伦斯坦新创建的军队发生冲突。

第 2 节　抵抗阿尔布雷希特·冯·华伦斯坦的进攻

1627 年 10 月，选帝侯们或亲自或派代表来米尔豪森，就神圣罗马帝国的形势展开讨论。天主教区选帝侯警告新教诸侯，1620 年的《米尔豪森》协定已经失效，如果他们选择效忠皇帝，那么他们占有的土地就不会遭到武力收回。然而，事实上，他们没有选择效忠皇帝，而是伙同丹麦国王克里斯蒂安四世反对皇帝，企图在外国势力的帮助下分裂帝国。该是正义说话的时候了。天主教会坚持《奥格斯堡和约》就是在坚持正义。因此，巴伐利亚公爵马克西米利安一世站在天主教区选帝侯的一边，另外两位新教选帝侯没有公开表示反对意见。萨克森选帝侯约翰·乔治一世认为，下萨克森地区的新教诸侯不听他的劝告，惹火烧身，所以最终卷入战争也就不足为奇了。

① 1453 年，信奉伊斯兰教的土耳其人攻克基督教的重镇——君士坦丁堡。从此，光复君士坦丁堡成为狂热的基督徒的理想。——译者注

天主教选帝侯们感到他们长期以来梦寐以求的愿望快要实现了，就做出了过河拆桥的举动。虽然蒂利伯爵约翰·塞克拉斯和他的军队功不可没，但如果没有阿尔布雷希特·冯·华伦斯坦，天主教联盟是很难战胜敌人的。阿尔布雷希特·冯·华伦斯坦打败了欧内斯特·冯·曼斯费尔德伯爵，迫使拜特伦·加博尔俯首称臣，收复了西里西亚，在卢特尔大捷中立下了赫赫战功。但阿尔布雷希特·冯·华伦斯坦极有可能在战败的新教诸侯和选帝侯地区推行令人窒息的军事专制统治。他的征兵官敲锣打鼓，招募壮丁。神圣罗马帝国南方地区那些宁静的天主教城市原本认为，随着1622年欧内斯特·冯·曼斯费尔德伯爵在西奔阿尔萨斯的路上销声匿迹后，苦难也就结束了，但没想到的是，这些地方又成了新军团的大本营。四面八方的壮丁纷至沓来，他们的装备和衣食住行又得由这些地方来承担。百姓开始恐慌了，认为这又是一支靠压榨百姓而过活的军队，而不是与敌人作战的军队。他们听到阿尔布雷希特·冯·华伦斯坦的军官毫不掩饰地谈论军事目的——推翻新教诸侯和选帝侯，使皇帝拥有实至名归的权力。

百姓的怨声渐起，但他们并未意识到这是自食恶果。如果他们都能顺从主教的意志，那么阿尔布雷希特·冯·华伦斯坦就不需要出兵了。但事实上，阿尔布雷希特·冯·华伦斯坦确实需要用兵弹压他们。当手握重兵之人坚持要做他们的主人时，他们吓得连大气都不敢出。选帝侯们心里明镜似的，一种新的秩序有可能诞生。在这种情况下，他们只敢向阿尔布雷希特·冯·华伦斯坦温和地进言并向皇帝请愿，希望他们能命令军队停止实施暴行。

与南方地区的城镇相比，神圣罗马帝国北方地区的新教城市更加反感军事专制统治。在阿尔布雷希特·冯·华伦斯坦到来之前，统治这些城市的大都是商业寡头。他们的事业风生水起，但对新教事业并不太热衷。南方地区的城镇最先脱离了新教联盟，而北方地区的城镇却不情愿地卷入了战争。北方地区的人们认为，帝国的统治应该遵循数百年来形成的传统，诸侯们的势力不应过大，更不应侵犯皇权。他们不希望军队进驻自己生活的地方，不想看到盛气凌人的军官和狐假虎威的士兵。尽管愤怒不已的阿尔布雷希特·冯·华伦斯坦已经极尽恐吓之能事，但马格德堡还是没有屈服。汉堡宣布准备接受皇帝的统治，但不欢迎皇帝的军队进驻。虽然马格德堡日后可能会遭到围攻，但汉堡及其他几个海滨城市不容易被攻克。阿尔布雷希特·冯·华伦斯坦在陆战中虽然实力强劲，但在海战中心有余而力不足。丹麦国王克里斯蒂安四世逃回了丹麦，瑞典国王古斯塔夫·阿道夫二世控制着波罗的海。他们是否会将一支军队运送至神圣罗马帝国战场呢？虽然这不得而知，但他们至少可以将粮草和军需囤积到某个海港。而神圣

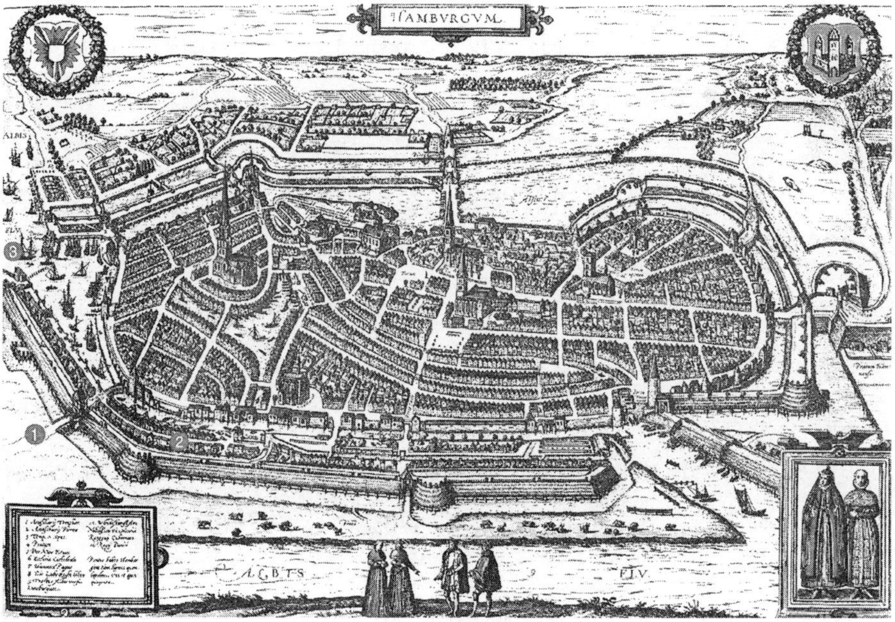

三十年战争时期的汉堡

罗马帝国要想高枕无忧，首先就得控制住这些海港。

因此，阿尔布雷希特·冯·华伦斯坦决定在这片危险的地方扎根。他坚信，越是危险的地方，机会就越多。梅克伦堡的两位公爵一直坚定地支持着丹麦国王克里斯蒂安四世反对神圣罗马帝国皇帝斐迪南二世的战争。1627 年，大多数诸侯已经不再为战争献金了，但两位公爵仍在履行当初的约定。这时，虽然两位公爵表达了愿向斐迪南二世称臣的心意，但阿尔布雷希特·冯·华伦斯坦认为，对他有价值的是他们的反叛行为而非忏悔之意。1628 年 2 月，斐迪南二世就像剥夺腓特烈五世的巴拉丁选帝侯资格那样，宣布剥夺上述两位公爵的爵位，并将两个公国抵押给阿尔布雷希特·冯·华伦斯坦，以此向他保证日后会结清他的军费。关于腓特烈五世的选帝侯资格被剥夺一事，天主教选帝侯们没觉得有何不妥。不过，他们认为，斐迪南二世如此迁就阿尔布雷希特·冯·华伦斯坦有失妥当。这是一种值得关注的情感变化。

凭借对梅克伦堡的控制，阿尔布雷希特·冯·华伦斯坦在波罗的海沿岸有了立足之地。然而，如果想免遭敌人攻击，他还要控制更多的地方。整个冬天，阿尔布雷希特·冯·华伦斯坦都在与古老的商业联盟——汉萨同盟①——进行谈判。在历史上，汉萨同盟在神圣罗马帝国北方地区的地位极其重要，尽管已经不像过去那般辉煌，但对渴望一统神圣罗马帝国的阿尔布雷希特·冯·华伦斯坦这股新势力来说，仍然不容小觑。

阿尔布雷希特·冯·华伦斯坦有充足理由说服汉萨同盟接受斐迪南二世的统治。他承诺，汉萨同盟遭到外国势力欺凌时，强大的帝国军队就会为它们撑腰。这足以让汉萨同盟动心。汉堡一直都是外国势

① 汉萨同盟是德意志北部城市之间结成的商业、政治联盟，于 13 世纪形成，14 世纪达到鼎盛，加盟城市最多时达一百六十个，其中包括汉堡、科隆、不莱梅等大城市。汉萨同盟拥有武装和金库，垄断了波罗的海地区的贸易，实力雄厚。——译者注

在历史上，汉萨同盟在神圣罗马帝国北方地区的
地位极其重要。图为吕贝克与汉堡结成汉萨同盟

克里斯蒂安四世在易北河下游建起的格吕克斯塔特

力眼中的一块肥肉，因为西方各国在采购造船材料时都需取道那里。丹麦国王克里斯蒂安四世就在易北河下游建起了格吕克斯塔特，希望以此来分走汉堡丰厚的贸易利润。英格兰国王怀疑汉堡的商船在为敌国西班牙服务，便封锁了易北河，劫走了不少船。

因此，德意志民族如果发展了，汉萨同盟就会从中获益。然而，斐迪南二世的所作所为并没有真正站在整个德意志民族的立场上。他想做的就是与西班牙保持现有的特殊协定，以便完全垄断神圣罗马帝国同西班牙领地之间的贸易。然而，垄断贸易必然会引起英格兰、荷兰甚至丹麦和瑞典的强烈不满，最终可能导致战争。现在，整个计划主要由阿尔布雷希特·冯·华伦斯坦负责实施，未来实在堪忧。阿尔布雷希特·冯·华伦斯坦被任命为波罗的海海军统帅，而汉萨同盟负责为他打造一支舰队。

精打细算的汉萨同盟会作何选择呢？在这种情况下，只与西班牙人进行贸易肯定不是明智之举，西班牙人也不会答应。与此同时，汉萨同盟礼貌地拒绝了斐迪南二世的方案。获悉汉萨同盟的答复后，阿尔布雷希特·冯·华伦斯坦一边警告一边恐吓。他说，他有办法从陆路切断它们的贸易，没收它们从英格兰或荷兰进口的商品。总而言之，他会用两个世纪后拿破仑一世采用的方法[①]去对付它们。

然而，阿尔布雷希特·冯·华伦斯坦更希望尽快在波罗的海沿岸城市实施自己的计划。他一直对来自瑞典的威胁忧心忡忡。1627 年 11 月，他与一名冒险者进行了谈判，对方答应去放火烧掉停泊在瑞典港口的舰队。但这一计划最终流产。阿尔布雷希特·冯·华伦斯坦占领了波罗的海沿岸的港口城市，但敌人的舰队毫发未损。这样一来，他必须保护这些城市。波罗的海南岸正在形成一支强大的军事力量，古斯塔夫·阿道夫二世绝不会袖手旁观。

阿尔布雷希特·冯·华伦斯坦很快占领了维斯马。不久，罗斯托克港也被一排排战舰包围了。波美拉尼亚公爵博古斯拉夫十四世虽然曾发誓要确保海岸的安全，但现在也不得不接受一支强大的帝国军队已经侵入的事实。一切似乎都在按照阿尔布雷希特·冯·华伦斯坦的计划在进行。

罗斯托克港

① 指 1806 年到 1814 年期间拿破仑一世针对英国采取的一项重要的经济、政治措施（大陆封锁令），企图从经济上拖垮英国，从政治上孤立英国，以达到建立欧洲大陆商业霸权和美洲大陆殖民霸权的目的。——译者注

第3节 施特拉尔松德之围

边陲小城施特拉尔松德并非神圣罗马帝国的一个自由城邦。施特拉尔松德虽然名义上依附波美拉尼亚，但实际上是完全自治的。这里的市民不愿意和斐迪南二世结怨，更不愿意帮助外国势力入侵帝国，但也拒绝阿尔布雷希特·冯·华伦斯坦的军队进驻城内。

要么不拿，拿就全部拿走。阿尔布雷希特·冯·华伦斯坦命令驻扎在罗斯托克港的路德教指挥官汉斯·格奥尔格·冯·阿尼姆－博伊

岑堡武力逼迫对方就范。他在信中写道：“我绝不允许他们私藏任何东西，否则其他人也会效仿。”已是吕根领主的汉斯·格奥尔格·冯·阿尼姆－博伊岑堡还攻占了扼守港口的小岛达恩霍尔姆。1628 年 2 月，达恩霍尔姆岛上群情激昂。1628 年 3 月，守岛的人们攻击了岛上的帝国军队，并将其赶走了。

阿尔布雷希特·冯·华伦斯坦第一次遭遇了挫折，拼命地想洗刷耻辱。与此同时，岛上的士气一天比一天高涨。守岛的人中有的是丹麦战争中幸存的老兵，有的是从惨遭蹂躏的家园里逃来的农民。他们都有被阿尔布雷希特·冯·华伦斯坦的军队折磨过的悲惨经历。

边陲小城施特拉尔松德

1628 年 4 月，施特拉尔松德的所有市民庄严宣誓，坚决捍卫自己的信仰和自由，绝不允许阿尔布雷希特·冯·华伦斯坦在城内驻军。在抵抗的过程中，他们并没有忘记自己的民族身份，如果说民族观念当时尚存的话。他们虽然有意没提皇帝的名字，但表示会忠于帝国，遵守帝国的各项法律。

然而，阿尔布雷希特·冯·华伦斯坦的军队事实上就是帝国的代表，如果施特拉尔松德人要和这支军队开战，那么无论喜欢与否，都要和帝国的敌人联手抗敌。1628 年 5 月，一位丹麦大使来到施特拉尔松德。瑞典国王古斯塔夫·阿道夫二世送来了火药。围攻施特拉尔松德战斗正式打响后，丹麦和瑞典甚至派来了援军，希望联手粉碎阿尔布雷希特·冯·华伦斯坦建设军事帝国的计划。成功与否在此一举。

阿尔布雷希特·冯·华伦斯坦发现事态不妙后，便亲赴战场，会同副将，一起督战。有传言说，他叫嚣道：“哪怕施特拉尔松德是用

施特拉尔松德被包围

链子吊在天上，我也要拿下它。”真实的情况是，市民代表前来请求阿尔布雷希特·冯·华伦斯坦不要在城内驻军时，他一边用手摸着面前的桌子，一边面无表情地回答道：“你们的小城会变得像桌子一样平坦。”然而，在施特拉尔松德人抵抗的过程中，阿尔布雷希特·冯·华伦斯坦最头疼的是施特拉尔松德总能从海上获得源源不断的援助。即便如此，围攻者仍然有更大的胜算。在城墙之外，阿尔布雷希特·冯·华伦斯坦没有真正害怕的敌人。他本人是梅克伦堡公爵，与勃兰登堡选帝侯乔治·威廉和波美拉尼亚公爵博古斯拉夫十四世签有和约。在围攻施特拉尔松德的战斗中，他甚至还得到了波美拉尼亚公爵博古斯拉夫十四世的多方支持。守城者没有必胜的把握。担心财产受损的人已经将财产转移到了船上。担心妻儿生命安全的人已经将她们送往瑞典去避难。但无论有怎样的担心，守城者都决定抵抗到底。一周周过去了，施特拉尔松德并未被攻陷。于是，阿尔布雷希特·冯·华伦斯坦降低了要求，不再坚持必须进城驻军。现在，他只要求将施特拉尔松德的防御任务交给其领主波美拉尼亚公爵博古斯拉夫十四世及其军队。这样一来，施特拉尔松德就能跟与斐迪南二世为敌的外国势力脱离关系了。该提议得到施特拉尔松德市政厅的赞成，但遭到了市民的反对。市民们有意表现出与两位外国国王——克里斯蒂安四世、古斯塔夫·阿道夫二世——结盟而不愿臣服斐迪南二世的架势。阿尔布雷希特·冯·华伦斯坦纵然手握重兵，但这次也没能扭转战局。1628 年 8 月 3 日，他撤走了围城的军队。

在神圣罗马帝国的历史上，阿尔布雷希特·冯·华伦斯坦的失败具有极其重要的意义。这不仅是一次（不是第一次）帝国城镇打败帝国新生势力的典型战役，更重要的是，这种抵抗运动迟早会成为大多数德意志人纷纷效仿的壮举。斐迪南二世无法容忍帝国的无政府状态，

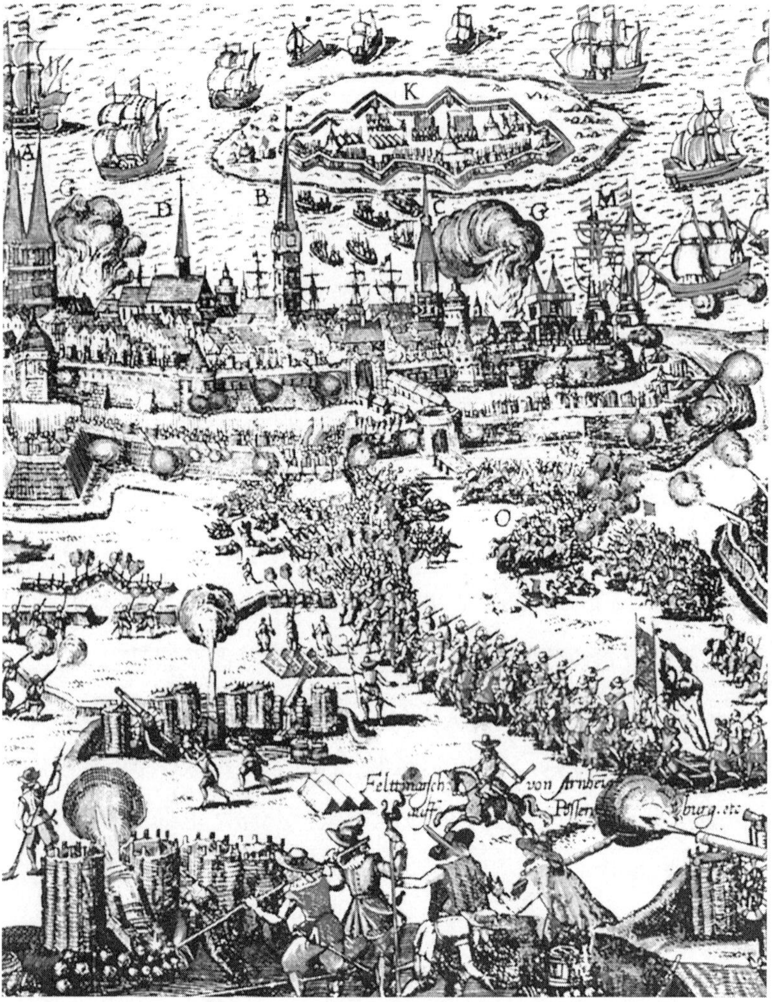

神圣罗马帝国军队猛攻施特拉尔松德

波美拉尼亚公爵博古斯拉夫十四世

登上皇位后推行所谓的新秩序，其统治实质上就是教士的文治和军队的武攻。渐渐地，斯特拉尔德松人再也无法容忍这种统治了。为了新教信仰和行动自由，他们极不情愿地向外国势力敞开了怀抱。

第4节 拉罗谢尔之围

与神圣罗马帝国爆发的施特拉尔松德之围失利的情况不同，法兰西王国最终取得了拉罗谢尔之围的胜利。拉罗谢尔是法兰西王国富裕的沿海城市，比施特拉尔松德有名。在与法兰西王国中央政府斗争的过程中，为捍卫新教事业，拉罗谢尔也得到了海外陆海军队的支持。然而，法兰西王国中央政府不仅代表教会和军队的意志，而且代表国内其他各种势力的意志。因此，在神圣罗马帝国大获全胜的抵制君权运动却在法兰西王国成功地被镇压。

1625年，英法两国之间的紧张关系不断升级。查理一世背弃承诺，肆意迫害英格兰的天主教徒，这彻底激怒了路易十三。此外，英格兰军舰还截获了许多法兰西王国的商船。英格兰指控这些商船和西属尼德兰进行非法交易。这更使路易十三不满。而查理一世自恃为法兰西王国新教徒的保护者，积极为他们奔走请命。于是，路易十三不向查理一世让步的决心更加坚定了。

因此，黎塞留的工作很难开展。他很清楚，中央政府违反了与胡格诺派达成的约定，尤其是在拆除路易堡这件事上。路易堡是镇守拉罗谢尔港口的一处防御工事，政府早就承诺拆除。黎塞留如果按自己的意愿行事，早就将路易堡拆除了。这就意味着他向胡格诺派行了方便。那么，在推行他主张的外交政策时，他就能赢得胡格诺的支持。然而，他那看似鲁莽实则明智的政策并不符合路易十三的心意。因此，他只好谨慎地选择了一条既不冒犯国王也能避免内战发生的中间路线。整个冬天，他做了所能做的一切。胡格诺派城镇的代表在两位英格兰大使的支持下前往朝廷和法王议和。他们要求拆除路易堡，但遭到法王的断然拒绝。

天主教教士和他们的朋友都希望看到内战再起。天主教教士会委托一个教士向法王提供了一大笔资金，用来镇压叛乱。该教士本已和法王约好了会面的时间，但黎塞留设法将会面时间延后了几个小时。黎塞留跟胡格诺派代表讲明了目前的利害关系，并在英格兰大使的帮助下，说服了胡格诺派代表暂时接受法王的口头承诺。当教士进入宫廷时，法王向胡格诺派代表承诺，如果他们愿做良民，他们将得到超乎预期的恩赐。大臣们也向他们保证，国王的这番话表明他考虑拆除路易堡的决心。

如果这样达成的和平能持久下去，那只需花时间维持这种表面的顺从就可以了。可不幸的是，英格兰国王查理一世的介入“撕破”了这种表象。查理一世敦促路易十三应该像英格兰政府那样参加神圣罗马帝国内战，同时把自己标榜为法兰西王国胡格诺派教徒的保护者。

路易十三易怒的神经再次被刺激了。臣民的公然反抗已经令他非常生气了，遭受外国势力的公开反对更让他难以忍受。就像两年后的汉萨同盟反抗阿尔布雷希特·冯·华伦斯坦一样，法兰西王国南部的胡格诺派公开反对路易十三，并且得到了英格兰王国的支持。路易十三实在忍无可忍了。

因此，路易堡最终没有拆除。法兰西和西班牙的关系也重归于好。查理一世因路易十三抛弃了他们共同的事业而非常恼火。英格兰军舰扣留法兰西商船大大激化了双方的矛盾。1627 年的头几个月，两国虽然名义上没有开战，但实际上已进行暗战了。1627 年 7 月，一支

英军在雷岛登陆

载有陆军的英格兰舰队在查理一世宠臣白金汉公爵乔治·维利尔斯的率领下抵达拉罗谢尔。英军在雷岛登陆后，开始围攻岛上的要塞。最后，要塞里的驻军饥饿难耐，他们的指挥官准备第二天一早就前往英军营地签署投降书。但那天晚上，海面突然刮起了一阵强劲的东风。一支满载补给的法兰西舰队借着风力快速驶向要塞。虽然有几艘小船被英格兰舰队截获，但大部分船都避开了英格兰舰队，最后在要塞内炮火的掩护下安全抵达。要塞守军获得了宝贵的生活物资。接下来几周，白金汉公爵乔治·维利尔斯虽然坚持围攻，但每天都会用望远镜瞭望远处的海面，看看有没有前来增援的英格兰军舰，而都以失望告终。没有议会支持，查理一世就没有足够的资金，无法及时为英军送来补给。好不容易备好了物资，连续不断的西风又导致舰队无法穿越海峡。终于，风停了，舰队可以出海了。然而，这时英格兰人发现一支法兰西军队已经成功登岛了。为了避免吃败仗，白金汉公爵乔治•维利尔斯取消了围攻计划，率舰队灰溜溜地返回了英格兰。

现在，黎塞留和路易十三终于达成了统一战线。他们必须降服与外国势力交好的拉罗谢尔。一支三万人的法兰西大军包围了拉罗谢尔。与施特拉尔松德的遭遇一样，拉罗谢尔通往外界的陆路已经被完全封锁。这时，能否切断英格兰向其输送补给的海上通道成了问题的关键所在。1627 年 11 月底，一条切断拉罗谢尔与外界海上联系的防波堤开始动工。桩基打好后，桩与桩之间由装满石头的沉船来填充。黎塞留亲自指挥了这次防波堤的修筑。该工程得到了天主教教士会的全力支持。天主教教士会慷慨解囊，大笔资金注入了国库。尽管冬季风暴肆虐，但到了 1628 年 5 月，工程眼看就竣工了！一支前来救援的英格兰舰队见状，无功而返。

悲观的情绪在拉罗谢尔城内迅速蔓延。市长让・吉顿一边率众继续顽强抵抗，一边与越来越多的投降派做斗争。如果没有拿枪，没有五六个壮实的保镖护卫，他是不敢贸然上街的。

拉罗谢尔唯一的希望就是能得到英格兰王国的武装援助，这一援助计划由查理一世的宠臣白金汉公爵乔治・维利尔斯亲自负责。下议院以同意战争拨款为条件换来了《权利请愿书》[①]。查理一世自登上王位后，第一次终于可以不失尊严地实施自己的计划了。然而，民愤

① 《权利请愿书》是英格兰爆发清教徒革命前一份重要的政治、法律文件，由英格兰议会于 1628 年向查理一世提出。其主要内容是：要求国王非经议会同意不得向人民募款或征税；非依国家法律或法庭判决，不得逮捕任何人或剥夺其财产；不得依据戒严令随意逮捕公民；不得强占民房驻兵等。——译者注

难平。最终，一名狂热的刺客约翰·费尔顿[①]刺杀了他的宠臣白金汉公爵乔治·维利尔斯，而他的计划也因此永远搁浅了。英格兰百姓对政府的不满也在服役的海军中表现得淋漓尽致。1628 年 9 月，新任

约翰·费尔顿刺杀白金汉公爵乔治·维利尔斯

① 约翰·费尔顿（1595—1628），英格兰海军上尉，出生于萨福克郡。英格兰远征军在为拉罗谢尔解围时，由于腐败无能的白金汉公爵乔治·维利尔斯没有给英格兰军队提供足够的军需品和后勤保障，致使英格兰远征军付出了惨重代价。战争结束返回英格兰的约翰·费尔顿对白金汉公爵乔治·维利尔斯的种种恶行极其不满，于 1628 年 8 月 23 日刺杀了他。——译者注

指挥官虽然率舰队前往增援拉罗谢尔，但队伍军心涣散，毫无纪律，在目的地短暂逗留后，什么也没做便返回了英格兰。

拉罗谢尔无奈之下，只好投降。1628 年 11 月 1 日，法兰西国王路易十三强势入城。拉罗谢尔的独立梦想就此终结。

同样是围城战，拉罗谢尔与施特拉尔松德的结果却截然不同，部分原因可能是它们分别求助的君主的魄力不同。查理一世不是克里斯蒂安四世，更不是古斯塔夫·阿道夫二世。虽然英格兰整体上比瑞典实力强大，但实际上受内乱困扰的英格兰的战斗力不及瑞典。不过，黎塞留打赢拉罗谢尔围城战而阿尔布雷希特·冯·华伦斯坦败于施特拉尔松德围城战，其中还有更重要的原因。黎塞留代表的是国家权力，而阿尔布雷希特·冯·华伦斯坦不是。黎塞留的军队纪律严明。虽然供养这支军队也加重了穷人的负担，但即便是最苛刻的税收政策也要比阿尔布雷希特·冯·华伦斯坦手下那些饥肠辘辘的将士们肆意强取豪夺更容易让人接受。黎塞留的表现比阿尔布雷希特·冯·华伦斯坦更出色，其锋芒远超神圣罗马帝国斐迪南二世和巴伐利亚公爵马克西米利安一世。他向法兰西王国其他地区的胡格诺派说明，围攻拉罗谢尔与宗教信仰无关。这样一来，拉罗谢尔就陷入了孤立的境地。施特拉尔松德人认为，他们的事业就是整个神圣罗马帝国新教的事业。而拉罗谢尔人心里明镜似的，整个法兰西的新教徒其实并不支持他们反抗国王的行动。

路易十三进入拉罗谢尔后，宣布取消该城的特权，下令拆除所有城墙，将教堂改为天主教做礼拜的地方。不过，最后在黎塞留的建议下，他宣布新教徒仍然享有宗教信仰的自由。路易十三还宣布，法兰西所有城市的驻军都只能是国王的军队；任何人都不能越过国王发号施令；如果百姓已经信奉天主教以外的其他信仰，就不应用武力胁迫其

拉罗谢尔投降

路易十三进入拉罗谢尔城

改宗。正是因为路易十三英明的政治决策，法兰西王国的实力很快将超越所有邻国。如果法兰西王国的天主教派和胡格诺派能彼此尊重，相互团结，那么外国势力还有与之抗衡的可能吗？它已经击败陷入内乱的英格兰。在不久的将来，它难道不会派出重兵攻打四分五裂的神圣罗马帝国吗？现在是时候问问神圣罗马帝国正在采取什么应对措施了。它的处境变得越来越危险了。

第 7 章 《教会土地归还敕令》

第 1 节 新教势力遭到重创

阿尔布雷希特·冯·华伦斯坦很清楚，顽强抵抗的不光施特拉尔松德。1628 年 4 月，施塔德城内的英格兰守军向蒂利伯爵约翰·塞克拉斯投降，但格吕克斯塔特久攻不下。阿尔布雷希特·冯·华伦斯坦亲自请蒂利伯爵约翰·塞克拉斯出兵援助，但遭到了拒绝。丹麦的

三十年战争时期的施塔德

军舰确保了格吕克斯塔特海路的畅通。阿尔布雷希特·冯·华伦斯坦无可奈何之下悻悻撤军了。1629 年 1 月，城内守军冲出城门，捣毁了敌人的围城工事。

老谋深算的阿尔布雷希特·冯·华伦斯坦认为，与丹麦讲和势在必行。瑞典和丹麦正在联合御敌，如果与对方必有一战，那么一个敌人总比两个敌人好对付得多。令阿尔布雷希特·冯·华伦斯坦激动的是，他发现克里斯蒂安四世也愿意听奉承话。当精明的古斯塔夫·阿道夫二世终于发现了一丝胜利的曙光时，克里斯蒂安四世却已经被纷至沓来的噩运磨掉了锐气，再也不想向老对手瑞典求助，而是选择放下武器。1629 年 5 月 22 日，双方在吕贝克签署和约。克里斯蒂安四世收回了所有世袭财产，但同时放弃了其家族在神圣罗马帝国教区的所有财产，并保证不会干涉下萨克森地区的土地再分配事宜。

斐迪南二世如果想通过《吕贝克和约》获得喘息之机，那么还需采取相应的配套措施，正如黎塞留围攻拉罗谢尔获胜靠的就是措施得当一样。只除掉一个外敌是不够的，斐迪南二世还得想方设法减轻自己臣民们的恐慌。施特拉尔松德保卫战就是臣民恐慌的一种表现。

为帝国胜利做出贡献的人们几乎都认为还有太多的问题亟待解决。巴伐利亚公爵马克西米利安一世和天主教联盟认为，目前的首要任务是遏制阿尔布雷希特·冯·华伦斯坦及其军队的暴行。而阿尔布雷希特·冯·华伦斯坦则主张首要任务是遏制巴伐利亚公爵马克西米利安一世和天主教联盟无穷的贪欲。历史将这个重要问题交给了斐迪南二世去处理，而此时他也许认为能想到一个万全之策，一边满足军队和教士的利益，一边确保他对帝国的统治地位不动摇。

《吕贝克和约》签署后，斐迪南二世做的第一件事是正式封阿尔布雷希特·冯·华伦斯坦为梅克伦堡公爵。这个举措激怒了许多人。

他们认为这是在公然侵犯主权，指责斐迪南二世为了扶植一个行伍出身的人竟然不惜使用权力去废黜帝国原先的诸侯。

这个举措也激怒了那些希望能维护自身权益的新教徒们。斐迪南二世原本不想将宗教迫害扩大化。他的初衷只是想惩戒一下那些一边享受着完美的法律制度保护，一边却对他所信奉的教义说三道四的人。他认为，这些人无权反对天主教。他首先在自己的世袭领地内实施了惩戒措施。虽然波希米亚和奥地利的殉教者确实没有遭受过上火刑柱或绞刑架这样的酷刑，但每天刻薄无情的刁难令新教徒们简直无法忍受，于是他们不得不表现出尊奉天主教的样子。1627 年，斐迪南二世的愿望终于实现了，新教彻底被禁了。接着，巴拉丁地区的新教徒也经历了同样的命运。暗地里他们都遭到了迫害。1625 年，巴伐利亚公爵马克西米利安一世曾写信给海德堡总督，让他抓住一切可能的机会排挤掉所有新教牧师，将神职位置让给天主教教士。1628 年 2 月，耶稣会称，仅仅海德堡一地就有四百名耶稣会士接替教区神职，而周边地区接替神职的耶稣会士更多，达到了一千两百名。这种情况仍在延续。1628 年 3 月，巴伐利亚公爵马克西米利安一世与斐迪南二世签署了协议。斐迪南二世收回了上奥地利地区，将整个上巴拉丁地区与下巴拉丁位于莱茵河右岸的那部分地区让给了马克西米利安一世。马克西米利安一世认为，经过交换后他成了新领地的领主，有权决定辖区臣民的宗教信仰。1628 年 6 月，辖区内的所有贵族都接到了通知，要求他们必须在两个月内改变信仰，否则就会遭到驱逐。1628 年 9 月，普通百姓收到了同样的通知。

神圣罗马帝国南方的新教徒在担惊受怕中度过了 1628 年。一方面，斐迪南二世准备实现天主教选帝侯一年前在米尔豪森聚会时所表达的愿望。另一方面，除马克西米利安一世对巴拉丁地区进行高压统

三十年战争时期的诺德林根

治外，来自帝国的督察官还在南方其他地方穿梭，清点着帕绍会议后新教徒占有天主教教堂和教会财产的数目。至于臣民们的诉求，统治者高层根本就不关心。譬如，诺德林根是南方的一个小镇，虽然没有一名天主教徒，但这里的每个教堂依然都标注着“返还天主教”的标记。在一些地区，帝国督察官就像夏洛克[1]那般冷酷无情，其刻薄的要求甚至超出了归还敕令的规定。这里的教堂半个世纪以来一直被视为新教的活动场所。现在，他们将其恢复成天主教堂后仍不满足，还要强迫百姓们参加天主教的礼拜仪式。

这种暴行在南方地区十分奏效。于是，斐迪南二世就想在北方地区如法炮制。但在北方，他面对的不仅有散居各处的城镇和修道院，而且有超大的世俗管辖区，一些辖区的面积大到足可以和公爵或伯爵

① 莎士比亚喜剧《威尼斯商人》中的主要人物之一，世界文学作品中四大吝啬鬼之一。人们常用“夏洛克”比喻贪得无厌、狠毒无情的放债者或冷酷无情的人。——译者注

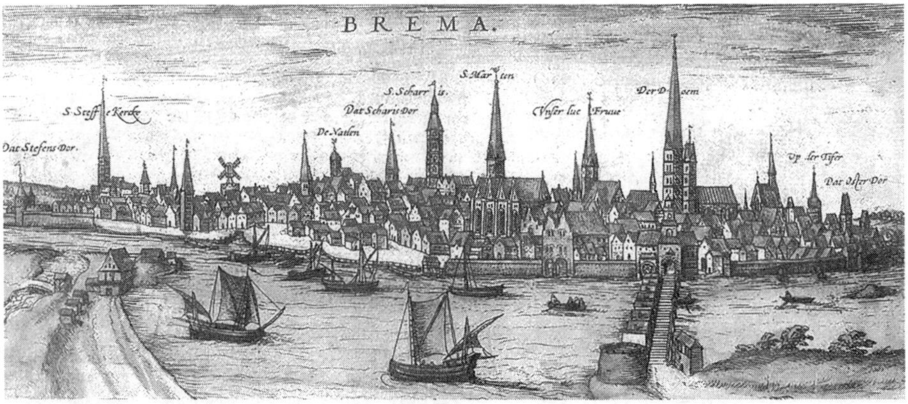

三十年战争时期的不莱梅

领地媲美。1629年3月29日，也就是《吕贝克和约》正式签署之前，斐迪南二世颁布了《教会土地归还敕令》。他大笔一挥，就将马格德堡、不莱梅两个大主教区和明登、韦尔登、哈尔伯斯塔特、吕贝克、拉策堡、迈森、梅泽堡、瑙姆堡、勃兰登堡、哈弗尔贝格、莱布斯、卡明十二个主教区及约一百二十个较小的教区收归天主教会所有。

至此，安哈尔特公爵克里斯蒂安一世当初发起的驱逐主教并推翻哈布斯堡家族的运动转了一圈又回到了原点。哈布斯堡家族对神圣罗马帝国的统治非但没有动摇，反倒更加稳固了。虽然天主教大获全胜，但新教正虎视眈眈地关注着形势的发展，认为《教会土地归还敕令》的实施必将削弱天主教的地位和皇帝的统治。

第2节 法兰西王国卷入意大利战事

斐迪南二世致命的统治弱点没有逃过北边瑞典国王古斯塔夫·阿道夫二世敏锐的眼睛。西边的黎塞留也在等待合适的时机，从而加入攻打神圣罗马帝国的行动。当然，他首要的对手是西班牙而非神圣罗马帝国。然而，如果与哈布斯堡家族的其中一支发生冲突，那么迟早会和另一支结仇。

曼图亚－蒙费拉公爵温琴佐二世

意大利的曼图亚－蒙费拉公爵温琴佐二世没有近亲。1627年，温琴佐二世薨后，曼图亚－蒙费拉的爵位继承问题引发了战争[①]。下一顺位继承者纳韦尔公爵查理三世要算远亲了，他的家族早已在法兰西定居了。西班牙无法忍受自己在米兰的属地旁边突然出现法兰西的附属公国。因此，在想到更好的解决办法前，西班牙要求斐迪南二世先将曼图亚和蒙费拉封锁起来。斐迪南二世之前的神圣罗马帝国皇帝没有多少实权，无法处理意大利王国的事务。不过，斐迪南二世决心改变这种状况。当黎塞留围攻拉罗谢尔时，西班牙军队已在萨沃伊公爵查尔斯·艾曼努尔一世的配合下占领了曼图亚。为了自身利益，曾经与西班牙为敌的萨沃伊公爵查尔斯·艾曼努尔一世摇身一变，成了西班牙的盟友，负责围攻纳韦尔公爵查理三世唯一的落脚地——卡塞尔。

西班牙人打着神圣罗马帝国皇帝的幌子入侵曼图亚，在意大利引

① 史称“曼图亚爵位继承战争”（1628—1631）。——译者注

起了巨大的民愤，意大利人的愤怒比西班牙入侵巴拉丁时德意志人的愤怒更强烈。因为在 1621 年的神圣罗马帝国，皇帝的名义就代表着法律和秩序。而在意大利，皇帝的介入只能让这里的人民觉得外国势力入侵了。之前，皇帝支持西班牙人侵占米兰就是一个让他们记忆犹新、活生生的例子。意大利的诸侯们开始紧张了，威尼斯和教皇希望法兰西能够出手相助。1629 年 3 月，黎塞留和路易十三率军穿过白雪覆盖的阿尔卑斯山脉隘口，降服了萨沃伊公爵查尔斯·艾曼努尔一世，迫使西班牙人放弃围攻卡塞尔。

卡塞尔就相当于意大利的施特拉尔松德，虽然披着独立政权的外衣，但与施特拉尔松德相比，其自治毫无道理，问题颇多。而黎塞留为卡塞尔解围主要考虑的是法兰西的利益。

黎塞留在意大利没有进一步采取行动。继苏比斯公爵本杰明·德·罗翰于 1625 年挑起拉罗谢尔之战后，其哥哥罗翰公爵亨利·德·罗翰也在朗格多克和塞文两地煽动胡格诺派造反。叛军中一半是新教徒，另一半是封建贵族。拉罗谢尔人曾因决策不慎引入外援，结果却遭遇了挫折。罗翰公爵亨利·德·罗翰这次也愚蠢地效仿了拉罗谢尔人的做法，向西班牙求助。幸运的是，西班牙军队并没有向他伸出援手。黎塞留匆忙从意大利赶回来，先是与英格兰达成了和解，然后一举平定了罗翰公爵亨利·德·罗翰的叛乱。不过，黎塞留重申，胡格诺派虽然享有宗教信仰的自由，但没有政治独立的自由。

在处理外部事务上，法兰西王权空前强大起来。所有叛乱均已平定，不必再担心受内乱所困。随着宗教宽容政策的深入，人民甘愿为国家服务。于是，法兰西与新教国家结盟时再也不必患得患失了。

黎塞留可以再次将目光转向意大利了。1629 年夏，神圣罗马帝国一支两万人的军队穿越阿尔卑斯山脉，开始围攻曼图亚。神圣罗马帝国的德意志地区恢复和平后，斐迪南二世认为他可以取代能力平庸的巴巴罗萨[①]，统治意大利。安布罗吉奥·斯皮诺率领两万西班牙大军前来支援，再次攻打卡塞尔。1630年春，黎塞留再次亲临意大利。身为红衣主教的他被任命为军队指挥官。但黎塞留并没有和西班牙人直接对抗，而是选择了先攻打萨沃伊。在攻下皮内罗洛和萨吕斯后，黎塞留占领了阿尔卑斯山脉的要隘。随后，他又率军横穿皮德蒙特山脉，去解卡塞尔之围，最终迫使西班牙军队中途撤军。不过，谨慎、勇敢的黎塞留将曼图亚暂时留给了西班牙和神圣罗马帝国的军队。

想要在正面作战中打败西班牙和神圣罗马帝国联军是非常困难的。简单有效的办法就是去支持它们的外部敌人，并在它们的内部施离间计。尼德兰的荷兰人受意大利战役的鼓舞，最终也选择了拿起武器进行反抗，并收回了整个北布拉班特[②]。北方的古斯塔夫·阿道夫二世与波兰和谈成功后，也准备介入神圣罗马帝国内战。黎塞留对这一切均充满了兴趣。路易十三的大使和古斯塔夫·阿道夫二世进行了会谈，就法兰西如何帮他攻打神圣罗马帝国进行了磋商。这时，攻打神圣罗马帝国的计划古斯塔夫·阿道夫二世已经酝酿很久了。

连黎塞留也没有料到这个计划会带来不可思议的结果。与五六年前一样，黎塞留仍希望1630年的新教势力不要太强大。虽然与瑞典联合作战总比没有盟友强，但实际上黎塞留还是希望能从天主教联盟那里得到帮助。当然，古斯塔夫·阿道夫二世全力备战，牵制敌人，也不失为一种帮助。

① 即腓特烈一世（Frederick I，1122—1190），又称“红胡子”或“巴巴罗萨”，是神圣罗马帝国皇帝，德意志历史上著名的政治家、军事家。1155年，在罗马圣彼得大教堂内，教皇阿德里安四世册封腓特烈一世为神圣罗马帝国皇帝。——译者注

② 荷兰共和国与西班牙爆发战争期间，布拉班特公国成为战场。战后，根据《威斯特伐利亚和约》，布拉班特公国的北部划归荷兰所有，归联邦统治（荷兰共和国各省都是自治的）。——译者注

第 3 节 阿尔布雷希特·冯·华伦斯坦被解职

天主教联盟和阿尔布雷希特·冯·华伦斯坦之间的关系终于出现了裂痕。《吕贝克和约》签署后，阿尔布雷希特·冯·华伦斯坦非但没有裁军，反倒不断扩军，现已拥兵十万。从军事防御角度看，他的做法无可厚非，毕竟需要守卫曼图亚和北海沿岸，提防法兰西入侵。当然，扩军也是为了对付那些仇恨他的德意志诸侯及其百姓。他确实想去约束士兵们的暴行，但士兵们早就变得穷凶极恶，根本不服管教。士兵们对普通百姓粗暴无礼，而他自己对诸侯们也极不尊重。他曾发出这样的质问，既然波希米亚的贵族可以遭遇噩运，德意志的选帝侯及诸侯为什么就不可以？如果王国的领地不可独立，那么帝国的领地也同样不可独立。正如法兰西和西班牙国王是一国之主一样，神圣罗马帝国皇帝也应该做帝国的绝对主人。这些言论让选帝侯们气愤不已，他们提醒斐迪南二世道："阿尔布雷希特·冯·华伦斯坦已成一方霸主，誓要推翻我们引以为傲的帝国旧宪制。"

对腐朽没落的帝国宪制进行修正本无坏处，但用武力推翻，取而代之为军政制度则另当别论。新政权若由行伍出身之人控制，且管理者皆为武夫，这样的政府就无正义可言了。

阿尔布雷希特·冯·华伦斯坦在为自己盘剥百姓的行为进行辩护时称，所有领主都有为共同防御事业捐钱的义务。然而，他将自己完全排除在该义务之外。当所有德意志人遭受层层盘剥时，阿尔布雷希特·冯·华伦斯坦的梅克伦堡公国却不准一兵一卒进入。

天主教选帝侯和阿尔布雷希特·冯·华伦斯坦彼此都握有对方的把柄。在《教会土地归还敕令》的实施过程中，阿尔布雷希特·冯·华伦斯坦树敌甚多。他曾说：“皇帝需要的是扩军，而不是改革。”但斐迪南二世不这么认为。他说服哈尔伯斯塔特地区的教士会选自己的小儿子利奥波德·威廉[①]做了主教；他还诱使马格德堡的教士会将其行政官废黜，理由是他曾参加过丹麦战争。但马格德堡的教士会无视《教会土地归还敕令》的存在，不愿让天主教徒担任主教，希望萨克森选帝侯约翰·乔治一世的某个儿子担任主教。约翰·乔治一世的家族利益也因此与《教会土地归还敕令》的规定发生了冲突。

马格德堡人与教士会的关系一直不太融洽。阿尔布雷希特·冯·华伦斯坦提出可以派军进驻城内的建议，以支持马格德堡人的反抗，但该提议遭到了拒绝。随着反对之声渐强，阿尔布雷希特·冯·华伦斯坦并未派军队强行进驻。

反对之声渐强成了不争的事实。至于反对的原因，双方各执一词。天主教教士认为这是士兵强取豪夺的必然结果；而阿尔布雷希特·冯·华伦斯坦则认为这是天主教教士行为粗暴所致，尤其是他们在凭借《教会土地归还敕令》收回不莱梅大主教区后，一直在强迫民众改变信仰。

无论从哪个方面讲，天主教教士及其组织都是阿尔布雷希特·冯·华伦斯坦恢复帝国大业道路上的拦路虎。这时，教皇与法兰西站到了一条战线上。阿尔布雷希特·冯·华伦斯坦评论道：“罗马

---

① 斐迪南二世先后有两段婚姻。1600年，他娶了巴伐利亚公爵威廉五世（1548—1626）之女巴伐利亚的玛丽亚·安娜（1574—1616）。二人生长女克莉丝汀（1601年夭折）、二子查理（1603年夭折）、三子约翰－查理（1605—1619）、四子斐迪南（1608—1657）、五女奥地利的玛丽亚·安娜（1610—1665）、六女塞西莉亚·勒娜特（1611—1644）与七子利奥波德·威廉（1614—1662）。其中，斐迪南初为匈牙利国王、克罗地亚国王、波西米亚国王和奥地利大公，后登基为神圣罗马帝国皇帝，称斐迪南三世。1622年，斐迪南二世娶曼图亚公爵温琴佐一世之女曼图亚的艾兰诺（1598—1655），二人无嗣。因此，利奥波德·威廉是斐迪南二世的小儿子。——译者注

城遭劫已经过去一百多年，现在比以往任何时候都要富裕。”

1630年7月3日，斐迪南二世召集各路诸侯和选帝侯到雷根斯堡召开大会，想让他们选举自己的儿子匈牙利国王斐迪南兼任罗马人的国王。这样一来，斐迪南日后便可继承神圣罗马帝国皇位。然而，与会者根本无心听他的提议，满脑子都是阿尔布雷希特·冯·华伦斯坦扩军所带来的问题。波美拉尼亚公爵博古斯拉夫十四世在围攻施特拉尔松德的战役中为神圣罗马帝国做出了杰出贡献。他派来的特使在各路诸侯面前大倒苦水，称波美拉尼亚人已经被逼到以草和树叶为食的地步了。为了求生，饥民们吃起了人肉，一位妇女甚至吃了自己的孩子。

像这样悲惨的故事还有很多。民生疾苦让各路诸侯再也按捺不住自己的政治不满。他们明确告诉斐迪南二世——不会向军事独裁者低头。支持他们还是阿尔布雷希特·冯·华伦斯坦，斐迪南二世必须做出选择。

天主教选帝侯们的请愿得到了黎塞留的支持。黎塞留的心腹嘉布遣会[①]神父约瑟夫和几名出色的使臣一起来到雷根斯堡，鼓励选帝侯们同阿尔布雷希特·冯·华伦斯坦斗争，并敦促他们说服斐迪南二世保持中立，不参与法兰西与西班牙之间可能爆发的战争。

但令人遗憾的是，选帝侯们的策略十分保守。就连最激进的巴伐利亚公爵马克西米利安一世也没提出什么建设性的方案。他们只希望恢复昔日那种与皇帝的松散关系，却不管在如此紧要的关头这种关系是否恰当。在急需协调各方矛盾之时，巴伐利亚公爵马克西米利安一世和其他选帝侯却拒绝了波美拉尼亚特使的请求，不同意博古斯拉夫十四世继续占有卡明主教区。

① 嘉布遣会是罗马天主教行乞修士方济各修会的三个独立分支之一。——译者注

就在这时，会聚于雷根斯堡的各方得知古斯塔夫·阿道夫二世已经在波美拉尼亚海岸登陆了。

五年前（1625年），没有强大盟友的支持，古斯塔夫·阿道夫二世是不愿和神圣罗马帝国皇帝开战的，但现在他主动介入了神圣罗马帝国内战。他不太相信法兰西会真心帮助他，尽管法兰西的使臣给他提供了一笔资金，但使用这笔资金也是有附加条件的。于是，他拒绝了法兰西的帮助和所提条件。既然选择了参战，他就想按自己的方式行事。

黎塞留很清楚，他所面临的任务看似比1625年困难，但实际处理起来容易得多。他知道，在天主教选帝侯和阿尔布雷希特·冯·华伦斯坦较量时，新教诸侯要想确保自身安全就必须依附于他。有人对他说，即便他最终取胜，这些新教诸侯也会涌过来瓜分战果，而他则自信地回答道：“如果我最终获胜，他们就成了我的猎物。”

雷根斯堡发生的事情对黎塞留非常有利。在选帝侯们的一再要求下，斐迪南二世被迫解除了阿尔布雷希特·冯·华伦斯坦的兵权。阿尔布雷希特·冯·华伦斯坦即使再强大，也不足以与法兰西支持下的天主教联盟抗衡，更何况他后面的整个北方新教统治区接二连三发生了叛乱。但事实上，斐迪南二世和阿尔布雷希特·冯·华伦斯坦都没有打算抗争。曾指挥欧洲兵力和装备最强的军队的一代名将就这样毫无怨言地隐退了。也许他已经料到，斐迪南二世不久还会请他出山。

毫无疑问，斐迪南二世这次受到了莫大的打击。他只想维护神圣罗马帝国的尊严，但选帝侯们对阿尔布雷希特·冯·华伦斯坦的抵制从某种程度上讲就是对他权力的制约。不过，已经过时的帝国体制是阿尔布雷希特·冯·华伦斯坦主张的体制，而不是他要维护的体制。斐迪南二世同意阿尔布雷希特·冯·华伦斯坦向百姓摊派军费和课以重税时是心存侥幸的。他安慰自己道，情况也许不会像预想的那么糟糕，即便有问题出现，阿尔布雷希特·冯·华伦斯坦也一定能摆平。阿尔布雷希特·冯·华伦斯坦的建议是，他应该先镇压所有的诸侯，然后在此基础上建立一个全新的帝国。斐迪南二世不能接受这一疯狂的想法，更愿采纳巴伐利亚公爵马克西米利安一世提出的方案。

除了将阿尔布雷希特·冯·华伦斯坦解职，斐迪南二世还被迫将曼图亚公国赠给了纳韦尔公爵查理三世。他做出如此大的牺牲就是希望法兰西在神圣罗马帝国与瑞典发生冲突时能保持中立。

这场冲突会有怎样的结果呢？这主要取决于北方新教诸侯的态度。因此，斐迪南二世与天主教选帝侯联手实施离间北方新教诸侯的计划。蒂利伯爵约翰·塞克拉斯接管了阿尔布雷希特·冯·华伦斯坦的军队后，将其并入了自己的军队。两支军队的纪律作风迥异，日后肯定少不了碰撞和摩擦。但仅从兵力上讲，蒂利伯爵约翰·塞克拉斯的实力已远超古斯塔夫·阿道夫二世。

第4节 瑞典称霸波罗的海

古斯塔夫·阿道夫二世的军队只是在人数上处于劣势而已，但纪律严明，上下一心。将士们和古斯塔夫·阿道夫二世的信仰一致。在古斯塔夫·阿道夫二世的影响下，他们甘愿为国家的利益奉献一切。这支军队跟随古斯塔夫·阿道夫二世夫久经沙场，所向披靡，尚未有过败绩。将士们认为，古斯塔夫·阿道夫二世带兵打仗的天赋是任何敌将都无法企及的。

古斯塔夫·阿道夫二世试图争取的神圣罗马帝国的第一个诸侯是波美拉尼亚公爵博古斯拉夫十四世。他坚持要在波美拉尼亚首府斯

古斯塔夫·阿道夫二世（左）与博古斯拉夫十四世（右）

德丁亲自拜访博古斯拉夫十四世这位文德家族的最后一位传人。博古斯拉夫十四世与斐迪南二世的关系一向很好，曾在施特拉尔松德围攻战中帮助过阿尔布雷希特·冯·华伦斯坦。然而，他的使臣在雷根斯堡碰了壁——他想继续占有卡明主教区为百姓谋福利的请求遭到了拒绝。现在，他又请求古斯塔夫·阿道夫二世同意他保持中立的立场。古斯塔夫·阿道夫二世就像1623年的蒂利伯爵约翰·塞克拉斯一样，根本不允许他有中立的想法。博古斯拉夫十四世最终无奈地说：“看在上帝的份上，就听你的吧。”他还要拜瑞典国王为父。古斯塔夫·阿道夫二世忙说道：“不，不。还是我做您的儿子吧。”于是，这位无后老人的领地便成了波罗的海的一道防御屏障。

长期以来，古斯塔夫·阿道夫二世一直在忙着驱逐波美拉尼亚和梅克伦堡的神圣罗马帝国驻军，以确保沿海地区的安全。但即便如此，北方各路诸侯还是不愿意支持他。古斯塔夫·阿道夫二世与内兄勃兰登堡选帝侯乔治·威廉派来的特使进行了好几轮商谈，也没能说服特使。特使仍坚持主人的中立态度。古斯塔夫·阿道夫二世对特使说："您的殿下该睁开眼睛认清形势啦。他可能已经不再是帝国的一方诸侯，马上就会沦为皇帝的仆人啦！他要做绵羊，就别怪狼吃他。我到他的境内来，要么是朋友，要么是敌人，没有第三种可能。这一点你要搞清楚。"这些话暂时被当成了耳旁风。勃兰登堡选帝侯乔治·威廉对此没有做出明确的表态，这说明他的性格有些懦弱。腓特烈五世失败了，克里斯蒂安四世也失败了，谁能保证古斯塔夫·阿道夫二世不会失败呢？不过，他倒有些德意志人的风骨，即不能和外国势力勾结反对帝国。他的特使曾说："这样做既不光彩，也不忠贞。"

古斯塔夫·阿道夫二世只好等待，等待斐迪南二世对诸侯们实施暴政，等待诸侯们不再忠于斐迪南二世的那一天，最好连最能忍受的勃兰登堡选帝侯乔治·威廉也开始反叛。幸运的是，古斯塔夫·阿道夫二世等到了这一天。法兰西掀起了推翻黎塞留的运动，幕后主谋是太后玛丽·德·美第奇。她警告儿子路易十三，黎塞留会让他不断削弱教会的权力，但路易十三根本就不相信。于是，太后玛丽·德·美第奇只能眼睁睁地看着黎塞留独揽政治大权。

诸侯们联手将阿尔布雷希特·冯·华伦斯坦赶下台是出乎黎塞留预料的。阿尔布雷希特·冯·华伦斯坦和天主教联盟之间相互制约是黎塞留最想看到的一种状态。但只要斐迪南二世足够强势，那么神圣罗马帝国军队的统帅无论是阿尔布雷希特·冯·华伦斯坦还是蒂利伯爵约翰·塞克拉斯，神圣罗马帝国对法兰西的影响都没有多大差别。因此，黎塞留决定向古斯塔夫·阿道夫二世无条件提供战略援助，不再提 1630 年春古斯塔夫·阿道夫二世曾拒绝过的那些条件。1631 年 1 月 23 日，法兰西和瑞典签署了《巴尔瓦尔德协定》。古斯塔夫·阿道夫二世将在未来的五年内获得法兰西提供的一笔巨额资金，但同时要拥护斐迪南二世上台之前的帝国宪制，不能侵扰之前已经建立的天主教区。在天主教和新教国家的合作中，双方采取了一种温和的方式对待信仰不同的问题。这就像英格兰国教与非国教在合作过程中彼此建立起宽容的态度一样。

第 5 节　马格德堡沦陷

1631 年的前几个月，局势虽然有了新进展，但两位新教选帝侯若不与古斯塔夫·阿道夫二世联手，便不会发生根本性的改变。勃兰登堡选帝侯乔治·威廉觉得采取行动的时机到了，因为神圣罗马帝国北方地区的新教诸侯都希望在他的领导下能有一番作为。我们可能会批评勃兰登堡选帝侯乔治·威廉优柔寡断，犹豫不决，只知旁观事态，不懂掌控局势。但我们不要忘了，他面对的是一个两难的抉择，无论选择了哪条路，通向的都可能是鬼门关。归顺皇帝，他可能会受到宗教对手的歧视甚或迫害；投靠古斯塔夫·阿道夫二世则意味着放弃德意志民族统一的梦想，这一点对古斯塔夫·阿道夫二世无关紧要，但对他意义非凡。毫无疑问，只有推翻旧体制，才能建立更完美的新体制。不过，在瑞典的帮助下，如果萨克森最终获胜，那么现有体制被推翻是肯定的，而新体制能否建立起来还很难说。

1631 年 3 月，新教大会在莱比锡召开了。会议上，代表们决定再次为新教信徒向斐迪南二世请命。如果斐迪南二世同意撤回《教会土地归还敕令》，那么北方地区的新教诸侯将会继续承认其领地为神圣罗马帝国疆土不可分割的部分，并承诺他们不会向任何外国势力屈服，也不会迫于压力而同神圣罗马帝国脱离关系。不过，在请命的同时，他们做好了积极抵制《教会土地归还敕令》的准备。他们同意征募士兵组建军队，从而应对有可能发生的战争。

时间紧迫。《巴尔瓦尔德协定》让巴伐利亚公爵马克西米利安一世和天主教联盟意识到延误战机将会带来致命的危险。巴伐利亚公爵马克西米利安一世和天主教联盟曾认为法兰西不会插手神圣罗马帝国与瑞典之间的角力，但现在看来失算了。蒂利伯爵约翰·塞克拉斯奉命火速北上，抵御瑞典军队的入侵。

斐迪南二世并没有把古斯塔夫·阿道夫二世放在眼里。在得知瑞典军队登陆后，他轻蔑地笑道："一群乌合之众而已。"但蒂利伯爵约翰·塞克拉斯知道事不宜迟，于是就挥军疾行，希望能切断在波美拉尼亚的古斯塔夫·阿道夫二世和他在梅克伦堡的副将古斯塔夫·霍恩之间的联络。如果能成功将入侵的敌人阻断，那么蒂利伯爵约翰·塞克拉斯就有可能将敌人分而歼之。一开始，蒂利伯爵约翰·塞克拉斯付出的努力便有了回报。1631年3月29日，各路诸侯尚在莱比锡争论不休时，蒂利伯爵约翰·塞克拉斯便攻下了新勃兰登堡，歼灭瑞典驻军两千余人。然而，蒂利伯爵约翰·塞克拉斯没料到的是，古斯塔夫·阿道夫二世迅速与古斯塔夫·霍恩会师了。接着，他们的大军一路攻打了过来。蒂利伯爵约翰·塞克拉斯的军队被击退到易北河岸，而有八支帝国部队驻守的波罗的海要塞和奥德河岸的法兰克福等要塞均落入了敌手。

这时，比法兰克福大的重镇马格德堡正处于危急之中。马格德堡人未经勃兰登堡选帝侯乔治·威廉同意就宣布脱离神圣罗马帝国独立，自立门户。古斯塔夫·阿道夫二世虽然派了一名瑞典军官前往协助马格德堡人备战，但没有获得萨克森选帝侯约翰·乔治一世和勃兰登堡选帝侯乔治·威廉的支持。在这种情况下，他没敢贸然派兵进驻。

三十年战争时期的马格德堡

古斯塔夫·霍恩（1592—1657）

斐迪南二世派重兵包围了马格德堡。1631 年 4 月 26 日，法兰西和神圣罗马帝国在凯拉斯科签署了和约。于是，意大利地区又恢复了往日的和平，阿尔卑斯山脉外的神圣罗马帝国军队可以撤回了。蒂利伯爵约翰·塞克拉斯认为战局仍不明朗，但他的副将帕彭海姆伯爵帕戈特弗里德·海因里希则认为不应太悲观。他写道：“感谢上帝，让我们在今年夏天就可以消灭所有敌人。”

帕彭海姆伯爵帕戈特弗里德·海因里希（1594—1632）

神圣罗马帝国的军队猛攻马格德堡

围攻马格德堡的战斗仍在继续，古斯塔夫·阿道夫二世却无法实施救援。无奈之中，他写信给两位选帝侯，请求他们同意他出兵救援马格德堡。他请勃兰登堡选帝侯乔治·威廉允许他占领库斯特林和施潘道。但勃兰登堡选帝侯乔治·威廉只同意他占领库斯特林，不许他占领施潘道。于是，古斯塔夫·阿道夫二世率领一支精兵，直奔柏林。1631 年 5 月 13 日，在柏林城下，古斯塔夫·阿道夫二世与自己的内兄勃兰登堡选帝侯乔治·威廉进行了一番长谈。不过，古斯塔夫·阿道夫二世未说服勃兰登堡选帝侯乔治·威廉。古斯塔夫·阿道夫二世生气地对陪他前来的梅克伦堡公爵说：“我要去解救马格德堡！如果没人支持我，我马上就撤军。我可以和皇帝议和，收兵回斯德哥尔摩。我知道皇帝也盼着我这样做。但你们这些新教徒一定会因你们的不作为而受到上帝的谴责。就算在尘世中，你们也会受到惩罚。马格德堡即将被攻占。我也要撤军了，你们自己好自为之吧。”1631年5月14日，谈判继续进行，从大清早一直持续到21时，但勃兰登堡选帝侯乔治·威廉仍旧固执己见。最后，站在古斯塔夫·阿道夫二世身后的武将决定了谈判的结果。古斯塔夫·阿道夫二世终于如愿以偿。1631年5月15日，施潘道向古斯塔夫·阿道夫二世的军队敞开了城门。

尽管勃兰登堡选帝侯乔治·威廉妥协了，但萨克森选帝侯约翰·乔治一世坚决不放弃自己的立场。在收到斐迪南二世《教会土地归还敕令》是否撤销的确切消息前，他是不会同外国势力结盟的。看到进军无望，古斯塔夫·阿道夫二世只得半路撤军。马格德堡只能选择自保了。

灾难很快就降临了，而马格德堡并未做好殊死搏斗的准备。虽然马格德堡市政厅组织了护城军，但市政厅内部意见并不统一，有的主张直接投降，有的想苟且偷生，守城的重任完全交给了雇佣军。1631年5月20日，帕彭海姆伯爵帕戈特弗里德·海因里希的军队攻入城内。

马格德堡即将陷落

当时那个年代，攻入敌城的军队都会大肆掠夺财物，古斯塔夫·阿道夫二世、蒂利伯爵约翰·塞克拉斯和阿尔布雷希特·冯·华伦斯坦的军队概莫能外。几周前，法兰克福城内的新教徒就遭到了瑞典军队的暴力掠夺，原因仅仅是他们没能成功劝说守城的帝国军队缴械投降。但相比之下，沦陷后的马格德堡的血腥和暴力的味道更浓。帕彭海姆伯爵帕戈特弗里德·海因里希的军队第一次攻城时，不知是纯属偶然还是有人蓄意为之，城内的一些房屋开始着起火来。在一片惊恐和混乱中，没人会想着去控制火势。一想到自己的战利品被无情的大火吞噬了，帕彭海姆伯爵帕戈特弗里德·海因里希的军队就不免暴跳如雷。碰上这支恼羞成怒的军队，人们几乎很难活命。在街道上，一幕幕暴行和马格德堡人死亡的惨状不断上演，受害者凄惨的叫声完全淹没在呼呼作响的烈焰中。几个小时后，这座曾抵御了神圣罗马帝国皇帝查理五世和阿尔布雷希特·冯·华伦斯坦围攻的城市，除大教堂及周围几间房屋外，全部化为了灰烬。灰烬之下是已经碳化的人骨。惨死的马格德堡人中有男人，有柔弱的妇女，还有天真烂漫的儿童。

马格德堡的恐怖灾难与蒂利伯爵约翰·塞克拉斯本人无关，只要有可能，他就会竭力阻止这种灾难的发生。神圣罗马帝国的新教徒之间流传着这样一种说法——蒂利伯爵约翰·塞克拉斯授意麾下将士酿成了这起令人发指的惨案。但这纯粹是无根据的猜测，因为摧毁马格德堡对蒂利伯爵约翰·塞克拉斯没有任何好处。将马格德堡作为大本营才是蒂利伯爵约翰·塞克拉斯最想做的事。

虽说马格德堡的灾难与蒂利伯爵约翰·塞克拉斯无关，但围城计划是他和斐迪南二世共同决定的。耸立于马格德堡一片废墟中的大教堂最能说明蒂利伯爵约翰·塞克拉斯和天主教联盟所追求的事业——捍卫神职人员和教会拥有的权利，摧毁神圣罗马帝国普通百姓的家园和房舍，推翻他们过去拥有的各种社会和政治地位。

帝国军队攻克马格德堡后大肆杀掠

现在，斐迪南二世还在考虑如何回答那些效忠他的新教诸侯提出的诉求。他要最大限度地推行《教会土地归还敕令》。谈到新教诸侯的军队时，斐迪南二世总是表现出一种不屑的口吻。即便萨克森选帝侯约翰·乔治一世和新教同盟已解除武装，不会以武力相要挟，也不会提出非分要求，但斐迪南二世仍要继续推行《教会土地归还敕令》，并严令臣民遵守。

第 8 章 吕岑会战与古斯塔夫·阿道夫二世阵亡

第 1 节 瑞典与萨克森联盟

所有新教徒的内心都充满了极大的恐惧。之前对实施《教会土地归还敕令》表示抗议的南方城市奥格斯堡和纽伦堡也都沉默了。在北方，古斯塔夫·阿道夫二世选择了以暴制暴的方法。在柏林城墙下，他架起了大炮，迫使保持中立立场的内兄勃兰登堡选帝侯乔治·威廉加入了反对斐迪南二世的阵营。然而，武力胁迫之下的友谊不会持续太久，萨克森选帝侯约翰·乔治一世也不是那么好争取的。黑森－卡塞尔伯爵威廉五世是第一位主动加入古斯塔夫·阿道夫二世阵营的神圣罗马帝国诸侯。随后，萨克森－魏玛的伯恩纳德也加入了进来，虽然年轻，但作战经验丰富。先辈们为了保护萨克森新教利益而浴血奋战的英雄事迹一直在激励着他。但黑森－卡塞尔伯爵威廉五世和萨克森－魏玛的伯恩纳德除自己的武器外什么也没带来。因此，古斯塔夫·阿道夫二世未敢轻举妄动，就在易北河和哈弗尔河交汇的韦尔本安下营来，精心设防，等待蒂利伯爵约翰·塞克拉斯来攻打。最后，他击退了敌人的进攻。但这样的胜利又有什么价值呢？恶劣的环境和可怕的疾病正慢慢削弱军队的战斗力。如果孤立无援的形势持续，那么末日即将来临。

不过，斐迪南二世的政治短视让古斯塔夫·阿道夫二世的处境出现了转机。《凯拉斯科和约》签署后，原先在意大利征战的神圣罗马帝国军队全部开拔到了神圣罗马帝国北方地区。1631 年 8 月，蒂利伯爵约翰·塞克拉斯的神圣罗马帝国军队兵力已达四万。斐迪南二世派来援军的同时，还传来了命令。他无法容忍萨克森选帝侯约翰·乔治一世中立的态度，命令蒂利伯爵约翰·塞克拉斯必须强制约翰·乔治一世解散自己的军队，否则他就率部加入帝国军队，共同抵御外敌入侵。

1631 年 8 月 18 日，蒂利伯爵约翰·塞克拉斯接到了斐迪南二世的命令。1631 年 8 月 24 日，他就质问萨克森选帝侯约翰·乔治一世凭什么可以违背帝国法律而保有自己的军队。萨克森选帝侯约翰·乔治一世确实找不到合适的理由，但仍旧拒绝解散自己的武装。

如果蒂利伯爵约翰·塞克拉斯只是孤立萨克森选帝侯约翰·乔治一世，那么未来一段时间内萨克森选帝侯约翰·乔治一世是掀不起什么风浪的。但蒂利伯爵约翰·塞克拉斯只是在执行谕令，并没想其他对策，于是就率军攻入了萨克森境内。帕彭海姆伯爵帕戈特弗里德·海因里希迅速攻下了梅泽堡。在蒂利伯爵约翰·塞克拉斯的恐吓下，莱比锡为了免遭马格德堡那样的灾难，选择了缴械投降。一直不愿同斐迪南二世为敌的萨克森选帝侯约翰·乔治一世这次终于被激怒了，派特使火速赶往古斯塔夫·阿道夫二世那里，表达了无条件同他结盟的意愿。

这是求之不得的事情，古斯塔夫·阿道夫二世毫不犹豫就同意了。他立刻和勃兰登堡选帝侯乔治·威廉率军开拔了。萨克森的指挥官汉斯·格奥尔格·冯·阿尼姆－博伊岑堡是一名路德教信徒，曾参加阿尔布雷希特·冯·华伦斯坦的军队围攻施特拉尔松德的战役。《教会

汉斯·格奥尔格·冯·阿尼姆－博伊岑堡（1583—1641）

土地归还敕令》让他明白了阿尔布雷希特·冯·华伦斯坦的理想——不分教派的德意志民族大一统，在斐迪南二世统治下是无法实现的。于是，他辞去了在帝国的官职，投靠了萨克森选帝侯约翰·乔治一世。他虽然不具备指挥才能，但有着丰富的战斗经验。

萨克森的士兵穿着新军装，操着新武器，再加上为荣誉而战的斗志，给人眼前一亮的感觉。不过，他们尚未经过战争洗礼，就像阿尔布雷希特·冯·华伦斯坦的军队于1625年刚进入哈尔伯斯塔特教区时那样，毫无战斗经验。

瑞典的士兵看上去像一群乌合之众，至少萨克森士兵是这样认为的。他们在军营里待了太长时间，军装破破烂烂、布满尘土，遭到了新盟友的肆意嘲笑。不过，这些身经百战的士兵对他们的统帅古斯塔夫·阿道夫二世信心十足，古斯塔夫·阿道夫二世也十分信任他们。

瑞典士兵对古斯塔夫·阿道夫二世的信心要胜过天主教联盟士兵对蒂利伯爵约翰·塞克拉斯的信心。蒂利伯爵约翰·塞克拉斯是一位西班牙老派风格的指挥官。他在战场上获胜全凭兵力占优。在每次战斗中，蒂利伯爵约翰·塞克拉斯大都采用人海战术。一队队密集排列的挥舞刀枪的方阵是他获胜的法宝。相较之下，与所有的杰出军事指挥官一样，古斯塔夫·阿道夫二世则是一位战术创新大师。面对兵力密集的敌人，他会选择轻巧灵活的打法。他的大炮便于移动，火枪易于操作。他擅长使用火枪队快速瓦解敌人的进攻，就像腓特烈大帝在莫尔维茨战役中使用拉杆枪或赫尔穆特·卡尔·贝恩哈特·冯·毛奇[①]在萨多瓦战役中使用撞针枪克敌制胜一样。古斯塔夫·阿道夫二世还有一套独特的队伍操练方法。他将军队分成三路纵队，便于快速精准调动，而这是神圣罗马帝国军队根本无法比拟的。

① 又译“老毛奇”。老毛奇（1800—1891），德国军事家、军事理论家。——译者注

腓特烈大帝的普鲁士将士在莫尔维茨战役中使用拉杆枪

第 2 节　布雷滕费尔德战役

1631 年 9 月 17 日上午，瑞典和萨克森联军在距莱比锡五英里的布雷滕费尔德村附近集结了起来，欲同蒂利伯爵约翰·塞克拉斯的军队一决高下。开战不久，萨克森士兵便仓惶地败下阵来。与马斯顿荒原战役中的坎伯兰公爵莱茵的鲁珀特亲王[①]不同，蒂利伯爵约翰·塞

莱茵的鲁珀特亲王

① 莱茵的鲁珀特亲王(Prince Rupert of the Rhine, 1619—1683)，腓特烈五世与伊丽莎白·斯图亚特公主第四子，英王詹姆斯一世的外孙、查理一世的外甥。英格兰内战期间，他成为王军中的重要指挥官。——译者注

古斯塔夫·阿道夫二世取得布雷滕费尔德大捷

克拉斯的军队没有乘胜追击，而是向侧翼的瑞典人发起了进攻。古斯塔夫·阿道夫二世没有慌张，冷静地将两个纵队撤离，然后组织起第二道防线御敌。虽然兵力上并不占优，但古斯塔夫·阿道夫二世的防御极其出色。布阵紧密的神圣罗马帝国军队被瑞典军队的一阵枪林弹雨打得七零八落。许多落入瑞典军队的枪炮居然成了攻击神圣罗马帝国步兵的武器。在瑞典军队机动灵活的凌厉攻势之下，行动笨拙的神圣罗马帝国军队首遭重创，共有六千余人阵亡。其他士兵保护着老将蒂利伯爵约翰·塞克拉斯慌忙撤离了战场。瑞典军队的刚勇坚毅让他们刮目相看。

布雷滕费尔德大捷具有深远的意义，不仅是《教会土地归还敕令》的坟墓，而且是打着民族统一旗号实施宗教压迫计划的坟墓。长期紧绷的宗教压迫这根弓弦终于断了。自白山战役以来，斐迪南二世、帝国理事会和帝国议会一直都宣称自己是代表国家的合法机构。

后来，虽然斐迪南二世和议会领袖之间的关系一度紧张，但阿尔布雷希特·冯·华伦斯坦被解职后，双方重归于好。但在颁布和实施政策时，斐迪南二世和帝国议会从不考虑德意志地区半数以上新教徒的感受和诉求，独断专行，认为其意志就代表了德意志的法律。现在，古斯塔夫·阿道夫二世彻底打破了他们的妄想。布雷滕费尔德战役堪称德意志的纳斯比战役[①]。

古斯塔夫·阿道夫二世在布雷滕费尔德

与纳斯比大捷相比，布雷滕费尔德大捷的意义更加深远。在纳斯比战役中，训练有素的智者战胜了纪律涣散的武夫；而在布雷滕费尔德战役中，训练有素的智者则战胜了战术僵化的斗士。我们不要忘了，那些战术不过是保护宗教和政治制度的军事表现形式而已。战败士兵所采取的战术就是在耶稣会统治下人性慢慢发生改变后在大脑里形成的教条。在这个过程中，个体意识最终被集体意识吞没。正如蒂利伯爵约翰·塞克拉斯是在用自己的军队纪律来约束欧内斯特·冯·曼斯费尔德伯爵和不伦瑞克的克里斯蒂安原来的军队一样，天主教也想用自己的教义压制住那些受马丁·路德和菲利普·墨兰顿新教思想影响的教士们。但古斯塔夫·阿道夫二世的胜利说明了一个问题，即只讲

① 纳斯比战役是1645年议会军与王军的大决战，是英格兰第一次内战期间最后一次大战。奥利弗·克伦威尔率领的议会军击溃了莱茵的鲁珀特亲王率领的王军。议会军取得纳斯比大捷影响深远，彻底控制了英格兰局势。——译者注

秩序和服从而不讲智谋的军队是没有前途的。这一原则不仅适用于军事战斗，在道德、政治、文学和科学等领域也普遍适用。

古斯塔夫·阿道夫二世获胜的消息传到德意志新教地区时，人们大喜过望，奔走相告。南方地区的城市甚至准备再次揭竿而起，反抗斐迪南二世的压迫。法兰西也举国欢庆。关在伦敦塔的英格兰大臣约翰·艾略特也对古斯塔夫·阿道夫二世大加赞赏，称他为旷世奇才。就连隐居于波希米亚的阿尔布雷希特·冯·华伦斯坦也为他鼓掌叫好。阿尔布雷希特·冯·华伦斯坦已经私下与古斯塔夫·阿道夫二世有过接触。虽然古斯塔夫·阿道夫二世是一名新教徒，但对阿尔布雷希特·冯·华伦斯坦而言，古斯塔夫·阿道夫二世的胜利就是替他报复了曾抛弃他的斐迪南二世和天主教联盟。阿尔布雷希特·冯·华伦斯坦主动向古斯塔夫·阿道夫二世请缨，希望能得到一支一万两千人的队伍，去帮他干一番大事。蒂利伯爵约翰·塞克拉斯战败的消息让阿尔布雷希特·冯·华伦斯坦开心不已。阿尔布雷希特·冯·华伦斯坦对古斯塔夫·阿道夫二世的使臣说："要是这次战败发生在我身上，我早就自刎了。不过，这对我们来说是件好事。"如果古斯塔夫·阿

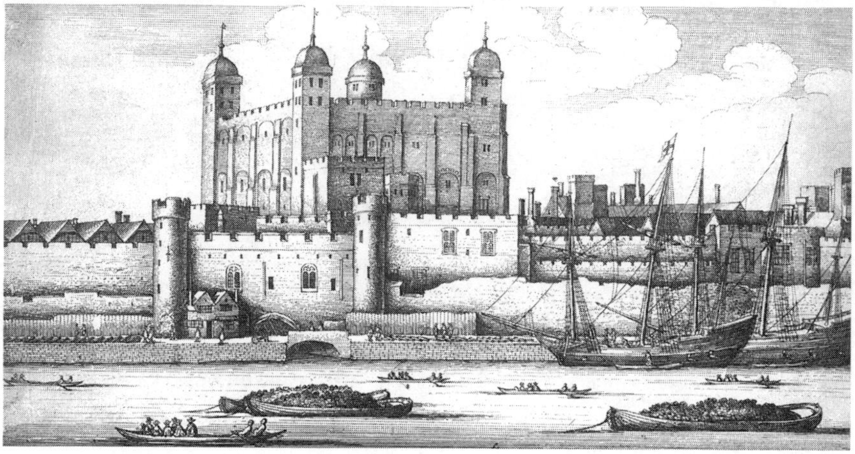

伦敦塔

道夫二世信任阿尔布雷希特·冯·华伦斯坦，并让他指挥军队，他就能火速召来原来的部下。他还会把耶稣会士及其追随者的财物分给所有士兵。他说，波希米亚人做过最蠢的事就是把马丁尼茨的雅罗斯拉夫·波伊塔和克鲁姆的威尔姆·斯拉瓦塔从窗户扔出去而没有将他们刺死。如果古斯塔夫·阿道夫二世同意他的计划，他会把斐迪南二世和奥地利哈布斯堡家族赶到阿尔卑斯山脉那边去。不过，他希望古斯塔夫·阿道夫二世在和法兰西结盟的过程中，不要走得太近。

阿尔布雷希特·冯·华伦斯坦的建议无论是否发自真心，都多少能反映出他的一些性格特征。他生于波希米亚，没有在神圣罗马帝国境内生活，不太了解德意志人的思想。别人对宗教或政治机构的崇敬根本无法引起他的共鸣。从前，他打着斐迪南二世的旗号想推翻各路诸侯和选帝侯；现在，他又准备以瑞典国王的名义去推翻斐迪南二世。但他身上也有一些优秀的品质，这些品质让他远超像欧内斯特·冯·曼斯费尔德伯爵这样的冒险分子。作为军队的统帅，他能不受家国观念的影响，不受战争中其他领袖的影响，提出了两种思想。如果他的思想当时得到了帝国政治家的认同，那么神圣罗马帝国就可以避免一些噩运。他的两种思想是：整个帝国要团结起来，一致对外；要想实现帝国团结，就要保证宗教信仰自由。如果当时可能，他会力阻古斯塔夫·阿道夫二世入侵神圣罗马帝国，但现在他会与古斯塔夫·阿道夫二世一起阻止法兰西介入神圣罗马帝国内战。

然而，阿尔布雷希特·冯·华伦斯坦和古斯塔夫·阿道夫二世之间不可能有多少真正的共同利益。阿尔布雷希特·冯·华伦斯坦的思想天马行空，既没有普通人与生俱来的各种偏见，也不受传统习俗、思想的影响，就像升空的气球不会受地面悬崖、河流的影响一样。而古斯塔夫·阿道夫二世却是一个具有国家情怀、爱憎分明的人，他信奉路德教，热爱自己的祖国瑞典，反对哈布斯堡家族的统治。他的伟大之处在于既有统治世界的魄力，又有与民众交流思想的真诚。他能体察民情，对他们的疾苦感同身受，还能指引他们为美好生活而不断奋斗。

古斯塔夫·阿道夫二世这样的人不可能只满足于军事成就。与阿尔布雷希特·冯·华伦斯坦共同执掌一个军政府，对他来说，并没有多少吸引力。如果神圣罗马帝国覆灭，那么应该有新的国家取而代之，而不是用军队取代那么简单。而新的体制要想长期稳定，就必须尽可能建立在旧体制的基础上。神圣罗马帝国的新教地区必须从宗教压迫中解脱出来。为了实现该目的，新教地区需要有效地组织起来。古斯塔夫·阿道夫二世称这样的组织为新教集团，该集团就像 1866 年成立的北德意志联邦一样，可能会在未来发展成一个更大的德意志国家，也可能不会。不过，这一切都需要得到瑞典和法兰西的支持。事实上，这一想法与阿尔布雷希特·冯·华伦斯坦的军事野心是有出入的，也不符合神圣罗马帝国爱国人士的民族统一愿望。但该想法易于实现，好处也显而易见，可以在非暴力改变现有领地制度的前提下有效地抵御天主教国家的侵略。

如果这些都是古斯塔夫·阿道夫二世的想法，那么我们就不难理解他为什么会决定进军莱茵河，并派萨克森选帝侯约翰·乔治一世去策反波希米亚人了。尽管古斯塔夫·阿道夫二世从未正式向全世界宣布他有这样的想法，但他的后续行动说明了一切。当然，谨慎的瑞典首相阿克塞尔·奥克森杰纳在事发后曾宣称国王犯了错误。后世的军事史学家喜欢将古斯塔夫·阿道夫二世与拿破仑一世攻打维也纳的行动相提并论。他们认为，古斯塔夫·阿道夫二世兵临斐迪南二世的都城同1805年或1809年拿破仑一世攻打维也纳一样具有决定性的意义。

阿克塞尔·奥克森杰纳（1583—1654）

三十年战争时期的维也纳

但古斯塔夫·阿道夫二世与阿克塞尔·奥克森杰纳至少在对维也纳的看法上是一致的，即1631年的维也纳并不是现代意义上的国家首都。如果我们非要找一个类比例子，当时的维也纳就如同半岛战争[①]中马德里的地位一样。西班牙国王在马德里居住，神圣罗马帝国皇帝在维也纳居住。但1808年的马德里和1631年的维也纳都不是军事行动的中心，命令不是从那里发出去的。19世纪初，拿破仑一世或威灵顿公爵阿瑟·韦尔斯利虽然可能控制马德里，但并不能真正控制西班牙。同理，17世纪的斐迪南二世和古斯塔夫·阿道夫二世虽然可能控制维也纳，但并不能真正控制奥地利或波希米亚。哪里有军队，哪里才是权力的中心，这是阿尔布雷希特·冯·华伦斯坦及其效仿者的理念。即使古斯塔夫·阿道夫二世占领了维也纳，他的后方仍然会涌现新的军队。

在半岛战争中，威灵顿公爵阿瑟·韦尔斯利
骑着战马，挥舞军刀，指挥大军击溃法军

① 半岛战争（Peninsular War，1808—1814）是反法同盟战争的重要组成部分，最后以法军失败而告终。——译者注

真正威胁古斯塔夫·阿道夫二世的是阿尔布雷希特·冯·华伦斯坦发展起来的军队体系。向莱茵河进军时，古斯塔夫·阿道夫二世坚决放弃了阿尔布雷希特·冯·华伦斯坦的治军方式。瑞典军队以维护新教利益为宗旨，要将巴拉丁从宗教压迫中解放出来。奥格斯堡、纽伦堡、乌尔姆和斯特拉斯堡等商业城市也热切期盼将《教会土地归还敕令》踩在脚下的救星赶快到来。波西米亚的新教徒虽然也需要解放，但往往不是十分可靠。从过去的经验看，组织莱茵河畔的德意志人起来反抗皇帝的可能性比组织莫尔道河畔的斯洛维尼亚人起来反抗皇帝的可能性更大。而且从进攻效果考虑，古斯塔夫·阿道夫二世无论如何都应该西进。蒂利伯爵约翰·塞克拉斯的主力部队已经撤离，只象征性地留有一小支守军。西进所经之地是大片天主教区，即所谓的“牧师区”，包括维尔茨堡、班堡、富尔达、科隆、特里尔、美因茨、沃尔姆斯、斯皮尔斯等神圣罗马帝国最富庶的地方。这些地方曾源源不断地向天主教联盟的军队提供兵力和军费，现在至少可以解决古斯塔夫·阿道夫二世的部分军费开支。莱茵河左岸的西班牙驻军不久将被

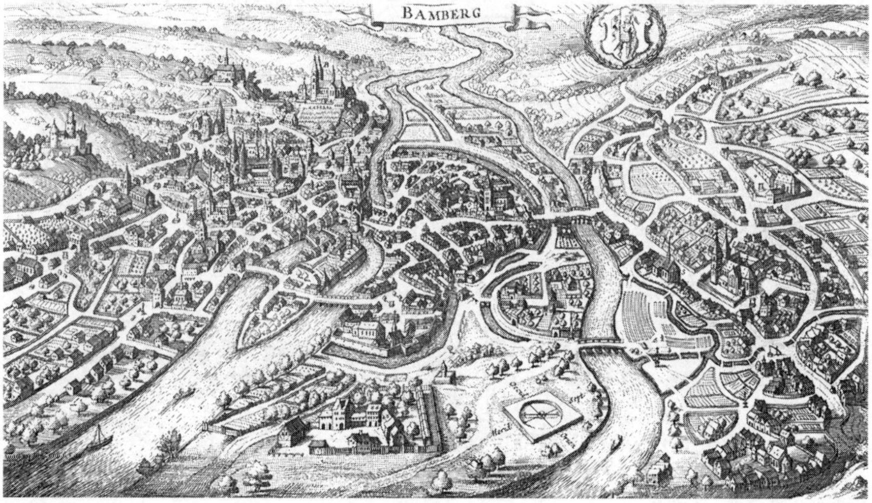

三十年战争时期的班堡

击退，法兰西也将接受和解。这就为在神圣罗马帝国新教地区出台新的政策奠定了基础。古斯塔夫·阿道夫二世也就能以一种全新的精神面貌去完成安哈尔特公爵克里斯蒂安一世未竟的事业了。然而，这种使命全由瑞典国王而非萨克森选帝侯约翰·乔治一世去完成，不是有点儿奇怪吗？

第 3 节 古斯塔夫·阿道夫二世南征

古斯塔夫·阿道夫二世的大军一路凯歌高奏。1631 年 10 月 2 日，大军抵达埃尔福特。1631 年 10 月 10 日，大军进至乌尔茨堡。1631 年 10 月 18 日，这座美因河畔的城堡经过一番激烈抵抗后终被攻占。

三十年战争时期的埃尔福特

从北到南，天主教牧师凭借《教会土地归还敕令》收回教区领地不久后便又被赶走了。古斯塔夫·阿道夫二世就是要在他们的家园对他们施以报复。1631 年 12 月 16 日，奥本海姆被攻占，西班牙守军被歼灭，牧师区失去了防御能力。古斯塔夫·阿道夫二世在美因茨度过了圣诞节。他麾下的将士们不用再忍受北方恶劣的环境和简陋的饮食了，而是用头盔盛着莱茵河畔出产的葡萄酒，尽情享受着南方奢华的生活。

古斯塔夫·阿道夫二世的心思总是很难揣测。他既不像斐迪南二世那样，计划一旦制定就永不改变，也不像阿尔布雷希特·冯·华伦斯坦那样，随时会弃用旧计划而启用新计划。毫无疑问，古斯塔夫·阿道夫二世制定的政策一定是他领导下的新教集团意志的体现。对于那些从天主教夺回的教会土地应该如何在神圣罗马帝国南方的新教诸侯之间分配这一问题，古斯塔夫·阿道夫二世也许还没有明确的方案。但所有迹象都表明，他也希望像阿尔布雷希特·冯·华伦斯坦那样去处置这些土地，即将这些土地分给他的军官和追随他的神圣罗马帝国诸侯们。但在这样做的时候，他需要考虑天主教徒的安全问题。至少在神圣罗马帝国，古斯塔夫·阿道夫二世不应该干涉任何人的宗教信仰。而瑞典的情况则完全不同，有一种说法很流行，即瑞典只有一位国王，一种宗教，一名医生。

最后，古斯塔夫·阿道夫二世把征服的土地都封给了自己的亲信，譬如，美因茨就封给了阿克塞尔·奥克森杰纳。对此，法兰西的使臣表达了强烈抗议。黎塞留原本希望哈布斯堡家族衰落后神圣罗马帝国的天主教牧师们仍可以过着有尊严的生活，但瑞典这个欧洲新势力突然崛起，让法兰西政治家吃惊不已，正如 1866 年普鲁士的胜利让法兰西第二帝国的政治家吃惊那样。路易十三说：“是时候压制一下那个哥特人了。”古斯塔夫·阿道夫二世虽然不能直接拒绝法兰西的要求，但向天主教联盟开出了和谈条件，从而让谈判变得不再可行。法兰西的立场让古斯塔夫·阿道夫二世明白他必须展现比以往更强硬的态度。

1632年3月31日，古斯塔夫·阿道夫二世率军进入纽伦堡。骑马过街时，他受到了人们的热烈欢迎。人们夹道欢迎这位来自北方的

三十年战争时期的纽伦堡

大救星，任由快乐的泪水在布满胡须的脸颊上流淌。即便古斯塔夫·阿道夫二世功劳没那么大，他平易近人的态度和灿烂的笑容也能直达人们心底。古斯塔夫·阿道夫二世的画像很快就挂在了每座房子里。一位博学的市民马上编制出了一份家谱，该家谱能够证明瑞典国王就是该城古老的世袭家族——伯格雷夫家族的后裔。在这场悲凉的战争中，古斯塔夫·阿道夫二世给整个德意志民族带来了希望。当皇帝、诸侯、教士和士兵都指望不上时，古斯塔夫·阿道夫二世就成了人民的救星。

古斯塔夫·阿道夫二世在纽伦堡没有逗留太久。1632 年 4 月 5 日，他的大军逼近了多瑙沃特。经过一番激战，神圣罗马帝国守军被赶出了城外。新教徒们在城内庆祝起了复活节，人们过去那种祥和的生活又恢复了。

1632 年 4 月 14 日，瑞典人发现通往莱希河的要道有蒂利伯爵约翰·塞克拉斯的军队把守。虽然防御者占尽了地利，但古斯塔夫·阿道夫二世用密集的炮火扫平了他们的阵地，就在他们眼皮底下过了河。在战斗中，蒂利伯爵约翰·塞克拉斯被炮弹击中倒地，受伤严重。将士们心情沉重地把他送往因戈尔施塔特，他的生命和毕生追求的事业就要走到尽头了。如果说思想正直和甘愿奉献是令人尊敬的品格，那么蒂利伯爵约翰·塞克拉斯就是值得尊敬的人。他既不是一位能力超群的政治家，也不是一位挥斥方遒的军事大师，只是一位优秀的军官，只知道服从命令是军人的天职，在他眼里，服从就是最好的美德。他所追求的社会秩序注定不会实现，自己也只落得个壮志未酬身先死的结局。

征服者没有停下前进的脚步。到奥格斯堡后，古斯塔夫·阿道夫二世发现该城在《教会土地归还敕令》颁布前就饱受“教产收复委员会”的摧残：路德教的神职人员被赶下了祭坛，路德教议员被赶出了市政大厅。在夹道欢迎的人群中，骑在马背上的古斯塔夫·阿道夫二世昂首挺胸。他对重获自由的城市地方官说，只要战争持续下去，他们就要继续向自己效忠。他还要求奥格斯堡人要像自己的臣民那样服从自己的意志。他开始异想天开地认为，即使没有法兰西的支持，也可以取得今日之伟业。

古斯塔夫·阿道夫二世征途的下一站是巴伐利亚。他策马进入慕尼黑时，流亡的巴拉丁选帝侯腓特烈五世紧随其后，昔日的敌人在他们眼前仓皇逃离。然而，腓特烈五世最终没能拿回统治海德堡的大权，但该结果也怨不得古斯塔夫·阿道夫二世。古斯塔夫·阿道夫二世在还给巴拉丁选帝侯腓特烈五世的世袭领地时，提出了两个条件：一是允许瑞典军队在战争期间占用他的要塞；二是要求他对路德教和加尔文教信徒一视同仁。不过，这位偏激的加尔文教徒无法接受第二个条件，于是又变成无家可归的流浪者。几个月后，他在巴哈拉赫被一场高烧夺去了性命。

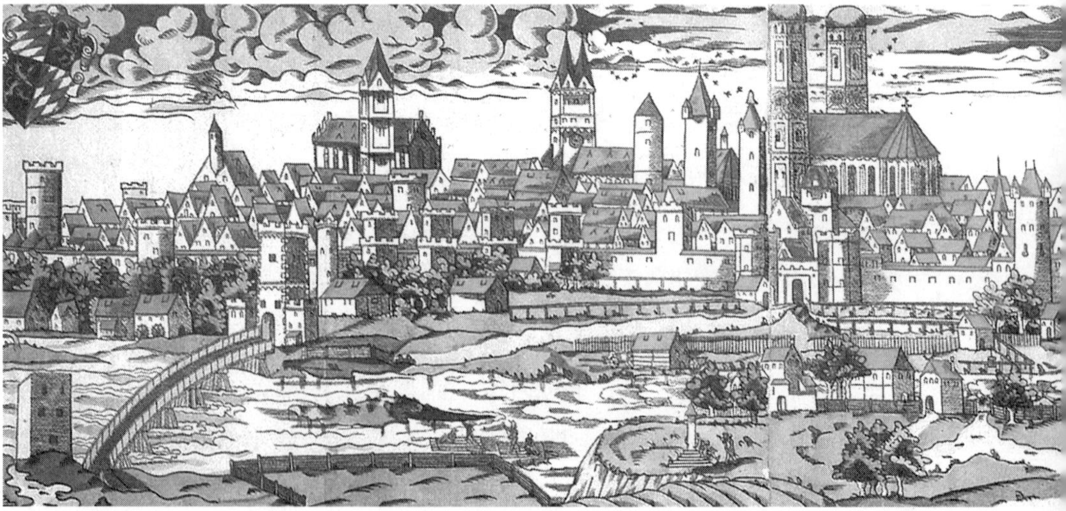

古斯塔夫·阿道夫二世在慕尼黑征收高额的军费。得知巴伐利亚公爵马克西米利安一世曾将大量武器埋在军械库下面后，他雇佣了许多巴伐利亚农民去挖掘。拿到入侵者劳务费的农民也甘愿出力。古斯塔夫·阿道夫二世喜不自禁，将整个挖掘过程称为"妙手回春"。所有军械都挖出来后，古斯塔夫·阿道夫二世打算带着战利品离开慕尼黑。在慕尼黑驻军期间，古斯塔夫·阿道夫二世的军队纪律严明。他要求将士们不能侮辱居民的宗教信仰。古斯塔夫·阿道夫二世明白，如果他超越新教集团的利益去看待整个帝国，如果他认为斐迪南二世的金色皇冠也可以由路德教信徒佩戴，那么实行宗教自由政策才是建立未来帝国的基石，而非固守狭隘的正教观念。

除哈布斯堡家族的世袭领地外，古斯塔夫·阿道夫二世控制了整个神圣罗马帝国。他很清楚，哈布斯堡家族的世袭领地根本无法与他抗衡。斐迪南二世虽然想竭力遏制整个家族的恐慌，但无济于事。与1619 年的境遇相比，他目前的处境更加糟糕。这次连巴伐利亚也自身难保了。从布雷滕费尔德战场仓惶逃走的萨克森选帝侯约翰·乔治一世率军进入波希米亚时，竟然没有遭遇任何抵抗。相反，他的军队在布拉格还受到了热烈欢迎。

三十年战争时期的慕尼黑

第 4 节 华伦斯坦重掌军权

除非有外援，否则斐迪南二世不可能摆脱目前的困境。他想到了西班牙，但西班牙在黎塞留的密切监控下，也帮不上什么大忙，只能出些钱或提供点儿建议，仅此而已。

西班牙的建议就是召回阿尔布雷希特·冯·华伦斯坦。对西班牙来说，阿尔布雷希特·冯·华伦斯坦的解职不是什么好事，因为他一直都想参加西班牙对法兰西的战争。但在法兰西的支持下，神圣罗马帝国的选帝侯们成功说服斐迪南二世罢免了阿尔布雷希特·冯·华伦斯坦，并签署了《凯拉斯科条约》。根据条约的规定，神圣罗马帝国军队不再支持西班牙，并从西属意大利领地撤走。早在布雷滕费尔德战役之前，西班牙政府就建议斐迪南二世恢复阿尔布雷希特·冯·华伦斯坦的军权，并且得到了汉斯·乌利奇·冯·埃根伯格的支持。汉斯·乌利奇·冯·埃根伯格一直力挺阿尔布雷希特·冯·华伦斯坦。

布雷滕费尔德战役结束后不久，阿尔布雷希特·冯·华伦斯坦就与古斯塔夫·阿道夫二世分道扬镳了。因为当时的古斯塔夫·阿道夫二世无论与谁结盟，都想做盟主。此外，两人的精神品格与政治追求也相去甚远，他们之间注定不会合作下去。古斯塔夫·阿道夫二世不仅是一名军人，还是一国之君，希望通过重建神圣罗马帝国新教区甚至整个神圣罗马帝国的政权来提升自己的军事实力，而阿尔布雷希特·冯·华伦斯坦则坚信军事实力决定一切，盼着神圣罗马帝国通过武力统一整个德意志。萨克森人进入波希米亚后，阿尔布雷希特·冯·华伦斯坦希望与他们合作，从而掌握神圣罗马帝国的命运。众所周知，萨克森选帝侯约翰·乔治一世对斐迪南二世的抵制实属情非得已。当时，斐迪南二世如果能接受教训，不坚持施行《教会土地归还敕令》，就可以把萨克森人争取过来，进而阿尔布雷希特·冯·华伦斯坦以前的计划也就能够实现，即以斐迪南二世的名义统一整个德意志。接着，大权在握的阿尔布雷希特·冯·华伦斯坦就可以驱逐侵略者，拒法兰西人和瑞典人于国门之外。

1631 年 11 月，阿尔布雷希特·冯·华伦斯坦会见了萨克森军队的指挥官，即他曾经的副将汉斯·格奥尔格·冯·阿尼姆－博伊岑堡，两人讨论了未来的局势。1631 年 12 月，就在古斯塔夫·阿道夫二世逼近莱茵河之际，汉斯·乌利奇·冯·埃根伯格火速赶到兹奈姆请求阿尔布雷希特·冯·华伦斯坦再次出任帝国军队统帅。阿尔布雷希特·冯·华伦斯坦同意了，但同时提出了两个条件：第一，教会土地应该维持《教会土地归还敕令》施行前的状况；第二，帝国的任何军队都要归他指挥，只有他才可以行使财物的征用权和赦免权——之前，没有任何将军提过这种要求。在古斯塔夫·阿道夫二世计划处理教会土地时，阿尔布雷希特·冯·华伦斯坦也在想办法怎样对付那些不愿放弃与瑞典结盟的诸侯们。因此，一批依附阿尔布雷希特·冯·华伦斯坦的诸侯随之出现。就算不能收复曾经拥有的梅克伦堡，阿尔布雷希特·冯·华伦斯坦也会重新找到一片属于自己的领地。

但斐迪南二世承诺给阿尔布雷希特·冯·华伦斯坦的权力并没有写在专门的文书上。他组建的军队也根本不是真正意义上的奥地利军队，只能称为弗里德兰公爵阿尔布雷希特·冯·华伦斯坦的军队。他的士兵喜欢称他为“弗里德兰公爵”，认为梅克伦堡公爵不过是一个临时性的称谓而已。军队的启动费用是由西班牙赞助的，但之后的开销就只能自行解决了。在波西米亚征召组建这样一支军队并非偶然事件。即便古斯塔夫·阿道夫二世是在维也纳而不是在慕尼黑，但只要阿尔布雷希特·冯·华伦斯坦振臂高呼一声，他想在哪里组建一支军队，就会有数以千计的壮汉赶来追随他。古斯塔夫·阿道夫二世不得不面对这样一群昔日的战争狂魔。从欧内斯特·冯·曼斯费尔德伯爵的部队来到阿尔布雷希特·冯·华伦斯坦的麾下，这些狂魔的破坏力与日俱增。有战争就会有这种狂魔！他们有的来自遥远的海滨，有的来自阳光明媚的意大利，有的来自贫瘠寒冷的苏格兰，有的来自波罗的海和阿尔卑斯山脉之间神圣罗马帝国的广大地区。无论是新教徒还是天主教徒，阿尔布雷希特·冯·华伦斯坦一律欢迎他们加入。

一开始，斐迪南二世让阿尔布雷希特·冯·华伦斯坦统兵三个月。从 1632 年 4 月，斐迪南二世便让他长期执掌帝国兵权。实际上，斐迪南二世已经在全力支持这位独裁将军了。

1632 年的阿尔布雷希特·冯·华伦斯坦

阿尔布雷希特·冯·华伦斯坦打算首先摆平萨克森人。他一面向萨克森人抛出橄榄枝，一面挥舞着刀剑。1632年5月21日，他派使者去与萨克森人议和，答应萨克森人可以撤回《教会土地归还敕令》。1632年5月22日，他亲自到萨克森人在布拉格驻军的营地，要求他们尽快投降。这也是在暗示萨克森选帝侯约翰·乔治一世尽早做出决定。之后不久，萨克森人全部被逐出了波希米亚。

萨克森选帝侯约翰·乔治一世渴望和平，与瑞典结盟并非他的本意。不过，他又是个信守承诺的人。他曾答应古斯塔夫·阿道夫二世，未经古斯塔夫·阿道夫二世的同意，不能与敌人和谈。于是，他将阿尔布雷希特·冯·华伦斯坦的提议告诉了古斯塔夫·阿道夫二世。

没有人能像古斯塔夫·阿道夫二世那样可以根据实际情况在次要问题上随时调整自己的计划了。面对阿尔布雷希特·冯·华伦斯坦的武力威胁和萨克森选帝侯约翰·乔治一世的犹豫不决，古斯塔夫·阿道夫二世立即放弃了统治莱茵河主教区的念头。他赞同阿尔布雷希特·冯·华伦斯坦提出的解决宗教问题方案，这令阿尔布雷希特·冯·华伦斯坦和萨克森选帝侯约翰·乔治一世均感满意。古斯塔夫·阿道夫二世自己则希望能从波美拉尼亚获得一小片领地，以便在未来能有效防御敌人从波罗的海港口向瑞典发动的袭击。勃兰登堡选帝侯乔治·威廉也提出了分割波美拉尼亚领地的主张。如果能得到留在新教手里的主教区土地，他就心满意足了。

这些要求很可能会遭到反对，但分歧之所以产生，是因为其他方面的缘故。阿尔布雷希特·冯·华伦斯坦希望帝国体制能恢复成原来的老样子，同时可以借此展示自己的才华。古斯塔夫·阿道夫二世则希望成立一个独立的新教联盟，该联盟可以不受瑞典统治，但至少要和瑞典保持亲密的关系。阿尔布雷希特·冯·华伦斯坦要求人们对他和斐迪南二世充满信心，但古斯塔夫·阿道夫二世对二者都不相信。

萨克森选帝侯约翰·乔治一世在阿尔布雷希特·冯·华伦斯坦与古斯塔夫·阿道夫二世之间摇摆不定。他不信任阿尔布雷希特·冯·华伦斯坦，但不想接受帝国统治并不意味着他就想推翻帝国的体制，因为他不想让神圣罗马帝国的未来动荡不定。阿尔布雷希特·冯·华伦斯坦的帝国统一观点和古斯塔夫·阿道夫二世的新教联盟理念都有各自的道理。不管哪方获胜，松散的新教联盟注定要走向尽头了。

第5节 古斯塔夫·阿道夫二世和阿尔布雷希特·冯·华伦斯坦较量

古斯塔夫·阿道夫二世还没等到萨克森选帝侯约翰·乔治一世的答复，战火就重新燃起了。他还不知道，当阿尔布雷希特·冯·华伦斯坦率军离开波希米亚前往攻打纽伦堡时，他依靠萨克森选帝侯约翰·乔治一世实现自己宏伟计划的希望就已经非常渺茫了。古斯塔夫·阿道夫二世一边忙着守城，一边忙着平衡新教集团的利益。他既建议萨克森放弃教会土地，还建议纽伦堡人先和他结成联盟。各新教诸侯如果愿意，也可随后加入该联盟，但教会土地还须由他来控制。这两种方案本质上没有什么差别。一种方案是在实现永久和平的前提下予以采纳。另一方案则可以当作战争的一种武器使用。值得一提的是，古斯塔夫·阿道夫二世不厌其烦地强调“政治上的统一是保证军事实力提升的基石”这一观点。

古斯塔夫·阿道夫二世既没说服萨克森选帝侯约翰·乔治一世，也没说服纽伦堡人。他们均回答道，如此重要的事情应该让所有对新教联盟感兴趣的城市和诸侯共同决定。对此，古斯塔夫·阿道夫二世痛苦万分地说道：“如果这样做的话，萨克森选帝侯将会用半年的时间来决定应该通知谁来参加这样的会议。而各城市的代表们在出席会议时，也通常是各自为政，不顾其他。当发现任务存在问题时，他们会将所有材料送回自己所在的城市再定夺。这样的会议得不出任何结论。”神圣罗马帝国长期分裂，很少使用诸如议会这样的机构去共商大计，这就造成了德意志人的政治无能。德意志人的这种缺陷让古斯塔夫·阿道夫二世感觉如鲠在喉，这比阿尔布雷希特·冯·华伦斯坦的军队在战场上带给他的麻烦更难受。

然而，古斯塔夫·阿道夫二世仍然得面对敌军。目前，阿尔布雷希特·冯·华伦斯坦拥兵六万，而古斯塔夫·阿道夫二世只有两万士兵。莱茵河沿岸的战火从阿尔萨斯一直蔓延至科布伦茨。除帕彭海姆伯爵帕戈特弗里德·海因里希指挥作战外，西班牙人也派出了自己的军队，同时号召洛林公爵查理四世援助他们。古斯塔夫·阿道夫二世的判断是正确的，他认为法兰西目前还不敢与他为敌。虽然他没有采纳黎塞留的计划，不愿放弃教会土地，也没有将奥地利哈布斯堡家族作为唯一攻击的对象，但黎塞留仍然会支持他与西班牙军队作战。几周后，随着后方威胁的解除，分散各处的瑞典军队纷纷向纽伦堡赶来，加入了古斯塔夫·阿道夫二世的大军。

三十年战争时期的科布伦茨

1632 年的古斯塔夫・阿道夫二世

古斯塔夫・阿道夫二世已做好了战争准备，一场他本可以不必卷入的战争。阿尔布雷希特・冯・华伦斯坦沿用从前的战术，在兵力没有绝对优势时，绝不打阵地战。他在纽伦堡以北的菲尔特附近筑起了方圆十二英里的防御工事，以保护新组建的军队。整个防御工事俯瞰着周围的平原，其内部的所有建筑物，如房屋和村落，都被合理地利用了起来。

而此时的纽伦堡正经受着物资匮乏和瘟疫横行的双重考验。周边的农民为了避难，纷纷涌入纽伦堡。于是，纽伦堡的人口激增。然而，食物供应不上。就连军队的粮食供应也开始吃紧了。其结果是，古斯塔夫・阿道夫二世引以为傲的严明军纪也开始松懈了。他现在的军队中有许多德意志士兵。在长期恶劣的环境中，这些士兵已经养成掠夺的习惯。

古斯塔夫・阿道夫二世非常恼火，就将这些士兵的指挥官叫来，狠狠地斥责了他们一番。有人描述当时的情景说：“陛下从来没有如此愤怒过。”

“你们这些王公贵族都听好了，”古斯塔夫・阿道夫二世说，“你们这是在破坏自己的家园，给你们的祖辈抹黑！你们这些军官不分职务高低都在偷拿抢夺他人的财物。你们这是在欺凌自己的兄弟！你们的行为让我不齿！只有上帝知道我在看到你们的卑劣行径后是何等痛心疾首。是你们让我背上了骂名，人们会公开指责我说，‘看，这就是我们的国王，我们的朋友，但他对待我们比敌人还要残忍！’你们如果是真正的基督徒，就会明白我这是在做什么，我是在用生命为你们服务啊！为了你们，我放弃了所有的财富。然而，我从神圣罗马帝国得到了什么？连买一件烂衣服的钱都没有！”

古斯塔夫·阿道夫二世继续说道：“摸着你们的心想想吧，你们让我多么伤心。眼泪一直在我的眼眶里打转。你们不守军纪，我非常难过。不过，你们在战斗中的表现颇具绅士风度，对此我十分欣赏。但我对你们如此顽固地行事既痛心又苦恼。好了，请记住我的忠告。我们在不久的将来要告诉敌人，我们是诚实的人，是值得尊敬的绅士！”

一天，一个偷牛的下士被抓了。在把他交给宪兵队长时，古斯塔夫·阿道夫二世说道：“孩子，最好让我来惩罚你。这总比让上帝惩罚你、我及所有其他人要好吧。”

但这种状况不会持续下去。1632 年 9 月 3 日，古斯塔夫·阿道夫二世率军进攻阿尔布雷希特·冯·华伦斯坦的防线。一方面。尽管进攻方积极主动，但阿尔布雷希特·冯·华伦斯坦部署有方，防守得当，所以其防线很难突破。另一方面，古斯塔夫·阿道夫二世毕竟不是欧内斯特·冯·曼斯费尔德伯爵，而阿尔布雷希特·冯·华伦斯坦也没有像德绍桥战役时那样防守成功后冒险出击。

由于物资匮乏，古斯塔夫·阿道夫二世无法再在纽伦堡待下去了。这是他进入神圣罗马帝国以来第一次没有取得胜利的战斗。古斯塔夫·阿道夫二世让士兵们敲起军鼓、挥动战旗，然后大军浩浩荡荡地从阿尔布雷希特·冯·华伦斯坦的军营前撤离。但警惕的阿尔布雷希特·冯·华伦斯坦并没有出营同敌军作战。古斯塔夫·阿道夫二世刚刚离开，阿尔布雷希特·冯·华伦斯坦便解除了营地的防御警报。他心里很清楚，要追击敌人就必须先弄清楚敌人的弱点在哪里。他率军北上，在萨克森驻扎下来，任由士兵到处烧杀掠夺。只要他破坏力足够强大，没准还能动摇萨克森选帝侯约翰·乔治一世与瑞典人的联盟关系呢。

古斯塔夫·阿道夫二世只能奉陪到底了。阿尔布雷希特·冯·华伦斯坦希望自己能像在菲尔特那样在萨克森站稳脚跟。他想攻下托尔高和哈勒，这样就能扼守通往易北河和萨勒河的要道。再攻下埃尔福特和瑙姆堡，他就能彻底站稳脚跟了。但古斯塔夫·阿道夫二世会精心布防，对来犯之敌迎头痛击，就像威灵顿公爵阿瑟·韦尔斯利在托里什韦德拉什或他自己在韦尔本战役中采取的战术一样。

第 6 节 吕岑会战

阿尔布雷希特·冯·华伦斯坦在纽伦堡取得了胜利，但在萨克森没能将胜利延续下去。他还没有夺取攻打计划中的城池，就遭到了古斯塔夫·阿道夫二世的攻击。埃尔福特和瑙姆堡也因此幸免于难。古斯塔夫·阿道夫二世进入瑙姆堡城时，因不堪忍受阿尔布雷希特·冯·华伦斯坦层层盘剥而逃至该城的流民将他视为救世主，纷纷弯下腰来亲吻他的衣摆。如果可以的话，他定会拒绝他们这样做，因为他担心会受到上帝的惩罚。他是一介凡人，岂能获得如此超凡的荣耀。

萨克森的军队驻扎在托尔高，扼守着这一战略要地。阿尔布雷希特·冯·华伦斯坦屯兵吕岑，虽然扩张计划受阻，但他在吕岑精心布防，认为自己完全能抵御敌人的进攻。现在已是 11 月，他认为古斯塔夫·阿道夫二世小胜后会离开这里，让军队进行冬季休养。

在阿尔布雷希特·冯·华伦斯坦的军队中，勇敢的帕彭海姆伯爵帕戈特弗里德·海因里希是所有将士的偶像，在军中享有极高的威望。他向阿尔布雷希特·冯·华伦斯坦请命率一支军队前往莱茵主教区以牵制敌人。阿尔布雷希特·冯·华伦斯坦答应了他的请求，并命他伺机攻下哈勒。

在古斯塔夫·阿道夫二世看来，阿尔布雷希特·冯·华伦斯坦兵分两路是重大的战略失策。1632 年 11 月 16 日一大清早，古斯塔夫·阿道夫二世就出现在阿尔布雷希特·冯·华伦斯坦所在的吕岑。他非常清楚，既然要开战，那就必须进攻。阿尔布雷希特·冯·华伦斯坦则静观其变，战壕和掩体的后面是上好膛的枪炮及严阵以待的铁骑方阵，像阿尔玛战役①中的俄国人或滑铁卢战役中的英格兰人一样等待来犯之敌。阵地上浓雾弥漫，预示着一场恶战即将上演。瑞典军队早早地聚集在了一起，随着路德教赞美诗的曲调唱起了圣歌，“上帝是一座坚固的塔”。歌声在沉闷的空气中飘荡开来，古斯塔夫·阿道夫二世也加入了吟唱，“不要怕，孩子们”。这一句好像预示着屠杀即将到来一样，其他人则跟着唱道，“耶稣救世主就是死亡的征服者”。古斯塔夫·阿道夫二世将士兵递给他的盔甲扔到一边，因为不久前刚受过伤，戴着盔甲很不舒服，然后穿着便装跳上战马，在队伍里来回穿梭，鼓舞着士气。

11 时，大雾消散，太阳发出了耀眼的光芒。古斯塔夫·阿道夫二世向将军们发出了最后的命令。他仰望天空喊道：“上帝啊，现在

① 阿尔玛战役是克里米亚战争中的重要战役，时间是在 1854 年 9 月 20 日。——译者注

古斯塔夫·阿道夫二世仰望天空喊道："上帝啊，现在请允许我们以您的名义打这场圣战吧。"

请允许我们以您的名义打这场圣战吧。”然后，他挥剑举过头顶，高喊道：“冲啊！”大军冲向了敌阵，古斯塔夫·阿道夫二世冲在了右翼骑兵的最前面。经过一番激战，瑞典军队撕开了敌人的全部防线。但阿尔布雷希特·冯·华伦斯坦并没有认输，组织剩余的兵力，将从中路进攻的瑞典步兵打了回去。古斯塔夫·阿道夫二世获悉中路的战况后，马上飞奔过来解围。在处理生活中所有事情时，他比大多数人都明白如何寻找谨慎与勇敢之间的平衡点。但在战场上，他将谨慎行事丢在了风中。他策马在前面飞奔，身后的骑兵卫队拼尽全力也追不上他。浓雾再次降临了，单枪匹马的古斯塔夫·阿道夫二世于昏暗之中闯入了敌军的一支骑兵队伍中。一颗子弹击穿了他战马的脖子，一颗子弹击中了他的左臂。他转身让一个跟上来的卫兵把他带离战场，这时又一颗子弹击中了他的后背。他重重地摔倒在地。他身边只剩下

古斯塔夫·阿道夫二世的战马。在吕岑
会战中，他的战马的脖子被子弹击穿

了这个十八岁的卫兵。年轻人想把他背起来带走，但受伤的国王实在太重了，根本背不动。敌人的骑兵上前询问他们是什么人，年轻人还没有回答，古斯塔夫•阿道夫二世低声抢着回答道：“我是瑞典国王。”这名骑兵对着他的脑袋开了一枪，结束了他的痛苦。

萨克森－魏玛的伯恩纳德接过了瑞典军队的指挥权。帕彭海姆伯爵帕戈特弗里德•海因里希接到返回的军令后，急忙从哈勒往回赶。他率领骑兵飞奔，后面的步兵要花很长时间才能追上来。瑞典人听说他们爱戴的国王已经战死沙场，胸中无不充满着复仇之火。战斗随之打响。两军进入了长时间的拉锯战，场面极其惨烈。瑞典的一个团只有六分之一的战士没有受伤。帕彭海姆伯爵帕戈特弗里德•海因里希这位 17 世纪的格布哈德•勒伯莱希特•冯•布吕歇尔[①]，虽然能征善战，英勇无比，最终也难逃受到重创的命运。当初在白山战役中，他受伤严重，长时间昏迷不醒。这次醒来后，他告诉身边的人他到鬼门关走了一趟。再次闭上眼后，他再也没有醒过来。太阳快要落山时，帕彭海姆伯爵帕戈特弗里德•海因里希那支英勇的步兵团才赶了过来。但为时太晚，已经无法扭转战局。阿尔布雷希特•冯•华伦斯坦最终落败，只得下令撤退。

最应该收获胜利果实的那个人已经静静地躺在了地下。破坏斐迪南二世计划的使命实际上已经完成，《教会土地归还敕令》已经废除，新教权贵再次执掌北方主教区的政权。实际上，神圣罗马帝国已经名存实亡。神圣罗马帝国的诸侯和百姓如果想过上秩序井然的生活，就必须抛弃蒂利伯爵约翰•塞克拉斯和阿尔布雷希特•冯•华伦斯坦当

① 格布哈德·勒伯莱希特·冯·布吕歇尔（1742—1819），普鲁士王国元帅，瓦尔施塔特侯爵。他参加过多次重大战役，因积极进攻的指挥风格而享有“前进元帅”的美誉。1815 年 6 月 16 日，在里格尼战役中，他的十五万普军被法军重创。他损兵两万，自己也被击落马下，一度昏迷达四个小时。——译者注

古斯塔夫·阿道夫二世被子弹击中

道时强加给他们的旧秩序，并积极谋求新秩序。幻想古斯塔夫·阿道夫二世会重建神圣罗马帝国是徒劳无益的。古斯塔夫·阿道夫二世在许多方面与奥利弗·克伦威尔非常相似。他早就发现，牧羊要比治人容易，建立新秩序要比打破旧秩序更难。对他而言，有些困难是无法解决的。神圣罗马帝国诸侯之间的凝聚力太差，所以将他们紧密地团结在一起是很困难的。无论在萨克森还是在纽伦堡，古斯塔夫·阿道夫二世都有过无可奈何的经历。组建新教集团简直就像用沙子结绳，根本不可能实现。

从血统上讲，古斯塔夫·阿道夫二世称不上半个德意志人；从政治上讲，他根本就不是德意志人。在他心中，瑞典的利益永远放在第一位，别人也会这样去看他。首先，他要将波美拉尼亚据为己有，将其作为瑞典在波罗的海的防御门户。其次，他要组建新教集团，即神圣罗马帝国新教城市和新教诸侯联盟，以反对斐迪南二世的暴政。如果古斯塔夫·阿道夫二世当时的计划圆满实现，他一定会成为比拿破仑一世更伟大的人物。一个邦联性质的国家会应运而生。它当然不是以莱茵河为中心，而是以波罗的海为中心。对德意志人而言，古斯塔夫·阿道夫二世是外族人，但他对神圣罗马帝国新教兄弟所受的宗教迫害深表同情。在纽伦堡，他跟各路诸侯讲过一番肺腑之言：他怀着《荷马史诗》中的英雄阿喀琉斯的情怀，放弃了瑞典安逸的生活，进入神圣罗马帝国帮助他们，但他们薄情寡义，不愿支持他，这让他深感失望。像阿喀琉斯一样，古斯塔夫·阿道夫二世喜欢战争，喜欢的程度就像怀揣着兴奋去探险一般。但他想要得到的不仅是征服者的荣耀。在欧洲建立起凭借自身力量就可以免遭他国侵犯的新教集团是他有生之年的奋斗目标。他愿意为该事业及瑞典的强盛而奉献自己的生命。换言之，他为“能奉献生命而感到高兴”。

第 9 章 华伦斯坦之死与《布拉格和约》

第 1 节 法兰西王国对神圣罗马帝国内战的影响

古斯塔夫·阿道夫二世在吕岑会战阵亡后，神圣罗马帝国的状况就像伊巴密浓达在曼丁尼亚战死后[①]的希腊那样混乱不堪。“战后比

伊巴密浓达在曼丁尼亚战死

① 伊巴密浓达（公元前 418—公元前 362 年），古希腊城邦底比斯的将军与政治家。他领导底比斯脱离了斯巴达人的控制，逐渐将底比斯建设成一流强国。公元前 362 年，他率领盟军在曼丁尼亚战役中击败斯巴达、雅典及其盟邦，他本人也阵亡。——译者注

战前的情况更加糟糕，骚乱和冲突不断”。由于古斯塔夫·阿道夫二世膝下无子，六岁的幼女克里斯蒂娜自然就继承了父亲的王位。首相阿克塞尔·奥克森杰纳摄政，虽然聪敏机警，但没有古斯塔夫·阿道夫二世威严，难以服众。于是，军队中就有将军搞分裂，其中闹得最凶的是年轻的萨克森－魏玛的伯恩纳德。萨克森－魏玛的伯恩纳德想像阿尔布雷希特·冯·华伦斯坦那样在神圣罗马帝国诸侯中占有一席之地，希望能恢复萨克森家族昔日的辉煌，抹去萨克森家族曾因支持新教事业而受到查理五世惩罚的耻辱。他要求瑞典奖励那些曾经浴血奋战为国家赢得胜利的将士们，因为吕岑大捷后的整

古斯塔夫·阿道夫二世的幼女克里斯蒂娜

整一个冬天他们没有获得一点儿报酬。他还要求将由乌兹堡和班堡主教区组建而成的新公国法兰克尼亚划归给他。阿克塞尔·奥克森杰纳被迫同意了萨克森-魏玛的伯恩纳德的这些要求，并且承认了萨克森-魏玛的伯恩纳德法兰克尼亚公爵的身份。

古斯塔夫·阿道夫二世如果还在世，在深思熟虑后，一定会打消萨克森-魏玛的伯恩纳德做法兰克尼亚公爵的念头。萨克森-魏玛的伯恩纳德据有天主教区的领地会成为实现和平的巨大障碍，正如过去天主教势力占领北方新教区领地所造成的结果一样。因此，做好战争准备是非常必要的。虽然新教所有力量还不可能全部会聚到一起，但至少部分新教地区还是可以先联合的。1633 年 4 月 23 日，海尔布隆联盟成立。斯瓦比亚、法兰克尼亚、上莱茵及下莱茵四个大区与瑞典结成了一个相互支持的联盟。

海尔布隆联盟成立

萨克森选帝侯约翰·乔治一世脱离新教联盟的举动不难解释。他一直对凭借军事手段抢夺领土的行为深恶痛绝，曾公开反对巴拉丁选帝侯腓特烈五世在波西米亚抢夺领土。他甚至谴责阿尔布雷希特·冯·华伦斯坦在梅克伦堡的恶行。萨克森-魏玛的伯恩纳德对法兰克尼亚狮子大开口的要求也让他无法忍受。与此同时，他还发现，在这场旷日持久的战争中，法兰西王国介入的可能性大大增加了。

1631年，法兰西封建贵族反对王室的呼声高涨，但黎塞留支持王室的立场非常坚定。1631年3月，路易十三的弟弟奥尔良公爵加斯顿逃离法兰西。1631年7月，路易十三的母亲玛丽·德·美第奇也逃到了国外。在西属尼德兰流亡的玛丽·德·美第奇和奥尔良公爵加斯顿母子二人并未放弃篡位的图谋。他们与西班牙秘密结盟，同时和国内的贵族勾结，策划了无数次篡位的行动。黎塞留重拳出击，一次次粉碎了他们的阴谋。这些谋反者大多出自名门或身居要职。吉斯公爵亨利二世谋反失败后逃往意大利，最终客死他乡。掌玺大臣被捕入狱，最终死于狱中。黎塞留的一位官至法兰西元帅的亲戚也因谋反罪被送上了断头台。1632年夏，古斯塔夫·阿道夫二世在指挥他生前最后一次战役时，法兰西南部发生了大规模的叛乱，奥尔良公爵加斯顿自己也加入其中。这次叛乱真正的领导人是蒙特莫伦西公爵亨利二世。他是一名英勇的法兰西骑兵指挥官，但他的骑兵在战斗中被皇家步兵方阵层层包围，终因寡不敌众而败北，他自己也被处以绞刑。而奥尔良公爵加斯顿却被路易十三赦免，继续苟活于世。

黎塞留试图建立的政治模式还不是最完美的。在当时的法兰西王国，人们还不能接受自由表达意见是政府执政之基的理念。但从某种程度上讲，黎塞留主张的政治模式还是可圈可点的。为了突出王权专制的地位，他剥夺了一大批地方诸侯的权力。实际上，一旦王权受到

蒙特莫伦西公爵亨利二世被绞死

威胁和削弱，那么地方诸侯的权力迟早也会丧失殆尽。在发现地方诸侯也心存美好的愿景后，黎塞留成功促成了他们与国王的合作。在黎塞留的治理下，商业和工业慢慢发展起来了，文学与科学知识繁荣起来了。托马斯·科尔内耶在进行戏剧创作，勒内·笛卡尔在勇攀科学高地。1629 年，托马斯·科尔内耶的第一部戏剧登上了舞台。之后，他的名气越来越大。1636 年，伟大的诗剧《熙德》问世后，他的杰作接二连三地进入人们的视野。1637 年，勒内·笛卡尔在荷兰出版了首部著作，提出了形而上学原则。于是，在欧洲思想界，他名声大噪。

在法兰西广受欢迎的政策却未必能给神圣罗马帝国带来好处。16 世纪的宗教战争中，天主教和新教都认为自己的事业才是最正确的，不仅代表着国家的利益，还代表着世界的利益。阿尔瓦在尼德兰大肆迫害屠杀新教徒时，坚持认为血腥的统治方式对西班牙和尼德兰都有利。在欧洲战场上参加了上百次战斗的英格兰志愿兵认为他们在造福

托马斯·科尔内耶（1606—1684）

勒内·笛卡尔（1596—1650）

整个欧洲，而不仅仅是为英格兰服役。现在这一切都该结束了，长期的教派纷争该画上句号了。黎塞留应该站出来告诉全世界，天主教国家不应该挖空心思地去屠杀新教徒，因为有更伟大的事业等着它们去开创。但在 17 世纪，人们还不明白民族利益与世界利益息息相关这个道理。黎塞留搁置教派纷争的思想只用在了法兰西王国的内政上，其外交政策仍反映了他强硬和自私的宗教态度。古斯塔夫 · 阿道夫二世对神圣罗马帝国新教地区的遭遇充满了同情。而黎塞留根本不会同情新教徒和德意志民族的遭遇。他认为，哈布斯堡家族强大的势力是所有民族的不幸，因此日夜盼望着神圣罗马帝国走向衰落，这样一来，神圣罗马帝国就无力支持西班牙了。他同意法兰西王国加入海尔布隆联盟，但同时愿意和巴伐利亚选帝侯马克西米利安一世结盟。只要能实现分裂神圣罗马帝国的目的，他就无所不用其极。

对神圣罗马帝国的爱国志士来说，虽然古斯塔夫 · 阿道夫二世的计划看似不尽如人意，但他的初衷还是要为德意志人谋福利的。黎塞留就没想过在神圣罗马帝国建立任何新组织，只是将目光盯在了莱茵河左岸一带。特里尔选帝侯菲利普 · 克里斯托弗 · 冯 · 斯特恩既担心受到古斯塔夫 · 阿道夫二世的攻击，又怀疑西班牙是否有能力保护自己。因此，他只好向法兰西王国求助，允许一支法兰西军队驻扎在新建的埃伦布雷斯坦堡。埃伦布雷斯坦堡位于莱茵河与摩泽尔河交汇处的高地上，可以俯瞰科布伦茨的整个建筑群。洛林公爵查理四世投靠西班牙后，频频与奥尔良公爵加斯顿暗中勾结。1632 年夏，法兰西军队降服了洛林公爵查理四世。1633 年，洛林公爵查理四世的立场发生动摇。法兰西军队再次来攻，夺取了其都城南锡。黎塞留认为，这片属于神圣罗马帝国的古老边境是不应该抵制法兰西国王的。

特里尔选帝侯菲利普·克里斯托弗·冯·斯特恩（1567—1652）

洛林公爵查理四世（1604—1675）

第 2 节　阿尔布雷希特·冯·华伦斯坦谋求和平

在《海尔布隆盟约》签署前，萨克森选帝侯约翰·乔治一世与阿尔布雷希特·冯·华伦斯坦进行了和平谈判。和平有望于 1633 年 6 月实现。双方约定的和平条件是：撤销《教会土地归还敕令》，波罗的海沿岸的几个地方割让给瑞典，巴拉丁一部分地区还给腓特烈五世的世子亨利·腓特烈。但亨利·腓特烈已于 1629 年冬天死去，于是和谈达成前的一大障碍排除了。然而，究竟采取什么样的赔偿形式悬而未决。

对诸如萨克森－魏玛的伯恩纳德这样的冒险分子来说，这样的和平无疑是难以接受的。然而，神圣罗马帝国的新教诸侯能从中获得期盼已久的东西。哈布斯堡家族也可以抓住最后一次为民族利益而奋战的机会，团结一切可以团结的力量，共同抵御外敌入侵。

但在现实生活中，这种珍贵的机会鲜有被捕捉到的时候。斐迪南二世如果真的抓住这种机会，并登高振臂一呼，那么早就是名副其实的帝国统治者了。他的亲信拉莫尔曼神父坚决反对阿尔布雷希特·冯·华伦斯坦做出某些让步的建议，而斐迪南二世对拉莫尔曼神父则言听计从。

阿尔布雷希特·冯·华伦斯坦即使对斐迪南二世忠心耿耿，仍然无法接受这样的反对意见，更何况他另有所图呢。他提议，如果将巴拉丁的土地还给巴拉丁人有困难，可以将这些土地连同周边的一些土地交给他来统治。这也是对他永远失去梅克伦堡的一种合理补偿。他自认为这会是一个令各方都满意的解决方案，但事实上各方都不满意。甚至在 1632 年曾支持过他的西班牙人也对他敬而远之。西班牙人不愿意看到意大利和西属尼德兰之间突然崛起一支强大的力量，从而阻断他们的行军路线。

困难越大，阿尔布雷希特·冯·华伦斯坦克服困难的决心越能被激发。他将自己的军队视为神圣罗马帝国的一支新生力量。在这支军队中，他呼风唤雨，唯我独尊，于是就把自己想象成了一位乾纲独断的独立国家的统治者。如果斐迪南二世能像 1630 年听从巴伐利亚公爵马克西米利安一世和拉莫尔曼神父的意见那样，于 1633 年接受西班牙人和拉莫尔曼神父所提建议的话，那么阿尔布雷希特·冯·华伦斯坦就会出面强迫他拿出一个更明智、可行的解决方案。1633 年 8 月底前，阿尔布雷希特·冯·华伦斯坦不管斐迪南二世是否同意，就与阿克塞尔·奥克森杰纳举行了一次会谈。阿尔布雷希特·冯·华伦斯坦希望在阿克塞尔·奥克森杰纳的支持下，相关各方能够相互妥协，达成共识。但他忘了一点，相关各方只有在信任提议者的前提下才会接受其提议。他诡计多端，不被信任。阿克塞尔·奥克森杰纳非常谨慎地对他说，如果他想与瑞典一起反对斐迪南二世，那他最好先采取行动以表决心。

这次是否真想反对斐迪南二世？阿尔布雷希特·冯·华伦斯坦是不可能说出的。他思维缜密，制定计划时总能做到滴水不漏，但很明显他的处境依然非常尴尬。如果没有任何一方信任他，他怎么能促成各方达成和平共识呢？

如果大家都不信任他，他就得让大家都害怕他。于是，他率大军直逼西里西亚和萨克森边境，一边威胁瑞典驻军，一边再次向西里西亚和萨克森开出了和平条件。

然而，阿尔布雷希特·冯·华伦斯坦不可能无处不在。西里西亚和萨克森尚在犹豫不决之时，萨克森－魏玛的伯恩纳德率军攻入了雷根斯堡，然后在这座距奥地利边境不远的要塞驻扎了下来。阿尔布雷希特·冯·华伦斯坦立刻率军掉头南下，以防萨克森－魏玛的伯恩纳德继续向前攻城略地。不过，他并未采取任何军事行动去夺回被占领地。他对战争已经感到厌倦了。首次担任神圣罗马帝国军队统帅时，他的目标就是借斐迪南二世的名义打倒所有反对势力。然而，他对目前形势的判断十分准确，没有走过去的老路。他很清楚，只有让各方势力相互制衡，他才能蓄积力量。他说：“皇帝赢十场胜利也不会有什么好处，但一次失败就足以将他击溃。”1633 年 12 月，阿尔布雷希特·冯·华伦斯坦率军返回了波希米亚。

阿尔布雷希特·冯·华伦斯坦陷于卡珊德拉[①]式的处境：他比全世界的人都聪明，但偏偏没有一个人相信他；他拥有超凡的智慧，但难以拨动人们的心弦，激起人们的同情。数月以来，反对他的势力渐渐得到了维也纳宫廷的支持。这些反对势力包括：与他意见总是相左的战争部官员、对异教徒根本无法容忍的耶稣会教士、认为雷根斯堡周边地区应该加强防御的巴伐利亚公爵马克西米利安一世及其支持者、不愿听到所有重要事情都由阿尔布雷希特·冯·华伦斯坦独断的西班牙人。

西班牙人对阿尔布雷希特·冯·华伦斯坦的反对之声与日俱增。1620 年，西班牙曾援助过同属哈布斯堡家族的神圣罗马帝国，现在希望神圣罗马帝国能有所回报。已经攻占洛林的黎塞留正向阿尔萨斯挺进。西班牙人确实不想看到阿尔布雷希特·冯·华伦斯坦入驻巴拉丁，但更不想看到法兰西军队占领阿尔萨斯。阿尔布雷希特·冯·华伦斯坦并不关心西班牙人心里想的这些小九九，只是一味按自己的意

① 卡珊德拉是希腊、罗马神话传说中的特洛伊公主、阿波罗的祭司。神蛇以舌为她洗耳后，她拥有了预言能力，但不愿顺从阿波罗的意愿，结果阿波罗让她的预言不为人所信。特洛伊战争后她被阿伽门农俘虏，后被克吕泰涅斯特拉杀害。——译者注

愿行事。他既不想看到阿尔萨斯和洛林被法兰西人占领，也不想看到阿尔萨斯和洛林有西班牙军队驻守。

阿尔布雷希特·冯·华伦斯坦基于不同政见所做的决定经常会被误认为是在针对某一个人。斐迪南二世的长子匈牙利国王斐迪南娶了西班牙公主玛丽亚·安娜。玛丽亚·安娜是西班牙国王腓力四世的妹妹，曾与英王查理一世有过婚约。玛丽亚·安娜有个弟弟也叫斐迪南，因兼有教职，被称为“红衣主教亲王”。不久前，红衣主教亲王斐迪南被任命为西属尼德兰总督。他准备率军出意大利，穿过神圣罗马帝国，前往布鲁塞尔。因此，他希望阿尔布雷希特·冯·华伦斯坦到时能行个方便。但阿尔布雷希特·冯·华伦斯坦拒绝了他的请求。从纯军事角度看，阿尔布雷希特·冯·华伦斯坦的做法本无可厚非，但西班牙人非但不这么看，反倒认为他嫉妒西班牙在神圣罗马帝国西部的影响力。

匈牙利国王斐迪南与妻子西班牙公主玛丽亚·安娜（1606—1646）

1633 年 12 月，阿尔布雷希特·冯·华伦斯坦从雷根斯堡回来后，反对派就给斐迪南二世施加了巨大的压力。与往常一样，斐迪南二世在两条路线之间摇摆不定，难以决断。是按阿尔布雷希特·冯·华伦斯坦的计划向新教诸侯做出巨大让步还是听从西班牙的建议与法兰西王国和新教诸侯斗争到底呢？斐迪南二世不置可否。但无论斐迪南二世这次的决定是什么，对阿尔布雷希特·冯·华伦斯坦来说，都不重要了。他已下定决心在德意志地区实现和平，如能获得皇帝的支持则更好，如不能他将独自去完成这一使命。

阿尔布雷希特·冯·华伦斯坦非常清楚，计划能否成功实施取决于他是否握有军权。1634 年 1 月，他麾下的三位大将奥塔维奥·皮科洛米尼、马蒂亚斯·加拉斯[①]和约翰·冯·奥尔德林格表示，愿意随他南征北战。暂且不管他们的保证是否可信，阿尔布雷希特·冯·华伦斯坦认为自己必须对未来满怀信心。事实上，三位大将和阿尔布雷希特·冯·华伦斯坦都不清楚他们究竟会走向何方。就目前而言，他们只需向斐迪南二世施压，迫使斐迪南二世接受和平这一仁爱明智之举。

第 3 节 反对阿尔布雷希特·冯·华伦斯坦的计划

西班牙大使奥尼亚蒂伯爵伊尼戈·维莱斯·德·格瓦拉开始变得不安起来。他觉得阿尔布雷希特·冯·华伦斯坦正在酝酿一个疯狂的

① 马蒂亚斯·加拉斯（Matthias Gallas，1584—1647），神圣罗马帝国陆军元帅，先后封坎波伯爵、卢塞拉公爵。在三十年战争中，他先是在蒂利伯爵约翰·塞克拉斯麾下任职，后在阿尔布雷希特·冯·华伦斯坦麾下任陆军元帅。后来，他积极参与刺杀阿尔布雷希特·冯·华伦斯坦的计划，并立下功劳，从而取得了阿尔布雷希特·冯·华伦斯坦在弗里德兰的领地。——译者注

奥塔维奥·皮科洛米尼（1599—1656）

计划，虽然具体内容不得而知，但肯定对天主教和哈布斯堡家族不利。但糟糕的是，斐迪南二世盲目听信阿尔布雷希特·冯·华伦斯坦，对他毫无防备。奥尼亚蒂伯爵伊尼戈·维莱斯·德·格瓦拉就如此评论过皇帝，“我要不帮这个昏君，他就会死在我怀里”。

奥尼亚蒂伯爵伊尼戈·维莱斯·德·格瓦拉在 1634 年 1 月底的感受就是如此。不过，后来的消息让他明白实际情况比他想象的还要糟糕。阿尔布雷希特·冯·华伦斯坦一直勾结波西米亚流亡者。在黎塞留的授意下，波西米亚流亡者答应将十四年前从可怜的腓特烈五世那里夺来的王冠戴到阿尔布雷希特·冯·华伦斯坦的头上。当然，传言中不乏夸张之处。阿尔布雷希特·冯·华伦斯坦虽然确实听过波西米亚流亡者提出的各种建议，但可以肯定地说，他并没有接受。他也没有向斐迪南二世提及此事。他将许多类似的秘密藏在心中，会根据自己的需要决定拿不拿这些东西说事。

奥尼亚蒂伯爵伊尼戈·维莱斯·德·格瓦拉相信最糟糕的情况会发生，但对他来讲，最糟糕的情况就是最好的情况。他先后会见了首席大臣汉斯·乌利奇·冯·埃根伯格和斐迪南二世。如果缺乏证据，人们可能不会相信。但奥尼亚蒂伯爵伊尼戈·维莱斯·德·格瓦拉这次像往常一样提供了很多证据。这些证据表明阿尔布雷希特·冯·华伦斯坦已经脱离帝国的约束，正在独自采取行动。

长期以来，斐迪南二世一直夹在这两股水火不容的势力之间。对阿尔布雷希特·冯·华伦斯坦向萨克森选帝侯约翰·乔治一世提出的和平条件，斐迪南二世没有做过任何回应。他说，他一直在斟酌要不要拒绝阿尔布雷希特·冯·华伦斯坦的提议，日思夜想的都是这件事。维也纳的天主教会则不停地向上帝祷告，希望上帝能促使斐迪南二世做出明智的选择。

斐迪南二世最终不再犹豫，决定与西班牙联盟，将战争推进下去。这就意味着他得首先收回阿尔布雷希特·冯·华伦斯坦的军权。但事情说起来容易做起来难。斐迪南二世起草了一份声明，内容是要解除阿尔布雷希特·冯·华伦斯坦的军权，命马蒂亚斯·加拉斯担任临时统帅。如果一切进展顺利，斐迪南二世最终还是想将帝国军队的统帅大权交给自己的儿子——年轻的匈牙利国王斐迪南。

马蒂亚斯·加拉斯

但这份声明迟迟没有公开，因为公开就会招致叛乱，后果不堪设想。斐迪南二世的当务之急是争取军队主要将领的支持。1634 年 2 月初，奥塔维奥·皮科洛米尼和约翰·冯·奥尔德林格均表示会与阿尔布雷希特·冯·华伦斯坦决裂，誓死效忠皇帝。中级军官们毫无疑问也都不愿再为老谋深算的阿尔布雷希特·冯·华伦斯坦卖命，而是更愿意在缺少经验的匈牙利国王斐迪南麾下服役。这样一来，他们就有更多建功立业的机会了。奥塔维奥·皮科洛米尼和约翰·冯·奥尔德林格答应接管阿尔布雷希特·冯·华伦斯坦的军队，并将阿尔布雷希特·冯·华伦斯坦押送回维也纳，接受帝国法庭叛国罪的指控。

在奥尼亚蒂伯爵伊尼戈·维莱斯·德·格瓦拉看来，这样做尚不成熟。他说，与其将阿尔布雷希特·冯·华伦斯坦押回维也纳，不如将他直接杀死。后来的事实证明确实如此。1634 年 2 月 7 日，奥塔维奥·皮科洛米尼和约翰·冯·奥尔德林格前往皮尔森，打算抓捕阿尔布雷希特·冯·华伦斯坦。但他们发现阿尔布雷希特·冯·华伦斯坦的将士们对他忠贞不二，于是就没敢轻举妄动。

阿尔布雷希特·冯·华伦斯坦的成功之处在于他非常善于团结下层将士。1634 年 2 月 19 日，他将所有的上校召集到身边，向他们保证，他会解决好维持军队运转的经费问题；他正在跟斐迪南二世索要补偿，他们尽可放心。通过此举，阿尔布雷希特·冯·华伦斯坦迅速稳定了军心。他告诉将士们，那些说他企图改变信仰并攻打斐迪南二世的言论纯属捏造。事实上，他非常渴望实现和平。和平对斐迪南二世及整个神圣罗马帝国来说有百利而无一害。因为宫廷里有些人反对他的和平提议，所以他想先征求一下将士们的看法。不过，他首先必须弄清楚将士们是否真的愿意支持他，因为他知道军队中有些人一直想看他闹笑话。

这已经不是阿尔布雷希特·冯·华伦斯坦第一次通过发动上校们自救了。一个月前，当得知斐迪南二世有意疏远他的消息后，他发动所有上校联名签署了一份支持自己的承诺书，很快便排除了将士们对他可能会被免职的猜测。1634 年 2 月 20 日，在一份新的协议上，阿尔布雷希特·冯·华伦斯坦写下了绝不反对皇帝或天主教的承诺，而上校们也签上了自己的名字，承诺保护阿尔布雷希特·冯·华伦斯坦免遭敌人的暗算。

第 4 节 暗杀阿尔布雷希特·冯·华伦斯坦

因此，阿尔布雷希特·冯·华伦斯坦希望借助军队向斐迪南二世施压，强迫他在和平协议上签字。萨克森选帝侯约翰·乔治一世早已答应与他联合了；1634 年 2 月以来，他还一直在争取阿克塞尔·奥克森杰纳和萨克森-魏玛的伯恩纳德加入他的阵营。如果战场上所有军队都选择了和平路线，那么斐迪南二世将不得不放弃西班牙，并接受和平方案。这时，阿尔布雷希特·冯·华伦斯坦如果不冒险一搏，将被奥尼亚蒂伯爵伊尼戈·维莱斯·德·格瓦拉置于死地。连续好几周，西班牙人都在忙着策反阿尔布雷希特·冯·华伦斯坦的上校们。为了

1634 年的阿克塞尔·奥克森杰纳

将上校们争取过来，西班牙人不惜花费重金，并许以加官晋爵的承诺。很快，又有两名重要将领被朝廷争取过来。1634 年 2 月 18 日，即皮尔森会议召开的前一天，朝廷再次发布公告，指控阿尔布雷希特•冯•华伦斯坦犯有叛国罪，宣布正式免去其军权。在尚未收到该消息前，阿尔布雷希特 • 冯 • 华伦斯坦就已经打算于 1634 年 2 月 21 日在布拉格附近的白山召开一次大型会议，希望能把自己的想法告诉更多的人。然而，他过高估计了军队对他的忠诚。布拉格的驻军拒不服从他的命令，守城士兵和市民都宣称拥护皇帝。他只好故伎重施，说道：“我能给你们带来和平。”然后又补充道：“上帝是正义的。”这仿佛是在说，如此伟大的事业一定会得到上帝的帮助。

阿尔布雷希特 • 冯 • 华伦斯坦非但没有绝望，反倒命令上校们到埃格尔来见他，想让他们知道他所做的一切都是在为斐迪南二世考虑。

17 世纪初的埃格尔

现在，他终于有希望得到其他人的帮助了。事实上，谨慎的阿克塞尔•奥克森杰纳在阿尔布雷希特・冯・华伦斯坦没有明确宣布反对斐迪南二世时是不会帮助他的。萨克森－魏玛的伯恩纳德同样谨慎了一段时间，在 1634 年 2 月 21 日的皮尔森会议上，他才得知斐迪南二世已经收回阿尔布雷希特・冯・华伦斯坦的军权。尽管心存疑虑，但他还是率军向埃格尔进发了。

1634 年 2 月 24 日，阿尔布雷希特・冯・华伦斯坦抵达埃格尔。很难说他究竟会以怎样的方式摆脱目前的困境，也不知道他对当前的道路是否有清晰的认识。阿尔布雷希特・冯・华伦斯坦希望在埃格尔不仅能看到萨克森－魏玛的伯恩纳德还能看到汉斯•格奥尔格•冯•阿尼姆－博伊岑堡。这就表明他仍幻想着调遣神圣罗马帝国的所有军队，以此捍卫他提出的和平方案。然而，他的方案无论多么伟大，都注定要失败。阿尔布雷希特•冯•华伦斯坦麾下有一位沃尔特•巴特勒上校。他是爱尔兰天主教徒，不喜欢与瑞典和萨克森的新教徒打任何交道。这时，他接到了奥塔维奥・皮科洛米尼的命令——杀死或活捉阿尔布雷希特・冯・华伦斯坦。虽然奥塔维奥・皮科洛米尼并未接到朝廷的指示，但所有忠于斐迪南二世的人都会萌生这样的想法。阿尔布雷希特・冯・华伦斯坦作为神圣罗马帝国将军，居然要借助敌对势力去迫使斐迪南二世选择他的和平方案。该做法本身已经超出法律的边界。

暗杀阿尔布雷希特•冯•华伦斯坦不是沃尔特•巴特勒上校的决定。埃格尔的守将是苏格兰军官沃尔特・莱斯利和约翰・戈登。他们是新教徒，本来同情阿尔布雷希特・冯・华伦斯坦。但此刻，军人的自尊让他们不再同情对方。1634 年 2 月 25 日早上，阿尔布雷希特・冯・华伦斯坦的一位支持者前来拜访沃尔特・莱斯利和约翰・戈登，劝他们唯阿尔布雷希特・冯・华伦斯坦之命是从。约翰・戈登回答道：“我

爱尔兰上尉德弗罗被委以重任，带着几名士兵，
闯入了阿尔布雷希特·冯·华伦斯坦的寝室

已经发誓效忠皇帝了，谁能让我背叛誓言？”来者回答道：“你自己！你又不是帝国的人，能和帝国有什么关系呢？”然而，沃尔特·莱斯利和约翰·戈登根本不为所动。当天下午，他们就和沃尔特·巴特勒聚在一起，共商大计。一向沉默寡言的沃尔特·莱斯利率先说道：“我们杀掉那些叛徒吧。”当晚，他们宴请了阿尔布雷希特·冯·华伦斯坦的主要支持者，并将他们全部诛杀。对于是否应该杀掉阿尔布雷希特·冯·华伦斯坦，他们进行了短暂而激烈的争论。他们知道萨克森-魏玛的伯恩纳德的军队很快就到，所以必须抓紧时间动手了。爱尔兰上尉德弗罗被委以重任，带着几名士兵，闯入了阿尔布雷希特·冯·华伦斯坦的寝室。准备就寝的阿尔布雷希特·冯·华伦斯坦见状大惊，刚喊了一声“叛徒恶棍”，胸口便中了致命的一剑。这位大脑始终高速运转的伟大谋略家永远安歇了。

阿尔布雷希特·冯·华伦斯坦联合了各种势力，运用了各种手段，最终还是没有获得他想要的和平。但尤利乌斯·恺撒、奥利弗·克伦威尔和拿破仑一世等名将凭借军事实力拥有了至高无上的权力。不过，他们都曾做过各自国家的首脑，能够制定和执行强有力的国策。阿尔布雷希特·冯·华伦斯坦虽然意欲改变整个德意志民族的政治命运，但从始至终不过是一介武夫而已。因此，他的计划注定会失败。阿尔布雷希特·冯·华伦斯坦在神圣罗马帝国找不到相应的国家机构担任要职，甚至都没有机会去新建这样的国家机构，这也许是他事业失败的原因吧。

尽管阿尔布雷希特·冯·华伦斯坦有许多缺点，但在三十年战争中，能救神圣罗马帝国于危难之际的只有他。一位伟大的诗人创作了一系列诗剧来记录和歌颂阿尔布雷希特·冯·华伦斯坦在神圣罗马帝国动荡时期极不平凡的一生。他对阿尔布雷希特·冯·华伦斯坦评价如此

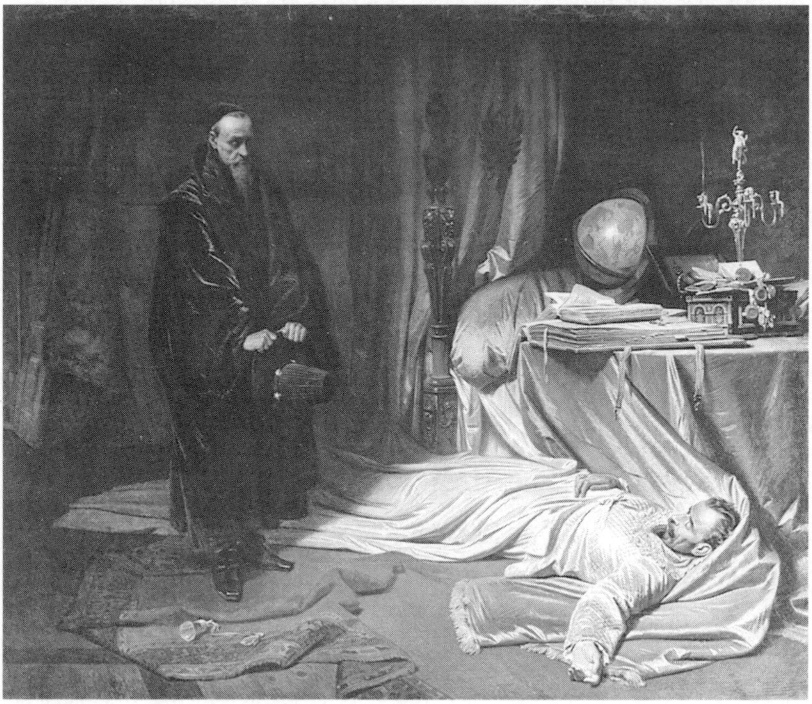

阿尔布雷希特·冯·华伦斯坦被杀

高不无道理。古斯塔夫•阿道夫二世的口碑固然比阿尔布雷希特•冯•华伦斯坦好很多，至少他力图将神圣罗马帝国新教徒从受压迫状态下解救出来的功绩是不可抹杀的；而相比之下，阿尔布雷希特・冯・华伦斯坦在军事和政治上的成就却渐渐被人们淡忘了。但不要忘了，古斯塔夫・阿道夫二世不是神圣罗马帝国的民族英雄，而是整个欧洲新教的英雄。他领导的新教集团是德意志人面对邪恶时的最优选择。而阿尔布雷希特・冯・华伦斯坦的疯狂计划虽然因渗透着军事暴力而无法实施，但他是致力于德意志民族统一大业的。不过，用他的方法是无法统一神圣罗马帝国的。效忠斐迪南二世的同时还能享有宗教信仰自由简直就是痴人说梦，就像打破现有的政治权力均势、建立一个美好的新世界一样无望。然而，在随后漫长的混乱岁月中，人们还是应该记住，曾经有一位超级英雄毕生都在与宗教压迫和民族分裂思想做着不懈的斗争。

第 5 节 帝国的胜利与《布拉格和约》

处决也好，谋杀也罢，无论我们怎样去定性阿尔布雷希特•冯•华伦斯坦之死，哈布斯堡家族似乎都是最终的大赢家。神圣罗马帝国军队进行了重组，统帅换成了斐迪南二世的儿子，即匈牙利国王斐迪南。红衣主教亲王斐迪南率领一支大军准备穿过提洛尔加入神圣罗马帝国军队。这时，有的诸侯信念坚定，盼望统一；有的诸侯犹豫不决，希望保持目前的分裂状态。萨克森选帝侯约翰・乔治一世一直没有加入海尔布隆联盟，仍怀有侥幸心理，希望斐迪南二世能同意阿尔布雷希特•冯•华伦斯坦向他承诺过的和谈条件，尽管阿尔布雷希特•冯•华伦斯坦已经不在人世。不少将军处于积极的备战状态，但他们的目

红衣主教亲王斐迪南（约 1610—1641）

的却不尽相同。勇敢急躁的萨克森－魏玛的伯恩纳德与谨小慎微的瑞典军队指挥官古斯塔夫·霍恩的想法就不相同，但他们都认为阿克塞尔·奥克森杰纳有点儿玩忽职守，没有提供足够的军费。

正如人们所预料的那样，神圣罗马帝国军队很快便取得了辉煌战果。1633 年被萨克森－魏玛的伯恩纳德攻取的雷根斯堡于 1634 年 7 月向匈牙利国王斐迪南投降。接着，多瑙沃特沦陷，诺德林根被封锁。1634 年 9 月 2 日，红衣主教亲王斐迪南又率领一万五千大军赶来参加围攻。面对围城大军，诺德林根守军在兵力上完全处于劣势。萨克森－魏玛的伯恩纳德迫不及待地要和敌人一决高下，虽然古斯塔夫·霍恩一再提醒他要谨慎行事，但他就是不听。古斯塔夫·霍恩最终只好同意与敌人进行阵地战。1634 年 9 月 6 日，战斗正式打响。最后，古斯塔夫·霍恩被俘，萨克森－魏玛的伯恩纳德的军队被击退，一万士兵阵亡，六千士兵被俘。反观神圣罗马帝国军队，只有一千两百名士兵战死。

自三年前布雷滕费尔德战役爆发后，像诺德林根战役这类规模的战役再也没有发生过。布雷滕费尔德战役后，北方新教诸侯收复了新教教区；诺德林根战役后，南方天主教诸侯恢复了天主教教区。随着神圣罗马帝国军队的进攻，萨克森－魏玛的伯恩纳德的法兰克尼亚公国也消失了。1635 年春天来临前，整个神圣罗马帝国南方除几座军事要塞外，其余地方都被神圣罗马帝国军队收复了。红衣主教亲王斐迪南又能前往布鲁塞尔了。他承诺会在途中做些有利于神圣罗马帝国的事情。

单凭武力取胜永远不会结出正果。正如 1622 年的蒂利伯爵约翰·塞克拉斯与 1626 年、1627 年的阿尔布雷希特·冯·华伦斯坦在取得胜利后的遭遇一样，1634 年、1635 年的匈牙利国王斐迪南虽然

红衣主教亲王斐迪南（右）与匈牙利国王斐迪南亲临诺德林根前线

不断攻城略地，接连取胜，但德意志人对斐迪南二世的信心仍然不足。一个缺少凝聚力的民族在屡遭战争摧残后，其国门会大开，从而招致更多外国军队的入侵。1622 年后，丹麦国王克里斯蒂安四世率军入侵；1627 年后，瑞典国王古斯塔夫·阿道夫二世率军入侵。1634 年后，黎塞留嗅到了入侵的机会。法兰西王国和支离破碎的海尔布隆联盟之间的关系变得密切起来。海尔布隆联盟的军队的开销由法兰西王国全额提供。海尔布隆联盟曾经空空如也的金库现在充盈了。谁拎着钱袋子，谁就握住了权杖。神圣罗马帝国南方和西部地区的诸侯们无论是否愿意接受现实，都在慢慢地沦为围着巴黎转的附庸。

德累斯顿受制于法兰西王国的这种屈辱感最强烈。诺德林根战役彻底破碎了萨克森选帝侯约翰·乔治一世脑海中阿尔布雷希特·冯·华伦斯坦许诺的美好愿景。而斐迪南二世也从中学到了一些宝贵的经验。他虽然不想在语言上过多地表达他愿意做出一些牺牲的意图，但基本默认了《教会土地归还敕令》是无效敕令。不过，他拒绝接受神圣罗马帝国回到战前状态这一条件，提议将 1627 年的状态定为神圣罗马帝国的新起点。这就意味着，北方大部分天主教区将归新教所有，巴拉丁教区也将永远归新教所有，而哈尔伯斯塔特教区则归天主教所有。为补偿萨克森选帝侯约翰·乔治一世于 1620 年为帝国而战所遭受的损失，斐迪南二世曾将卢萨蒂亚暂时赐给他，但这次要将之永久赐给他，但要求帝国军队入驻西里西亚。最后，只有路德教被视为享有特权的宗教，而黑森－卡塞尔和其他加尔文教诸侯国根本没有得到安全保障。1635 年 5 月 30 日，斐迪南二世和萨克森选帝侯约翰·乔治一世派出的代表在布拉格签署了包含以上条款的和约。该和约不仅是一份独立的条约，而且是全面和平的新起点。大多数诸侯国和城邦尽管仍有保留意见，但还是接受了和约，并承诺愿意在《布拉格和约》的框架下承认斐迪南二世至高无上的地位。然而，并不是所有的人都对《布拉格和约》感兴趣，战争也不可能因为一纸条文而结束。斐迪南二世与新教臣民之间的情感纽带已经严重断裂，遗忘加宽恕的庄严承诺并不能使整个民族真正团结起来，就更不用谈共同抵御外敌入侵了。北方的新教诸侯可能会认为，为维护南方新教诸侯的利益而一味地依赖瑞典与法兰西王国等外国势力会付出高额代价。因此，是否与斐迪南二世继续斗争下去就成了一个值得思考的问题。但以目前《布拉格和约》中的条款来看，他们无论如何是不会为斐迪南二世卖命的。

如果《布拉格和约》不能使其支持者受益，那么那些非受益者则更有可能被推向敌人的怀抱。斐迪南二世曾向海尔布隆联盟领导人做出承诺：如果投降，就可享有优厚的待遇。但事实上，他们并未被列入优待名单。黑森－卡塞尔伯爵威廉五世也因信奉加尔文教而被排除在优待名单之外。这些人发发牢骚情有可原。但还有一些人要么像萨克森－魏玛的伯恩纳德那样不停地捞取私利，要么千方百计地为自己的百姓谋取福利，他们不讲是非，只认利益。

因此，许多诱发战争的因素仍然存在，只不过发动战争的理由不像过去那么崇高罢了。斐迪南二世和巴伐利亚公爵马克西米利安一世的理想已经不复存在；天主教会不再想着要收复其失去的财产；帝国不再想着恢复曾经的尊严；古斯塔夫·阿道夫二世建立新教政体的梦想已经破灭；阿尔布雷希特·冯·华伦斯坦通过武力实现民族统一的理想也成了过眼烟云。在接下来的战争中，法兰西王国－瑞典阵营与神圣罗马帝国－西班牙两大阵营成为主角。在满目疮痍的神圣罗马帝国土地上，它们将展开新一轮的厮杀。战争全面升级为哈布斯堡王朝与波旁王朝之间的冲突了，原先引发战争的神圣罗马帝国南方地区新教诸侯的利益问题几乎没人提起了。

战争从一开始就带给百姓巨大的灾难，而且情况还在日益恶化。交战双方的军队与交战地区的平民打交道时，根本就没有什么军纪可言。士兵对待平民的态度就像野蛮人对待牲畜一样。正如一位当代学者所言：“他们遇到富人就抢夺钱财，遇到穷人就百般折磨。”惨绝人寰的暴行随时随地上演：有的人被赤身裸体地赶到了街上，他们的血肉之躯上不是布满缝衣针，就是被锯子割开，露出了森森的白骨；有的人不是被沸水浇身，就是被凶猛的猎狗撕咬。在乡村，每天重复着城市里发生的一幕幕恐怖场景。除这些暴行外，战争本身给百姓造成的创伤也是巨大的。在攻占诺德林根后，神圣罗马帝国军队围攻奥格斯堡。一开始，城里有七万勤劳的人民。但七个月后，城里仅剩一万余人。最后，饥饿难耐、形容憔悴的市民向征服者敞开了城门，昔日繁华的商业都市沦为穷乡僻壤。

如何能将当时恐怖的生活场景再现出来呢？1636 年，英格兰使团的一位成员在穿越神圣罗马帝国时记录下了一些场景。他们从科隆逆莱茵河而上——现在，游客们非常熟悉这条路线，经过了“许多被掠夺、摧毁了的村庄”。再往前走，他们看到“驻守埃伦布雷斯坦的法兰西军队正向刚刚攻下科布伦茨的神圣罗马帝国军队开火。镇上的人们如果探头朝窗外看，就有可能被飞来的子弹击中。”越往南走，情况就变得越糟糕。在巴哈拉赫，“我们看到饿死在路边的穷人。他们的嘴里塞满了草叶”。在吕德斯海姆，“许多人正在一所破旧的小房子里为死去的人祷告。大使先生向它们提供了一些救济。这些可怜的人曾遭到暴力侵犯，几乎都要快饿死了”。在美因茨，“大使先生被迫待在船上，以求自保，因为美因茨已经被瑞典大军攻占，受损严重……这里的情况同样糟糕，穷人都快饿死了。曾经救济别人的人现在却要卑微地等待别人来救济自己。晚上，终于有船靠岸，送来了救

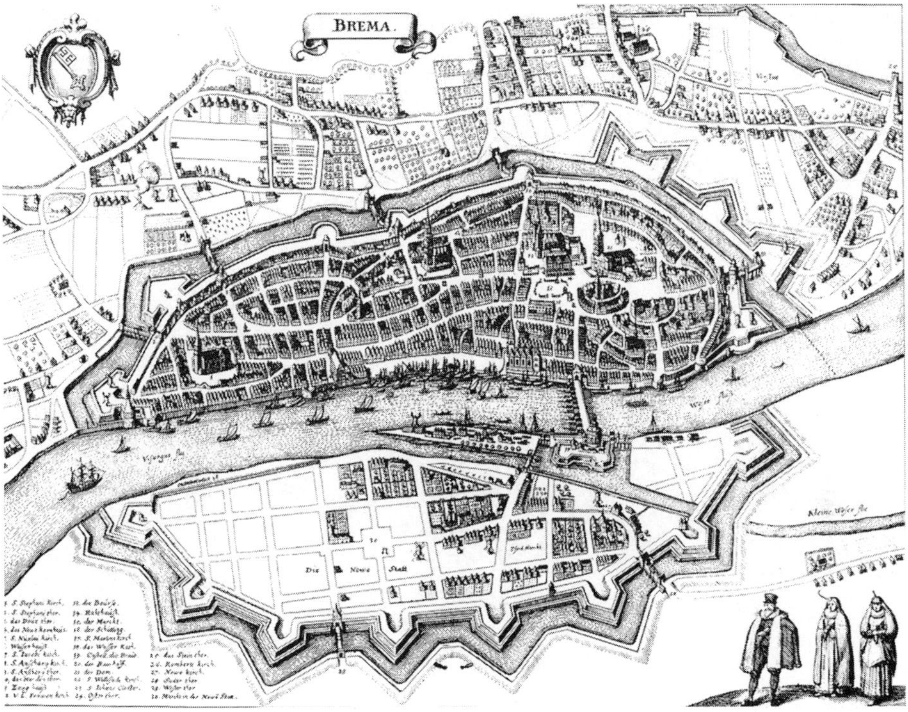

三十年战争时期的诺伊施塔特

济。人们拼命冲上前去争抢。有些人跌进莱茵河，生生被河水吞噬了”。逆美因河而上，“一路上都是被掠夺的村庄、烧毁的城镇和摧垮的城堡”。离开乌兹堡，英格兰使团经过许多被掠夺的村庄，最后到达了诺伊施塔特。“这里曾是一座美丽的城市，现在只剩下断壁残垣。”可怜的孩子们“坐在门前，饿得奄奄一息”。大使先生给了他们一些食物，并给他们的父母留下一些钱，以解燃眉之急。途经上巴拉丁时，他们看见“教堂全被夷为平地，穿越危险的树林时，想到了战死于此的克罗地亚人”。他们继续往前走，在一个贫穷的小村庄吃了一顿晚饭。“这个村子两年来遭到了二十八次掠夺，有一天竟然连遭两次掠夺。”诸如此类的惨状不胜枚举。这里揭露的只是残酷战争的冰山一角，剩下的人们尽可想象，一定还有更悲惨的场景。读了这些实景再现般的描述后，我们可能就会明白萨克森选帝侯约翰·乔治一世在布拉格力促和平的良苦用心了。

第10章 法军纵横神圣罗马帝国

第1节 法兰西王国向西班牙公开宣战

布拉格和平的缔造者希望恢复神圣罗马帝国原有的旧秩序。但这是无法办到的，发生的事情就是发生了，无法改变。斐迪南二世一度试图打着法律的幌子为其所属教派谋取最大的利益，广大臣民已经对他彻底失去信任。就像一个人一样，国家及其政府也“戴着罪恶的枷锁”。只有一种新的精神注入，罪恶的枷锁才能被打开，自由才能被解放。《布拉格和约》规定的领土分配已然不尽如人意，而与和平相关的宪政改革竟然没有提及则让臣民更难接受。帝国议会的两个上议院——选帝侯议院和诸侯贵族议院——议员中绝大多数仍是天主教诸侯；而帝国理事会成员更是清一色的天主教诸侯。有过经验教训的帝国议会和帝国理事会可以尽量表现得不像过去那样自命不凡，但政府如果出于谨慎而不按原则行事的话，是不能提升自信的。这样的行事方式不会造就强有力的中央政府。而当下的神圣罗马帝国恰恰就需要一个强大的中央政府领导臣民们去抵御外敌的入侵。

萨克森选帝侯约翰·乔治一世代表新教诸侯提出的一系列合理要求均未得到满足，斐迪南二世给出的理由是萨克森-魏玛的伯恩纳德和黑森-卡塞尔伯爵威廉五世等人拒绝接受《布拉格和约》。虽然这些人确实野心勃勃，意欲占有更多的领地，但就此断言他们利用宗教热情是有失偏颇的。他们率军攻入城池烧杀掠夺之前，会发出“上帝和我们在一起”的战斗呐喊，留出专门时间向上帝祷告。他们的眼前闪现着即将会发生的一幕幕悲惨场景，心里却想着这是在为实现他们崇高的目标而奋斗。除卑劣之徒外，大多数人在决定做某件事时，自然会忽略其消极影响，将心思全部放在崇高的目标之上。但军旅生涯对士兵潜移默化的影响及士兵好战的本性也在很大程度上决定了萨克森－魏玛的伯恩纳德等人的反抗行为。他们难以接受斐迪南二世近乎苛刻的统治，对皇权充满了无比的蔑视。因为怀着崇高的目标，所以蒂利伯爵约翰·塞克拉斯和古斯塔夫·阿道夫二世能无往不胜，阿尔布雷希特·冯·华伦斯坦也能摆脱一己私利，以民族统一为重。但当一群没有爱国之心且毫无原则的人发动战争时，崇高的目标不复存在，帝国大厦行将倾塌。

神圣罗马帝国的分裂并不完全是由德意志人自己造成的。在自然界中，当一个生命体变得不再健康甚至腐烂时，低等生物就会前来入侵。同理，如果一个民族内部有了分裂，那么国家意识就会消失。该民族随之成为邻国觊觎的猎物。而一个强大的民族是不会遭到外敌入侵的。动物腐烂的尸体就在那里，秃鹫自然会围聚过去。1632 年，阿尔布雷希特·冯·华伦斯坦之所以能够集结起一支军队，是因为西班牙人的黄金；1634 年，阿尔布雷希特·冯·华伦斯坦的军权之所以能被收回，也是因为西班牙人的黄金；诺德林根大捷则离不开西班牙军队的帮助。西班牙这么做的目的不是希望看到一个伟大或和平的神圣罗马帝国。往好处想，它是想看到神圣罗马帝国的哈布斯堡家族强大起来；往坏处想，它希望神圣罗马帝国腐朽不堪的制度能够延续下去。如果斐迪南二世与西班牙结盟，法兰西王国就成了他的敌人。代表新旧制度的两个国家为争夺欧洲霸权即将展开厮杀，神圣罗马帝国的各方势力也将卷入其中。萨克森－魏玛的伯恩纳德和斐迪南二世将分别沦为法兰西和西班牙的工具。

进入这个战争阶段，冲突的直接动因已经不再是新教和天主教之间的利益和矛盾了。争夺阿尔萨斯和洛林这两个地区才是最重要的事情。当然，对这两个地区的争夺并不像现在[①]的德国和法国一样有明确的军事目的，即把该地区作为自己的防御缓冲区。当时争夺的主要原因是神圣罗马帝国不够强大。阿尔萨斯和洛林原本属于神圣罗马帝国，现在却成了西班牙和西属尼德兰之间交往的要道。制海权掌握在荷兰人手中，因此上莱茵河就成了西属尼德兰与外界交往的大动脉。如果西班牙及其盟友神圣罗马帝国能够控制上莱茵河，那么一旦战争爆发，士兵和军火就能畅通无阻地运往尼德兰，从而支持红衣主教亲王斐迪南与荷兰人作战。反之，黎塞留如果控制上莱茵河，那么就扼住了敌人的咽喉，轻松地致敌人于死地。

诺德林根战役之后，黎塞留答应帮助瑞典手首相阿克塞尔·奥克森杰纳，条件是瑞典把阿尔萨斯的几个要塞让给法兰西王国。获得这些要塞后，黎塞留觉得法兰西的实力已经足够强大，可以公开向西班牙宣战了。

1635 年 5 月 19 日，也就是《布拉格和约》签署前十一天，法兰西王国的特使到布鲁塞尔向西班牙下了战书。令所有人吃惊的是，法兰西王国的兵力居然达到了十三万两千人。其中一支军队负责将西班牙人赶出米兰，解放意大利各诸侯国。另一支军队负责保卫洛林，协助萨克森－魏玛的伯恩纳德的军队渡过莱茵河深入神圣罗马帝国作战。主力大军则向西属尼德兰挺进。与奥兰治亲王腓特烈·亨利的荷兰军队会合后，联军准备直接攻打布鲁塞尔。

---

① 指 19 世纪末。——译者注

第 2 节 西班牙军队攻入法兰西王国

黎塞留恰恰在最想获胜的战场上遭遇了重大的挫折。虽然与荷兰军队的会师非常顺利，但法兰西王国原本以为克敌制胜的法宝成了其失败的根源。不管佛兰芒公国和布拉班特公国与西班牙有着怎样的瓜葛，都已经明确表示与荷兰不存在任何关系。两个公国抵御北方新教入侵的热情高涨，军民积极行动，法兰西军队最终无功而返。其他战场上也传来了失败的消息。法兰西军队没有大规模作战的经验，军中也没有能力非凡的帅才。前往意大利的远征军一无所获，深入神圣罗马帝国作战的萨克森－魏玛的伯恩纳德也被迫撤军，要不是他指挥有方，甚至会遭遇全军覆没的命运。

1636 年，法兰西王国遭受了侵略。红衣主教亲王斐迪南渡过索姆河，攻克了科尔比，进至瓦兹河两岸。巴黎顿时大乱。人们认为敌人很快就来围攻了，于是赶紧加固防御工事。在关键时刻，黎塞留站了出来，呼吁巴黎的政要、教会以及商会为了国家利益尽快团结起来，共度难关。社会各界人士纷纷响应，有钱的积极捐钱，没钱的踊跃参军。有评论说，在当时教派纷争的背景下，信奉天主教的巴黎居然能将守城重任交给一位信奉新教的元帅拉福尔斯公爵雅克－纳姆帕·德·科蒙，根本原因是他为人正直的口碑赢得了普遍信任。

巴黎人民的反抗精神鼓励了法兰西王国的其他城市。就连嫉恨黎塞留的贵族们也不计前嫌，承担起了保家卫国的责任。他们的献身精神还没来得及接受考验，侵略者就被他们雄赳赳的气势吓住，于犹豫中鸣金收兵了。1636 年 9 月，路易十三亲征。1636 年 11 月，他率军攻至科尔比。1636 年 12 月，科尔比光复，法兰西军队再次进驻。黎塞留宽容温和的宗教政策让法兰西王国各阶层能一致对敌，因此发生在神圣罗马帝国的战争劫难并未在法兰西王国上演。

神圣罗马帝国的局势也发生了变化。萨克森选帝侯约翰·乔治一世一直希望将瑞典人赶回波罗的海那边去。但古斯塔夫·阿道夫二世最优秀的继任者瑞典将军约翰·巴内尔于 1636 年 10 月 4 日取得了维茨托克大捷，粉碎了萨克森人的计划。此后，神圣罗马帝国北方地区沦陷，人民遭受的痛苦比阿尔布雷希特·冯·华伦斯坦占领时期更深重了。

糟糕的政策让神圣罗马帝国接二连三地经受着失败和不幸，而政策制定者终于永远闭上了眼睛。1637 年 2 月 15 日，斐迪南二世于维也纳驾崩。不久前被选为罗马国王的匈牙利国王斐迪南在其父驾崩后成了新皇帝，称“斐迪南三世”。

斐迪南三世不像父亲那样有许多不良嗜好，甚至对狩猎和音乐都不感兴趣。在诺德林根战役中，他率领的军队大获全胜。但在战场上奋勇杀敌的只有士兵，而他大部分时间却坐在后方的军帐中祈祷。虽然他有时也会下达军令，但他的字迹实在太潦草，将军们反而可以借口无法读懂命令为战斗失利开脱。清算账目是他最大的爱好。据说，连耶稣会士都发现这位资深的天主教徒在账目支出上真称得上精打细算了。一天，他们向斐迪南三世抱怨说他父亲之前承诺给他们的活动经费一直没有兑现，而这笔费用每年只有区区五百弗罗林。斐迪南三世立刻让财政部做出这笔经费的预算，但又通过摊派维也纳城防费的方式抵扣了这笔经费。据说，斐迪南三世每年摊派的城防费至少有一万两千弗罗林。

这种皇帝不可能救神圣罗马帝国于苦难之中。但在他当政的第一年，神圣罗马帝国运气确实不错。约翰·巴内尔丢掉了在维茨托克大

拉福尔斯公爵雅克－纳姆帕·德·科蒙（1558—1652）

约翰·巴内尔（1596—1641）

捷中得到的一切，被赶回了波罗的海对岸。神圣罗马帝国军队在西线也有收获，符腾堡接受了《布拉格和约》，表示归顺斐迪南三世，以践行和平计划。然而，如果阿尔萨斯归属问题得不到解决，那么和平永远无望。

第3节 法军夺取阿尔萨斯

1638 年，解决阿尔萨斯归属问题的时候到了。萨克森－魏玛的伯恩纳德想占领阿尔萨斯和布赖萨赫这两处帝国领地，作为他失去法兰克尼亚公国的补偿。1638 年 2 月，他开始围攻莱茵费尔登，2 月 26 日被神圣罗马帝国军队击退。1638 年 3 月 3 日，萨克森－魏玛的伯恩纳德又出其不意地打了回来。神圣罗马帝国被杀了个措手不及，再加上火药供应没有跟上，莱茵费尔登最终被攻陷。1638 年 3 月 24

三十年战争时期的莱茵费尔登

布赖萨赫战役

日，守军向萨克森-魏玛的伯恩纳德投降。1638 年 4 月 22 日，弗莱堡随后也向他投降。萨克森-魏玛的伯恩纳德率得胜之师，继续围攻扼守上莱茵河的布赖萨赫。虽然他的兵力不多，但他通过一系列机动灵活的运动战，多次粉碎了敌人的补给输送企图。1638 年 12 月 19 日，他攻克了布赖萨赫。

1638 年的战局是波旁王朝同哈布斯堡王朝斗争过程中的一个转折点，从此以后，波旁王朝占据了主动。

然而，萨克森-魏玛的伯恩纳德并没有意识到自己在决定世界未来格局的过程中扮演了非常重要的角色。他认为他不过是在为自己而战，最终目的就是获得征服的领地。他接受了布赖萨赫市民的效忠宣誓礼，并在教堂以路德教的方式庆祝了感恩节。当初西班牙看到阿尔布雷希特·冯·华伦斯坦控制巴拉丁后异常开心，但现在法兰西王国看到萨克森－魏玛的伯恩纳德在阿尔萨斯建立独立公国后没有多少兴奋，而是命令他在采取一切军事行动时要服从法王路易十三的号令。

令人感到奇怪的是，这个在神圣罗马帝国不断搞分裂的人却在用某种方式维护着帝国的建制。在拒绝法兰西的要求时，他说：“我可不想被人指责为第一个分裂帝国的人。”

1639 年，萨克森－魏玛的伯恩纳德满怀美好憧憬渡过了莱茵河。约翰·巴内尔已经恢复元气，率军从神圣罗马帝国北方而下，攻占了波希米亚。萨克森－魏玛的伯恩纳德也希望能再次重创敌人，迫使其接受他提出的和平条件。然而，攻占布赖萨赫就是他最辉煌也是最后的胜利了。新的战斗刚刚打响，他就身染重疾，于 1639 年 7 月 8 日病逝。

阿尔萨斯和布赖萨赫的归属已经不再是问题了。法兰西王国派总督接管了这两个地区，一位法兰西将军接管了萨克森－魏玛的伯恩纳德的军队。在接下来的几年时间里，萨克森－魏玛的伯恩纳德的旧部与约翰·巴内尔的瑞典军队在神圣罗马帝国境内南征北战，虽然取得了不少胜利，但均非决定性的胜利。和神圣罗马帝国士兵一样，法兰西士兵也慢慢适应了无休止的战争生活，因为想从敌人手里夺取莱茵河畔的土地不是一件轻而易举的事。

第 4 节 法军连战连捷

除莱茵河畔取得的胜利外，黎塞留还有不少其他收获。1637 年，西班牙人把摄政的萨沃伊公爵夫人克莉丝汀·玛丽赶出了都灵。克莉丝汀·玛丽是年幼的萨沃伊公爵查尔斯·艾曼努尔二世的母亲，也是

萨沃伊公爵夫人克莉丝汀·玛丽（1606—1663）

法王路易十三的妹妹。即便没有这层关系，西班牙的敌人自然就是法兰西的朋友。1640 年，在法兰西的帮助下，克莉丝汀·玛丽重返都灵。

西班牙的海军实力虽然无法与荷兰匹敌，但一直比法兰西强大。然而，在最近一系列的海战中，西班牙海军屡遭重创，渐渐失去了优势。黎塞留当政期间非常重视法兰西的商业发展和海军建设。1638 年，为了能从西班牙海岸将军队安全送往意大利，法兰西的一支舰队突入比斯开湾，烧毁了停泊在那里的西班牙军舰。

1639 年，西班牙的一支超级舰队正在前往尼德兰的途中。该舰队实力强大，根本无惧法兰西人的堵截。舰队逆英吉利海峡而上，不远处便可望见目的地佛兰德斯港。但这些巨型军舰上的将士不是太优秀，装备不算太精良，无法抵挡装备精良、行动敏捷的荷兰舰队，正如 1588 年西班牙无敌舰队无法抵抗弗朗西斯·德雷克指挥的英格兰舰队进攻一样。西班牙指挥官被迫率舰队躲入中立国英格兰的唐斯港。

英格兰舰队与西班牙无敌舰队

荷兰舰队逼近唐斯港

法兰西王国大使恳请英王查理一世同意荷兰舰队乘胜追击，而西班牙大使则恳请他保护在唐斯避难的西班牙舰队。查理一世发现这是一个可以与双方谈交换条件的大好机会。他对法兰西王国大使说，如果法王路易十三同意他的外甥——伊丽莎白·斯图亚特公主与腓特烈五世之子查理·路易重新获得巴拉丁，他就会放弃西班牙人。他又对西班牙大使说，如果西班牙能提供一大笔钱，确保英格兰同法兰西开战的军费开支，他就会保护西班牙舰队。黎塞留假意和查理一世进行谈判，其实并不想和他做这笔交易。荷兰海军上将马尔腾·特伦普则完全无视英格兰作为中立国的立场，直接率舰队攻入了停泊在唐斯港的西班牙舰群。一些军舰被击沉，一些军舰燃起了熊熊大火。眨眼之

马尔腾·特伦普（1598—1653）

荷兰舰队重创西班牙舰队，取得唐斯港大捷

间，十一艘军舰已被摧毁。其余军舰在浓雾掩护下逃到了敦刻尔克，那里有大炮保护，舰队暂时安全了。然而，这支舰队再也不可能到佛兰德斯港了。西班牙人遭受的损失要远超能够看见的损失。布赖萨赫投降没几个月，西班牙又遭此重创，布鲁塞尔和马德里之间的交流彻底被切断了。

查理一世起初并没有对这种侮辱生气，仍然希望黎塞留能确保他外甥查理·路易的利益，甚至希望法王路易十三能将萨克森－魏玛的

英王查理一世的外甥查理·路易（1617—1680）

伯恩纳德的军队指挥权交给查理·路易。不过，黎塞留从来没有打算将这支训练有素的军队交给一个德意志人指挥，所以明确拒绝了查理一世的提议。查理一世对此极其不满，于是打算再次拉拢西班牙。尽管查理一世并不靠谱，黎塞留还是要设法阻断西班牙从英格兰获得支持的可能，而与查理一世在国内的政敌联手是个简单易行的办法。事实上，查理一世的麻烦完全是由他自己一手造成的。无论黎塞留是否从中煽风点火，他注定会丢掉王位。苏格兰早已爆发了反抗查理一世的运动，英格兰国内也暗流涌动，黎塞留只不过是助推了一下已经存在的矛盾而已。

法兰西王国一扫 1636 年失败的阴霾。黎塞留不再打算攻打西班牙专制统治下的领地了，而是将精力放在了破坏它们与西班牙的关系上。法军没有在马德里、布鲁塞尔、米兰或那不勒斯现身，而是频频出现在阿尔萨斯、地中海和英吉利海峡。这一做法取得了十分明显的效果，西班牙半岛开始出现分裂的迹象。1639 年，为了保卫鲁西荣，加泰罗尼亚人与法兰西入侵者展开了游击战。1640 年，他们仍决定以同样的方式继续抗敌。但陷入绝境的西班牙政府不同意他们这种非正规的山地作战方式。西班牙政府发出命令，要求加泰罗尼亚所有成年男子拿起武器参战，所有成年女子要承担为军队运送粮食和补给的任务。接着，西班牙国王腓力四世下了一道敕令威胁道，违令者将会受到监禁或没收财物的惩罚。

连接臣民和国王之间的纽带虽然无比结实，但最终不堪重负而断裂了。1636 年，黎塞留率法兰西人们成功击退西班牙军队靠的不是对人民的威胁。拥有独立传统的加泰罗尼亚人很快就发起了反抗西班牙国王的运动。他们可不是主子一声令下就必须上德莫比利战场的波斯奴隶①。

伊比利亚半岛另一侧传来的消息同样令马德里政府感到震惊。自腓力二世登基以来，葡萄牙已经成为西班牙统治下相对独立的地区。1640 年 12 月，葡萄牙宣告独立，重返欧洲独立国家之列，开创了布拉干萨王朝。

在黎塞留的治理下，法兰西王国呈现一派繁荣的景象。1641 年，法兰西王国的亲西班牙分子又试图挑唆人民反对黎塞留。密谋杀害黎塞留的法王路易十三的堂弟苏瓦松伯爵路易·德·波旁②逃往色当，并率领色当军队击败了追杀而来的法兰西王室军队。但一念之差断送了苏瓦松伯爵路易·德·波旁的前程。因为没有他的支持，色当军队非但无法反对黎塞留，反倒变成不折不扣的侵略者。然而，如果想要征服法兰西，色当军队的实力又差得太远。

在神圣罗马帝国的法兰西军队捷报频传。1641 年，格布林特伯爵让－巴普蒂斯特·布德斯率领法兰西与瑞典联军在北方的沃尔芬比特尔击败了神圣罗马帝国军队。1642 年，他在南方的肯普滕再度击败皇帝军队。同年，鲁西荣归顺了法兰西。而黎塞留在国内的运势也很不错，将一名密谋杀害他的年轻朝臣送上了绞刑台，这也是贵族为摆脱红衣主教铁腕统治所做的最后努力。1642 年 12 月 4 日，黎塞留因病与世长辞。

---

① 德莫比利是希腊中东部沿海南北走向的要隘。该要隘附近有温泉涌出，因而得名“温泉关”。德莫比利（温泉关）之战是公元前 480 年希腊人以少数兵力与入侵者波斯人在此进行的一场著名战役。波斯帝国的军队是由没有自由的奴隶士兵组成的。——译者注

② 苏瓦松伯爵路易·德·波旁（1604—1641），路易十三的堂弟。1636 年，他与加斯顿等人密谋暗杀黎塞留，计划失败后逃到色当公国。1641 年，在西班牙的支持下，他和色当公国君主布永公爵再次密谋反对黎塞留。1641 年 7 月 6 日，法军与色当军队在色当城外激战。最终，法军战败，但苏瓦松伯爵路易·德·波旁亦被击毙。——译者注

格布林特伯爵让－巴普蒂斯特·布德斯（1602—1643）

第 5 节 黎塞留的性格及抱负

与路易十四、拿破仑一世不同，黎塞留称得上是少数几个一生都在为法兰西王国积累财富的政治家之一。这种说法不无道理。和古斯塔夫·阿道夫二世一样，黎塞留也是一个既重行动又重思考的人，但这两种性格成分在黎塞留身上所占比例与古斯塔夫·阿道夫二世有些区别。黎塞留身上果敢行动的成分少了些，谨慎思考的成分多了些。在对是否能够成功的条件判断上，没有谁能像黎塞留那样敏锐；预计方案推行有难以克服的困难时，也没有谁能像他那样会主动放弃。黎塞留不可谓不勇敢。作为一个多年徘徊在死亡边缘的人，他一生都面对着法兰西封建贵族的强大挑战，而支持他的只有身体羸弱的国王路易十三。黎塞留的内心得有多么强大！在打击法兰西民族的敌人时，

1642 年去世前的黎塞留

让 - 巴普蒂斯特・科尔伯特

安尼・罗伯特・雅克・杜尔戈

在打击肆意剥削农奴、只顾利用手中权力谋私利的封建贵族时，黎塞留确实严酷无情，毫无恻隐之心。在当时的法兰西王国，只有建立起强大的君主专制制度，工商业才能繁荣发展，文化事业才能蒸蒸日上，思想意识才能打破禁锢，穷人才能免受蹂躏。

黎塞留一生的奋斗目标众多，但他只实现了少数几个。他会考虑数代以后政治家应该做的工作，不会去做自己能力以外的事情。正如弗朗西斯・培根勾勒出了艾萨克・牛顿和迈克尔・法拉第时代的科学发展方向一样，黎塞留则描绘出了让 - 巴普蒂斯特・科尔伯特①时代、安尼・罗伯特・雅克・杜尔戈②时代甚至法国大革命时期的政治发展方向。

---

① 让 - 巴普蒂斯特・科尔伯特（1619—1683），法兰西王国政治家，长期担任财政大臣，主张发展商业和海运业，是路易十四时代最著名的政治人物之一。——译者注

② 安尼・罗伯特・雅克・杜尔戈（1727—1781），法兰西王国经济学家。路易十六时期，他先后任海军大臣和财政大臣，为缓解当时国内的财政困难，实施了一系列经济改革措施，是当时重农学派的代表人物之一。——译者注

在黎塞留的政策中，拿破仑一世的“一切为了人民，但不为人民所有”的执政理念也展现得淋漓尽致。从这种理念中，我们可以看出法兰西政治家治国理政的优缺点。在封建贵族的长期压迫下，无助且无奈的人民看到王权强化时，纷纷拥护君主专制制度。他们殷切期盼维护他们利益的铁腕人物出现。站在17世纪法兰西人民的立场上看，黎塞留的所作所为完全符合他们的利益，所以他不应该受到世人的谴责。我们完全可以想象，在看到英格兰革命引发内乱时，黎塞留对英格兰多么鄙视和不屑。然而，英格兰人在内战中不仅学会了服从政府管理，而且明白了什么样的政府才是好的政府。对一个国家来说，学会择优汰劣才是至关重要的。这个过程虽然慢了一些，但总比不明方向地狂奔要好得多。

黎塞留制定的内外政策都是他深思熟虑的结果。在国内政策制定上，他认为国家利益高于一切派系利益。但在外交政策制定上，他并没有站到“欧洲利益大于法兰西利益”的高度上。不过，在打击西班牙支持的清除异教行动时，他好像站在了其他民族的立场上。但没有任何迹象表明他会真正关心那些民族的命运。他之所以那样做，是因为法兰西人民也深受其害。正如当代人认为当时布赖萨赫由法兰西军队占领还是神圣罗马帝国军队占领是个无足轻重的问题一样，我们在看待黎塞留政策的目的时，也不必去想三十年战争以后的事情。

然而，世界的进步并不总是仅依靠政治家的动机就能实现的。为了使法兰西王国强大起来，黎塞留必须寻求外界的帮助，而且是最大程度的帮助。一般人的做法是，要么像阿尔布雷希特·冯·华伦斯坦那样依靠军队的实力，要么像斐迪南二世那样依靠神圣罗马帝国制度的影响力。黎塞留则技高一筹。他深知，世上再没有什么工具能比人民的反叛之心更强大了。人民生出反叛之心，说明他们对邪恶势力的长期压迫已经忍无可忍。他们想要反抗，但不知如何进行，而黎塞留恰恰深谙此道。

在英格兰，黎塞留支持议会反对王室；在神圣罗马帝国，他支持诸侯们反对帝皇帝；在意大利，他支持各地的独立运动；在西班牙，他支持各行省反对西班牙的君主专制。如果这些反叛运动与黎塞留实现自己的政治目标无关，那么他是根本不会费心思去关注的。然而，在选择支持的所有的反叛运动时，他都能洞悉涉事各国人民的心理诉求，并引导他们将这些诉求适时地表达出来。

这正是黎塞留与后世负责法兰西外交政策的那些政治家的区别所在。那些政治家只要看到削弱强邻实力的机会，就会立即投身于其中，而不考虑是否值得去这样做。他们支持过 1860 年的意大利分裂运动[①]和 1870 年的德意志分裂运动[②]。黎塞留能准确抓住事情的关键所在。在与哈布斯堡家族的斗争中，他无疑是想借助天主教联盟的力量而非古斯塔夫·阿道夫二世和新教诸侯的力量。然而，在看到古斯塔夫·阿道夫二世的事业更有前途后，他毫不犹豫地放弃了天主教联盟，开始支持古斯塔夫·阿道夫二世。为了实现政治目的，他不惜改变自己的初衷。

黎塞留实现自己的既定目标后，便会非常满足。他从不做能力范围以外的事，不会毫无目的地主动出击，也不会因位高权重而作威作福。他处心积虑，最终将阿尔萨斯收入了法兰西王国囊中。在占领皮

① 指 19 世纪发生的反意大利统一运动。1815 年拿破仑战争结束后，意大利恢复封建专制统治，四分五裂，受奥地利、法兰西、西班牙等外国势力统治或控制，只有撒丁王国是独立国家。1848 年，西西里岛发生人民起义，掀起了国家统一的革命浪潮，但不久革命失败。此后统一运动的领导权转入撒丁王国。——译者注

② 指 19 世纪发生的反德意志统一运动。经过 1864 年的普丹战争和 1866 年的普奥战争，普鲁士统一德意志的决心更加坚决。而法兰西第二帝国不愿看到一个统一强大的国家，于是不断干涉普鲁士的统一行为。——译者注

黎塞留去世

内罗洛[①]后，他控制了阿尔卑斯山脉的所有关隘。但与拿破仑一世不同，他从未想过要建立一个法属莱茵联邦或法属意大利王国。他不愿大张旗鼓地去干涉邻邦的任何事务。

黎塞留去世不久后，他辅佐过的君主也追随他而去。1643 年 5 月 14 日，路易十三驾崩。

第 6 节 从罗克鲁瓦之围到维也纳之围

路易十三的儿子路易十四当时还只是个孩子，所以王太后奥地利的安妮宣布正式摄政。她主动忘掉了自己与西班牙国王腓力四世和神

① 与西班牙争夺意大利期间，法兰西王国与萨沃伊公国于 1631 年 6 月 19 日在切拉斯科签署《切拉斯科条约》。根据条约，法兰西王国放弃了在意大利的所有占领区，而萨沃伊公国同意将皮内罗洛割让给了法兰西王国。——译者注

圣罗马皇帝的宗亲关系[①]，只保留了路易十三遗孀和路易十四母亲的身份。辅佐王太后奥地利的安妮的首相是意大利裔的枢机主教马萨林。枢机主教马萨林凭借自己的商业才干和行事不带宗派偏见的作风深得黎塞留赏识，并被委以重任。枢机主教马萨林凭借非凡睿智而非坚毅品格，不遗余力地推行着前任黎塞留的政策，以确保王室对封建贵族

王太后奥地利的安妮与路易十四

① 奥地利的安妮是西班牙国王腓力四世的姐姐，也是神圣罗马帝国皇帝斐迪南三世第一任妻子玛丽亚·安娜的姐姐。——译者注

枢机主教马萨林（1602—1661）

的绝对统治。黎塞留的政策一度非常成功，这与枢机主教马萨林的努力不无关系。1643 年 5 月 19 日，枢机主教马萨林凭借一次胜仗树立起了首相的权威。之后，法兰西又取得了一系列胜利，布伦海姆战役前未遭败绩。

西班牙人越过尼德兰边境，围攻罗克鲁瓦。法兰西军队的统帅是昂吉安公爵路易·德·波旁，即被后世称为“大孔代”的孔代亲王。他和父亲亨利·德·波旁与已故国王路易十三的弟弟奥尔良公爵加斯顿的政见不同。他们支持王室，自然就跟黎塞留走到了一起，结成了反对封建贵族势力同盟。昂吉安公爵路易·德·波旁虽然名义上是军队统帅，但既年轻又无作战经验，因此将士们认为他只是想要统帅那个名分，指挥作战的任务还是会交给那些老将的。

老将们侦察敌情后，建议昂吉安公爵路易·德·波旁不要贸然应战。有一位叫让－德·卡森的军官曾经在古斯塔夫·阿道夫二世麾下服役，在布赖滕费尔德战役中曾亲眼目睹过蒂利伯爵约翰·塞克拉斯的军队是如何在古斯塔夫·阿道夫二世指挥的瑞典军队的快速突击下溃不成军的，所以深知如何在战略上藐视敌人。他原本已经做好苦劝昂吉安公爵路易·德·波旁下达进攻命令的准备，但没想到昂吉安公爵路易·德·波旁竟然非常爽快地就答应了。昂吉安公爵路易·德·波旁年轻乐观，暂且不管他是否拥有战略天赋，至少在战术上是有一定天分的。他清楚自己在接下来的一系列战役中应该采取什么样的战术。让－德·卡森的建议与他的想法不谋而合，于是他欣然采纳了。

罗克鲁瓦战役简直就是布赖滕费尔德战役的翻版。昂扬的斗志和机动灵活的战术再次成为克敌制胜的法宝。西班牙军队摆出了看似坚

昂吉安公爵路易·德·波旁指挥法军在罗克鲁瓦与西班牙军队鏖战

不可摧的中世纪作战方阵。法兰西的炮兵先将西班牙军队的方阵撕开一道口子，然后不断向前推进。接着，步兵以迅雷不及掩耳之势杀入敌阵，彻底击溃了坚守阵地的西班牙军队。此役过后，西班牙军队之前建立的荣耀似乎永远蒙上了阴影。事实上，虽然西班牙输掉了这场战斗，但将士们英勇奋战的精神并没有丢掉。他们像黑斯廷斯战役[①]中保卫哈罗德二世[②]的英格兰将士一样前仆后继，战至最后一刻。他们的统帅富恩特斯伯爵保罗－伯恩纳德年事已高，因痛风不能站立，只能坐在由士兵抬着的椅子上指挥作战。这位西班牙国王腓力二世曾经的战将最终也倒在了战场上。冉冉升起的法兰西新星在这场战役中大获全胜。

法兰西军队随后围攻了蒂翁维尔。1643 年 8 月，该城投降。从前，谨慎的黎塞留宣称，被征服领地的归属问题应该搁置起来，待和平条约签署时再解决。罗克鲁瓦战役后，枢机主教马萨林就少了这样的顾虑，因为蒂翁维尔已经正式并入法兰西王国。

然而，在神圣罗马帝国，1643 年的战争进行得并不顺利。巴伐利亚公爵马克西米利安一世调集了所有兵力，其麾下还有两员干将：勇敢的约翰•冯•韦特和精明的弗朗茨•冯•梅尔西。据说，弗朗茨•冯•梅尔西总能对敌人的计划了如指掌，就好像敌人的计划是由他制定的一样。然而，到了 1644 年，这两位神圣罗马帝国将军遇到了一位更优

① 1066 年 10 月 14 日，英王哈罗德二世率领的盎格鲁－撒克逊军队和诺曼底公爵威廉一世率领的军队在黑斯廷斯大战。英军伤亡五千多人，指挥官全部阵亡。——译者注

② 即哈罗德 · 葛温森（1022—1066），盎格鲁－撒克逊时期韦塞克斯王朝的末代君主，也称哈罗德二世。英王忏悔者爱德华于 1066 年 1 月驾崩后，哈罗德 · 葛温森加冕称王。其王位受到挪威国王哈拉尔德三世与诺曼底公爵威廉一世的挑战。哈拉尔德三世率先攻入英格兰北部。哈罗德二世率兵于 1066 年 9 月 25 日在斯坦姆福德桥战役中击败挪威人，哈拉尔德三世阵亡。诺曼底公爵威廉一世率军进攻英格兰南部，于 1066 年 10 月 14 日在黑斯廷斯战役中击败英格兰军队，哈罗德二世阵亡。诺曼底公爵威廉一世进入伦敦加冕为英格兰国王。——译者注

秀的对手——蒂雷纳子爵。但蒂雷纳子爵亨利·德拉图尔·多韦涅的兵力太有限了，无法在战场上取胜，弗莱堡就在他眼皮底下被夺去了，布赖萨赫也随之告急。昂吉安公爵路易·德·波旁率领一万大军赶来救援，并自任法军总指挥。因为神圣罗马帝国军队占据有利地形，所以蒂雷纳子爵亨利·德拉图尔·多韦涅建议昂吉安公爵路易·德·波旁采取诱敌深入的战术。但昂吉安公爵路易·德·波旁坚持执行 1643 年的战术，并未听取蒂雷纳子爵亨利·德拉图尔·多韦涅的建议。

弗朗茨·冯·梅尔西

弗莱堡战役是一场惨烈的血战。昂吉安公爵路易·德·波旁率部连续三天作战，伤亡惨重。最后，弗朗茨·冯·梅尔西的军队因粮食供应不上选择了撤退。法军虽然没有打赢这场战役，但最终收回了弗莱堡。

1645 年 8 月 3 日，诺德林根战役再次爆发，而这次战役几乎就是弗莱堡屠杀的翻版。与 1644 年一样，蒂雷纳子爵亨利·德拉图尔·多韦涅率领有限的兵力与神圣罗马帝国军队周旋，最终陷入了困境。昂吉安公爵路易·德·波旁再次率领精兵赶来救援。接着，又一幕恐怖的屠杀场景上演了。要不是弗朗茨·冯·梅尔西开战之初就阵亡，法军是很难取胜的。但胜利的天平偏向了法军，萨克森-魏玛的伯恩纳德的旧部全力以赴，奋勇冲杀，将神圣罗马帝国军队击退。然而，胜利并未

持续太久，神圣罗马帝国军队在得到增援后，重新杀回来，将法军赶回了莱茵河。

同年，在波希米亚还上演了另一场血战。身患痛风的瑞典将军伦纳特·托尔斯滕森接替约翰·巴内尔的军事指挥权后，突然率军攻入波西米亚，并于1645年3月6日在金高重创神圣罗马帝国军队。随后，他攻占了摩拉维亚，摆出了围攻维也纳的态势，仿佛想要完成古斯塔夫·阿道夫二世未竟的事业一样。但维也纳毕竟固若金汤，不易攻破，最终伦纳特·托尔斯滕森像蒂雷纳子爵亨利·德拉图尔·多韦涅一样被迫撤军。后来，在进攻布尔诺未果后，伦纳特·托尔斯滕森撤回波希米亚。这时，备受病痛折磨的他将军队指挥权交给了继任者卡尔·古斯塔夫·弗兰格尔。

第 11 章 《威斯特伐利亚和约》后的欧洲格局

第 1 节 蒂雷纳子爵亨利·德拉图尔·多韦涅的战略

进入 1643 年时，各方都觉得这场毫无意义、给人民带来深重灾难的战争该结束了。想要撼动法兰西王国对莱茵河岸的控制已经无望。虽然瑞典人最终没有攻入哈布斯堡家族的心脏地带，但其势力还是从遥远的波罗的海对岸那片荒凉之地慢慢延伸到了神圣罗马帝国的内陆地区。当年古斯塔夫·阿道夫二世的那支纪律严明的跨海作战军队已经不复存在。现在的瑞典军队和其他军队没有任何区别，都是集结在一起的雇佣兵，没有半点儿信仰，毫无悲悯之心。

越来越多的人提议举行和平谈判。最终，各方决定筹办一次外交大会。为了防止大会出现以往的争论不休的状况，组织者决定让一部分大使在奥斯纳布吕克会晤，而让另一部分大使在明斯特会晤。在这样的安排下，会议效率之低可想而知。神圣罗马帝国皇帝斐迪南三世为表示诚意，早早就派出了代表，并于 1643 年 7 月到了明斯特；但瑞典和法兰西王国的大使姗姗来迟，分别于 1644 年 3 月和 1644 年 4 月抵达。正式提议于 1645 年 6 月才递交上去。

实际上，与会各方都想早日实现和平，同时都希望自己提出的要求能够得到满足。斐迪南三世的决定并没有受到父亲斐迪南二世的影

响，而且《教会土地归还敕令》的颁布根本就与他无关。早在这之前，他就准备满足所有新教诸侯提出的合理要求，并宣称加尔文教和路德教与天主教可以和平共处。他还提出将下巴拉丁归还腓特烈五世之子查理·路易的建议，并承诺会对反抗皇帝的人们进行大赦。然而，当有人提出和谈应在欧洲各国组成的大会上而不应该在帝国议会的框架下进行时，斐迪南三世多少有些犹豫，因为一旦这么做，神圣罗马帝国的最后一块遮羞布就会被揭掉，从而暴露出帝国下属各诸侯国拥有独立主权而帝国本身不过是空架子的事实。而且一旦这么做，斐迪南三世难以接受的结果也会出现。从前，有伟大的神圣罗马帝国皇帝被称作“帝国的开拓者”，而他有可能被后世称为“帝国的毁灭者”，他能接受吗？现在，对法兰西王国控制阿尔萨斯和瑞典控制波美拉尼亚这样的事情，他已经无力干预了。

作为神圣罗马帝国皇帝，斐迪南三世不仅丢掉了阿尔萨斯，还拱手让出了同属哈布斯堡家族领地的布赖斯高。布赖斯高是斐迪南三世的叔叔奥地利大公利奥波德五世留给自己孩子①的遗产，但为了换取和平，斐迪南三世将原本属于自己那几个遗孤侄子的遗产也拱手相让了。

巴伐利亚公爵马克西米利安一世是从另一个角度来看待和平问题的。阿尔萨斯对他毫无价值，所以他极力劝说斐迪南三世放弃阿尔萨斯换取和平。如果必须做出妥协，巴伐利亚公爵马克西米利安一世宁愿将阿尔萨斯让给信奉天主教的法兰西王国也不愿让给信奉新教的神圣罗马帝国诸侯，因为在他看来，如果将阿尔萨斯让给法兰西王国，那么法兰西王国就再也没有理由支持新教势力了。但除了上述原因，

① 奥地利大公利奥波德五世（1586—1632）有三女二子。他的两个儿子分别是斐迪南·查理（1628—1662）和西吉斯蒙德·弗朗西斯（1630—1665）。——译者注

奥地利大公利奥波德五世

巴伐利亚公爵马克西米利安一世像斐迪南三世一样，也有自己的小九九——得到法兰西王国的支持，想方设法保住上巴拉丁。

巴伐利亚公爵马克西米利安一世的做法与1632年萨克森选帝侯约翰·乔治一世的做法有点儿相似。他和主要盟友都盼望和平到来，但盟友提出了比他高的要求。1632年，阿尔布雷希特·冯·华伦斯坦正是抓住了萨克森选帝侯约翰·乔治一世相对中庸的态度，才用武力迫使他与古斯塔夫·阿道夫二世分道扬镳的。1646年，法兰西王国也决定用武力手段迫使巴伐利亚公爵马克西米利安一世与斐迪南三世彻底决裂。

1645年被瑞典军队打败的萨克森选帝侯约翰·乔治一世同意单独休战。现在，蒂雷纳子爵亨利·德拉图尔·多韦涅的任务就是迫使巴伐利亚公爵马克西米利安一世做同样的事。1646年8月，他与卡尔·古斯塔夫·弗兰格尔率领的瑞典军队在拉恩河会师。如果昂吉安公爵路易·德·波旁也在的话，历史上将会多一场像弗莱堡和诺德林根那样毫无结果的大屠杀。幸运的是，昂吉安公爵路易·德·波旁正远在佛兰德斯围攻敦刻尔克呢。这时，首次担任这支精锐部队指挥官的蒂雷纳子爵亨利·德拉图尔·多韦涅将要给世人上一堂战争艺术课。就在神圣罗马帝国军队忙着准备打防御战时，法瑞联军却绕了过去，直插巴伐利亚公国的心脏。1634年自萨克森－魏玛的伯恩纳德被驱逐后，巴伐利亚公国就再也没有遭受入侵。正如蒂雷纳子爵亨利·德拉图尔·多韦涅所言，那一天巴伐利亚公国的命运发生了改变。法瑞联军所到之处畅通无阻，粮食供应充足，人民在和平环境里享受着幸福的生活。蒂雷纳子爵亨利·德拉图尔·多韦涅和卡尔·古斯塔夫·弗兰格尔率军没有遇到任何抵抗就轻松地渡过了多瑙河。经过绍恩多夫、维尔茨堡、诺德林根、多瑙沃特时，他们也没有遇到任何抵抗，直到进至奥格斯堡时，才遇到了抵抗。军队原本有时间集结，但将军们的意见并不统一——巴伐利亚的将军想保卫巴伐利亚，但帝国的将军则想保卫属于奥地利王室的士瓦比亚。于是，法瑞联军就可以按照既定计划行事了。在慕尼黑市民还不知道自己军队在哪里的情况下，法瑞联军轻松地进了慕尼黑。蒂雷纳子爵亨利·德拉图尔·多韦涅和卡尔·古斯塔夫·弗兰格尔异常冷酷，指挥军队将巴伐利亚平原变为了荒原，这样就断了巴伐利亚军队的给养。自蒂利伯爵约翰·塞克拉斯在莱希河战败后，巴伐利亚公爵马克西米利安一世首次被逼入绝境。1647 年 5 月，无可奈何之下，他与敌人单独签署了休战协议。

蒂雷纳子爵亨利·德拉图尔·多韦涅（1611—1675）

然而，休战并没有持续太长时间。1647 年 9 月，巴伐利亚公爵马克西米利安一世再次站到了斐迪南三世一边。最终，巴伐利亚因为他的出尔反尔而付出了沉重的代价，一年前的和平努力付诸东流。1648 年 5 月 17 日，三十年战争的最后一场战役在楚斯马斯豪森打响。法瑞联军势不可挡，巴伐利亚军队被彻底击垮。在波西米亚，半座布拉格城落入了瑞典军队之手，孤立无援的神圣罗马帝国军队只能垂死挣扎了。

第 2 节 《威斯特伐利亚和约》

斐迪南三世再也无力抵抗了。1648 年 10 月 24 日，也就是英王查理一世被送上断头台的几个月[①]前，各方终于签署了《威斯特伐利亚和约》。

长期困扰神圣罗马帝国的宗教问题终于得到解决了。加尔文教获得与路德教同等的地位。1624 年新年这天被定为解决宗教纠纷的时间参照点。这天，无论是天主教诸侯还是新教诸侯，无论他们占有多少教产，这部分教产就永远属于他们了。天主教诸侯再也无权获得北方的主教区了，即使《布拉格和约》认可的哈尔伯斯塔特也不再属于他们了。为了确保《威斯特伐利亚和约》永久有效，帝国法庭进行了重组。在新法庭构成中，新教成员和天主教成员的数量相等。如果司法机构能确保破坏和平之举得到相应制裁，那么帝国议会中占多数席位的天主教徒就不敢肆无忌惮地干坏事了。

在政治上，巴伐利亚公爵马克西米利安一世将上巴拉丁永久纳入了巴伐利亚公国的管辖范围，而他也成了第八位选帝侯，他的后代可

① 1649 年 1 月 30 日，英王查理一世被处死。——译者注

1648 年 5 月 15 日，《威斯特伐利亚和约》的组成部分《明斯特和约》被批准

世袭选帝侯。下巴拉丁还给了腓特烈五世最没出息的儿子查理•路易。瑞典则牢牢控制了北方几大河流的河口地区。除波美拉尼亚的东部地区划给勃兰登堡选帝侯外，波美拉尼亚西部、维斯瓦河下游沿岸地区都成了瑞典的领土。三十年战争之初丹麦国王克里斯蒂安四世觊觎的不莱梅和凡尔登主教区也成了瑞典的领土。瑞典一跃成为易北河和威悉河河口地区的霸主。勃兰登堡选帝侯虽然未能收回整个波美拉尼亚，但换回了哈尔伯斯塔特、卡明、明登及大半个马格德堡主教区。马格德堡主教区的另一小部分划给了萨克森，当然卢萨蒂亚也永远成了萨克森的领地。

法兰西王国也保住了自己的战果，获得了除斯特拉斯堡以外的整个阿尔萨斯地区。斯特拉斯堡成为直属神圣罗马帝国的自由城市，不在割让之列。坚不可摧的菲利普斯堡由好战的特里尔选帝侯所建，现在这里的驻军也换成了法兰西军队。自法王亨利二世以来实际上就由法兰西王国统治的梅斯、图尔和凡尔登三个主教区现在也正式从神圣罗马帝国独立出来。早已不受神圣罗马帝国统治的瑞士和尼德兰也随之宣告独立。

在欧洲历史上，《威斯特伐利亚和约》的重要性绝不限于某些国家领土上的变化。法兰西王国多占几英里，神圣罗马帝国少占几英里；法兰西王国成了军事和政治强国，神圣罗马帝国痛失强国地位……除法兰西人和德意志人关注外，上述事实并不受其他人关注。实际上，《威斯特伐利亚和约》最重要的历史贡献在于，导致欧洲分裂的宗教矛盾终于得到了解决。一直以来，英格兰王国和法兰西王国都在努力

凭借自己而非外国势力去解决国内的宗教矛盾。它们的努力在 16 世纪终于有了结果。而神圣罗马帝国的宗教冲突迟迟未能解决的原因非常简单，即它没有将自己视为一个管辖权有限的国家。英格兰王国或法兰西王国实施的宗教政策无论宽容还是严厉，都是基于自身利益而量力而为的。然而，神圣罗马帝国中央政府还没有强大到可以将自己的意志强加给各诸侯国的程度，而各诸侯国在践行自己的意志时也不得不考虑中央政府的意愿。随着三十年战争的结束，在外国势力的干涉和调解下，各诸侯国终于可以坚持自己的宗教立场了，但中央政府的权力大大削弱了。

上述结果其实并不是在支持宗教宽容政策。人们发现巴伐利亚选帝侯马克西米利安一世或萨克森选帝侯约翰·乔治一世实际上比过去更变本加厉地将自己的信仰强加给不同信仰的人民了。他们逼迫异教徒要么转变信仰，要么接受流放的现实。直到 1729 年，萨尔茨堡大主教还在驱逐成千上万生活于阿尔卑斯山脉的勤劳的新教徒，结果导致该地区至今都停留在荒无人烟的状态。不过，这种情况越来越罕见，与《威斯特伐利亚和约》不无关系。1617 年，在迫害新教徒时，天主教区主教对安哈尔特公爵克里斯蒂安一世是心存顾忌的。因为即便没有他的同意，他统治下的狂热的新教徒也都会全力支持邻邦新教反抗

《明斯特和约》签订现场

天主教。1649 年，这种情况就不复存在。天主教区主教已经拥有无可争议的地位，对少数坚持其他信仰的臣民的言行可以置之不理，不必过分忧虑。

也许有人会认为《威斯特伐利亚和约》并不比《奥格斯堡和约》好到哪里去。但单就两份和约中的条文来看，二者就有很大的不同。《奥格斯堡和约》的条文中有太多不确定的表述，因为缔约各方都不打算在利益方面让步，而《威斯特伐利亚和约》的条文表述明确，不存在遁词或曲解的可能。

两份和约的条文之所以完全不同，是因为制定和约的初衷完全不同。1555 年，新教处于蓬勃发展之势，《奥格斯堡和约》妄图通过人为设置障碍的方式限制其发展，结果徒劳无功。1648 年，新教发展的热潮已退，新教诸侯和天主教诸侯之间的界限分明，信仰不同的人民分属不同地区。漫长的战争让人民变得麻木，曾经矛盾重重的两个教派都放弃了改变对方信仰的冲动。德意志人都急盼和平早一日到来。他们认为教派之争无聊透顶，反对暴政、抵制苛捐杂税才是最有意义的。

第 3 节 三十年战争后神圣罗马帝国的状况

和平终于到来了，但结果是怎样一番情形呢？不计其数的德意志人卷入了这场致命的战争。身强力壮的男子因战争失去了一切，于是被迫从军，接着去抢夺别人的财物。如果在和平年代，年轻貌美的女子一定会和青梅竹马的郎君共同步入婚姻的殿堂。但战争毁了她们的家园。为了不饿死，她们被迫随军东奔西走，过着低贱屈辱的生活。到了战争后期，神圣罗马帝国军队中有战斗力的士兵不到四万人，但男女老幼随军人员高达十四万。他们没有任何战斗力，大大影响了军队的作战效率。不过，最苦的还是那些田园被毁的农民，因为他们还得负担军队的给养。随军人员想要活命，就得偷一切能偷的东西，吞食一切可以充当食物的东西。军营中经常会爆发传染病，而一旦这种情况出现，他们就只好忍受痛苦和直面死亡了。士兵们的情况也好不到哪里去。战场上没有专门的外科医生来救死扶伤；没有医院愿意接收伤员，更不要说精心护理伤员了。军队更愿意雇佣新兵，因为雇佣新兵的费用不高，远低于伤员的治疗费用。

死于战争的平民数量更是令人难以置信。就拿比神圣罗马帝国大部分地区情况要好些的图林根某地来说吧。战前，该地区共有十七个村庄，一千七百一十七栋房子，而到了1649年，只剩下六百二十七栋房子，其中还有许多房子无人居住。战前，该地区共有一千七百七十三户人家，而到了1649年，只剩下了三百一十六户人家。财产损失就更严重了。战前，该地区共有一千四百零二头耕牛，而到了战后只剩下了两百四十四头，四千六百一十六只羊一只也没剩。战争过去两个世纪后，这里的元气依然没有恢复。

随着人口数量的减少，人们的道德也慢慢沉沦了。人与人之间相互尊重是社会生活井然有序的基础。但即使在和平时期，那些习惯靠武力生活的人对待那些习惯逆来顺受的人还是一点儿都不尊重。放眼望去，到处是轻浮无脑的武夫，他们的最高追求就是穿华服模仿巴黎或凡尔赛的时尚人物。而在乡村，那些没有多少文化、思想肤浅的乡绅过惯了作威作福的日子，对农民极尽压榨之能事，以保住自己贵族的颜面。农民的父辈们就曾饱受野蛮武夫的欺凌，现在他们自己面对乡绅的压榨也不敢反抗。贫穷的重担快把他们压垮了。从他们所坐的椅子及吃饭喝水所用的餐具来看，他们的生活远没有战前那辈人们的生活精致。其实，各阶层人们的生活水平都已经无法与17世纪初的水平相比了。

虽然上述情况是战争所致，但某些方面的退步在战前就露出了苗头。17世纪初的德意志人明显不如16世纪初的德意志人优秀。在整个战争过程中，巴伐利亚公爵马克西米利安一世是唯一出生于神圣罗马帝国的地位较高之人，但算不上一流人物。至于马丁·路德、约翰·沃尔夫冈·冯·歌德、腓特烈二世和洛伦茨·冯·施泰因[①]之所以能够成名，是因为他们得到了外国力量的支持。阿尔布雷希特·冯·华伦斯坦是斯拉夫人，蒂利伯爵约翰·塞克拉斯是瓦隆人，古斯塔夫·阿道夫二世是瑞典人，黎塞留是法兰西人。如果一个民族不允许有才华的人去开创民族伟业，那么这个民族有才华的人终将会断绝。

有人喜欢将一切归咎于个人过错。站在不同派别的立场上，他们会认为这场战争是由神圣罗马帝国皇帝斐迪南二世或巴拉丁选帝侯腓特烈五世一手造成的。那就让他们这样控诉吧。最宽容的判决也许才是最正确的选择。现在，神圣罗马帝国及各诸侯国彻底陷入了无政府状态。若非使用最大的政治智慧，神圣罗马帝国是不能正常运转的。这种情况在任何国家或任何时代都极其罕见。

神圣罗马帝国的国家机构在三十年战争中接受了一次彻底的洗礼。没错，神圣罗马帝国和皇帝在名义上仍然存在，斐迪南三世虽然不是整个人类但依然是天主教世界的政治领袖；帝国议会仍在讨论帝国事务；在教派平等原则上重组的帝国法庭仍在各诸侯间维护着公平正义。然而，在华丽的外衣之下，这些机构已经失去任何实权。统治德意志人民的权力早已转移到各诸侯手中。在外国势力的扶持下，这

① 洛伦茨·冯·施泰因（1815—1890），德意志第二帝国经济学家、社会哲学家、新历史学派代表人物之一。——译者注

些诸侯不管在和平年代还是在战争时期都在彼此角力。随着时间的推移，他们会无意识或有意识地想凭借积累起来的综合实力去争夺领导整个神圣罗马帝国的权力。

随着各诸侯展开全面竞争，先不管其他方面存在什么得失，神圣罗马帝国最大的收获就是新教幸存下来了，并且得到长足发展。新教徒在哪里生根，哪里就会诞生一批思想巨匠。约翰·沃尔夫冈·冯·歌德、约翰·克里斯托弗·弗里德里希·冯·席勒、戈特霍尔德·埃夫莱姆·莱辛①、伊曼努尔·康德、洛伦茨·冯·施泰因、亚历山大·冯·洪堡这些在文明世界家喻户晓的思想大家及数以千计的德意志哲人智者

亚历山大·冯·洪堡

① 戈特霍尔德·埃夫莱姆·莱辛（1729—1781），德意志启蒙运动时期最重要的作家和文艺理论家之一。——译者注

都出自新教家庭。1830 年前后，巴伐利亚人发现他们能为子女提供基础教育后，便开始陆续雇佣起来自北方的新教教师。

1648 年，神圣罗马帝国度过了最艰苦的一段时期，至少不会再有更多的苦难了。旧的历史书页已经合上，新的尚未开启，神圣罗马帝国暂时进入了疗伤期。

第 4 节 法西战争延续

对法兰西王国而言，战争于 1648 年并未结束，虽然从神圣罗马帝国战场上抽身而去，但与西班牙的战争仍在继续。西班牙失去了神圣罗马帝国军队的支持，而法兰西王国失去了更强大的盟友的支持。西班牙最终低下了高傲的头颅，接受了荷兰共和国提出的和平条件。至此，尼德兰八十年战争（1568—1648）与三十年战争（1618—1648）同时结束。西班牙现在可以毫无顾忌地将援军通过海路输送到佛兰德斯，再不用担心遭到荷兰强大海军的袭击，在保卫西属尼德兰南部边境的战斗中也不必担心腹背受敌了。

从长远来看，法兰西与西班牙之间的争斗是不可避免的。这是因循守旧、极度苛刻的旧体制与充满理性、宽容开放的新体制之间的较量，也是蔑视工商业发展的政府与支持工商业发展的政府之间的较量。然而，无论法兰西政府的目标多么高远，它本质上仍然是独裁政府。没有自由言论，就没有理性判断，人民就无法阻止政府的任性行为。这样的政府漠视穷人和弱势群体的疾苦，残忍地压榨他们却无动于衷，一边将他们推入苦海，一边伤了他们的心。

枢机主教马萨林巩固政权不久后，法兰西王国内便发出了强烈呼声，要求政府限制王权，实行君主立宪，保障人身自由。法兰西王国政治面貌面临着巨变的可能。提出上述要求的是投石党①。投石党希望在法兰西王国推行当时已享誉世界的英格兰议会模式。但实际上法兰西王国并不具备建立君主立宪制政府的基础。一直想成为法兰西政府主要机构的巴黎高等法院实质上就是一个法官联合体，其成员的职务要么是花钱买来的，要么是继承来的。从长远来看，一个由法官联合体掌管的政府会变得狭隘，从而固步自封，不思进取。因为作为法官，他们只会执行既有的法律条文，而不会根据社会和政治生活中不断出现的新变化去完善相关法律。与此同时，高等法院的法官们也没有得到真正意义上的支持。在一小撮心术不正的朝臣挑唆下，巴黎的那些闹事者没有形成良性革命的基础。更加糟糕的是，孔代亲王②路易·德·波旁与枢机主教马萨林反目后，将贵族反叛运动推向了高潮，甚至率部投向了西班牙侵略者的怀抱！枢机主教马萨林和年幼的国王路易十四代表法兰西王国，与自私自利、图谋不轨的贵族势力展开了艰苦卓绝的斗争。不过，有蒂雷纳子爵亨利·德拉图尔·多韦涅效力，他们胜券在握。1652 年，路易十四返回巴黎。1653 年，孔代亲王路易·德·波旁联合一支西班牙军队入侵法兰西王国，直攻巴黎。不过，巴黎有蒂雷纳子爵率领的几支军队镇守。如果说孔代亲王路易·德·波旁有古斯塔夫·阿道夫二世那样的战术素养的话，那么蒂雷纳子爵亨利·德拉图尔·多韦涅则拥有阿尔布雷希特·冯·华伦斯坦一样的战略思想。一时之间，孔代亲王路易·德·波旁进退维谷。一场意在迫使法兰西王国屈服的投石党运动结果以罗克鲁瓦遭围攻沦陷而收场。

---

① 路易十四（1643—1715）继位之初，由其母后奥地利的安妮摄政，枢机主教马萨林任首相。法兰西贵族趁机发动叛乱，这场叛乱被称为“投石党运动”（1648—1653）。“投石党”之名源于当时巴黎街头儿童搞恶作剧所使用的工具——投石器。——译者注

② 1646 年，昂吉安公爵路易·德·波旁之父孔代亲王亨利·德·波旁薨。昂吉安公爵路易·德·波旁袭孔代亲王爵位。——译者注

1654 年，孔代亲王路易·德·波旁与西班牙军队围攻阿拉斯时，法军正围攻斯特奈。结果，斯特奈被攻占，而阿拉斯安然无恙。1655 年，法军攻入西属尼德兰，但 1656 年围攻瓦朗谢纳时却吃了败仗。

瓦朗谢纳之败后，法兰西王国又要面对新的威胁。在奥利弗·克伦威尔的治理下，英格兰从斯图亚特王朝的废墟中站了起来，摇身变成强大的军事国家。西班牙向奥利弗·克伦威尔开出了十分诱人的合作条件。英格兰早已对法兰西心生嫉妒，希望尽快遏制其日益强大的政治影响力，所以很愿意与西班牙结盟。这样一来，奥利弗·克伦威

奥利弗·克伦威尔（1599—1658）

尔便可能恢复金雀花王朝昔日的辉煌，统一法兰西南方胡格诺派势力。虽然查理一世当初在拉罗谢尔遭遇了失败，但奥利弗·克伦威尔可能在波尔多建功立业。

西班牙开出的条件让奥利弗·克伦威尔非常动心。接着，奥利弗·克伦威尔又向西班牙大使提出两个条件：第一，允许英格兰人在西印度群岛自由贸易；第二，同意英格兰人在与西班牙进行贸易时不因宗教信仰不同而受歧视。西班牙大使冷冷地回答道："满足你这两个条件，就是在挖我主人的双眼。"

在这种情况下，奥利弗·克伦威尔发誓要打破西班牙在宗教和商业上的排外状况，所以很快便与法兰西王国结盟。西班牙不愿接受新的宗教宽容原则，但其傲慢的态度不久便会消失殆尽。自黎塞留执政以来，法兰西王国一直秉承宗教宽容原则，在各方面取得了显著成效，并且将获得更高的回报。1657 年，奥利弗·克伦威尔的六千铁甲军渡过海峡，加入了法兰西抗击西班牙的军队。这支铁甲军训练有素，英勇善战，曾在纳斯比战役和伍斯特战役中大败王军。蒂雷纳子爵亨利·德拉图尔·多韦涅的谋略和铁甲军的勇猛让英法联军无往不胜。1657 秋，佛兰德斯的小港马尔代克投降。1658 年，英法联军攻下了敦刻尔克，按照盟约由英格兰接管。不过，法兰西王国也收获颇丰，将格拉沃利纳、奥登纳德和伊普尔尽收囊中。

西班牙被迫求和。1660 年，双方签署了《比利牛斯和约》，结束了漫长的法西战争（1635—1659）。法兰西王国成了《比利牛斯和约》的受益者，鲁西荣、阿图瓦、蒂翁维尔、朗德勒西、阿威斯纳都被纳入了法兰西王国的版图。但《比利牛斯和约》有一项条款埋下了隐患。路易十四答应娶腓力四世的长女玛丽亚·特蕾莎为妻。玛丽亚·特蕾莎是西班牙王位的第二顺位继承者，第一顺位继承者是她智商有

玛丽亚·特蕾莎（1638—1683）

玛丽亚·特蕾莎的弟弟查理（1661—1700），后成为西班牙国王，称“查理二世”

路易十四与玛丽亚·特蕾莎大婚

问题的弟弟查理。1660 年在成婚时，玛丽亚・特蕾莎主动声明放弃西班牙王位继承权的意愿，但当时就有不少法兰西政要指出她的声明无效。

黎塞留对内宽容对外中庸的政策使他获得了很大的权力。他的继任者也能一直效仿他的执政原则吗？这些原则日益削弱王权，怎样做才能保证不会导致法王反对这些原则呢？在允许言论自由的土地上，每项争取来的权益都将是永久性的。英格兰在接受了新教教义、信仰平等、言论自由及贸易自由的观念后就再没有放弃过，这些已经成为英格兰大部分臣民不可动摇的信念。许多人在对事物的好坏做出判断后，并不能清晰地给出理由，但对自己的判断仍然有一种无法言说的自信。这就好比世上数以百万计的人们坚信地球围绕太阳转却又讲不出确切的道理来一样。

要在法兰西王国确立上述观念实属困难。在政府不断推动下，法兰西王国直到 17 世纪才实施了宽容的宗教政策，直到 19 世纪才推出了自由贸易政策。然而，现在批准政策的人完全可以将其撤销。这些政策能否贯彻下去取决于年轻的路易十四是走首相黎塞留早已铺好的路，还是走一条属于自己的新路。

路易十四执政初期，法兰西国内一派繁荣。这得益于让 - 巴普蒂斯特・科尔伯特这位优秀的政治家推行的一系列改革措施。其中，少数措施仍然遵循着黎塞留时期的原则：降低税收、降低省际货运通关费、促进贸易、发展工业、改善司法管理等。总而言之，让 - 巴普蒂斯特・科尔伯特全心全意地想把法兰西王国变成一个繁荣富庶的强国。但美好的时光很快就结束了。路易十四慢慢变得好大喜功，统治欧洲的欲望侵蚀了他的心灵。最后，他本人成了欧洲恶霸和暴君的代名词：对外，他希望各国都惧怕他，而不是仰慕他；对内，他只关心自己是否绝对控制着舆情和民心，其他一概不关心。虽然黎塞留的强国政策早已证明亨利四世颁布的《南特赦令》意义重大，但路易十四还是将其废止了。与当年的西班牙独裁君主一样，路易十四也发起了大肆迫害、排挤异教派的运动。

现在的法兰西王国不是亨利四世和黎塞留希望看到的样子。结不出果子的大树必须砍倒，否则会因自身腐烂而拦腰折断。与神圣罗马帝国和西班牙遭遇的命运一样，随着拉霍格海战[①]和布伦海姆战役[②]的失利，沉溺于凡尔赛宫奢靡生活的路易十四最终导致国家走向了衰落。

① 1692 年 5 月 29 日，由九十九艘军舰组成的英荷联合舰队与拥有四十艘军舰的法兰西舰队在瑟堡附近的巴夫勒尔相遇。法兰西舰队不顾势单力薄，拼死抵抗，损失军舰十五艘。此后数天，英荷舰队四处追击法兰西军舰。1692 年 6 月 2 日，英荷舰队在拉霍格附近海域围歼法兰西舰队，终获大胜。从此，英荷海军解除了法兰西进犯英格兰的威胁，掌握了地中海和大西洋的制海权。——译者注

② 布伦海姆战役是西班牙王位继承战争中奥地利、英格兰、荷兰联军与法兰西、巴伐利亚军队于 1704 年 8 月 13 日在巴伐利亚的布伦海姆爆发的一场决定性战役。最终，奥英荷联军大获全胜。战后巴伐利亚则落入了奥地利人手中，而法王路易十四威信扫地，颜面尽失。——译者注

专有名词对照

Aachen	亚琛
Aldringer	奥尔德林格
Alsace	阿尔萨斯
Anhalt	安哈尔特
Anne of Austri	奥地利的安妮
Anspach	安斯帕克
Sir Robert Anstruther	罗伯特·安斯特拉瑟爵士
Arnim	阿尼姆
Arras	阿拉斯
Augsburg	奥格斯堡
Peace of Augsburg	《奥格斯堡和约》
Lower Austria	下奥地利
Upper Austria	上奥地利
House of Austria	奥地利哈布斯堡家族
Avesnes	阿威斯纳
Bautzen	包岑
Bachararch	巴哈拉赫
Baden-Durlach	巴登－杜拉赫
Bamberg	班堡
Baner	巴内尔
Bergen-op-zoom	贝亨奥普佐姆
Bernhard of Weimar	魏玛的伯恩哈德
Bethlen Gabor	拜特伦·加博尔

Boguslav	博古斯拉夫
Bohemia	波希米亚
Bohemian Brethren	波希米亚教友会
Brandenburg	勃兰登堡
Elector of Brandenburg	勃兰登堡选帝侯
Braunau	布劳瑙
Breda	布雷达
Breisach	布赖萨赫
Breisgau	布赖斯高
Breitenfeld	布雷滕费尔德
Bremen	不莱梅
Bridge of Dessau	德绍桥
Brünn	布尔诺
Brunswick	不伦瑞克
Brussels	布鲁塞尔
Bucquoi	布阔伊
Duke of Buckingham	白金汉公爵
Budweis	百威
Eastern Burgundy	东勃艮第
Butler	巴特勒
Calvinism	加尔文教
Camin	卡明
Cassel	卡塞尔
Catalonia	加泰罗尼亚
Charles I	查理一世
Charles V	查理五世
Charles Emmanuel	查尔斯·艾曼努尔
Charles Lewis	查理·路易
Prince of Wales	威尔士亲王
Charles the Great	查理曼大帝
Treaty of Cherasco	《凯拉斯科条约》
Christian IV	克里斯蒂安四世

Christian of Brunswick	不伦瑞克的克里斯蒂安
Queen of Sweden Christina	瑞典女王克里斯蒂娜
Lahn	拉恩河
Cleves	克里维斯
Coblentz	科布伦茨
Colbert	科尔伯特
Battle of Zusmarshausen	楚斯马斯豪森战役
Prince of Condé	孔代亲王
Znaim	兹奈姆
Corbie	科尔比
Cordova	科尔多瓦
Petition of Right	《权利请愿书》
Cromwell	克伦威尔
Dänholm	达恩霍尔姆
Darmstadt	达姆施塔特
Descartes	笛卡尔
Bridge of Dessau	德绍桥
Devereux	德弗罗
Diet of the Empire	帝国议会
Donauwörth	多瑙沃特
Downs	唐斯
Dunkirk	敦刻尔克
Ecclesiastical Reservation	教会保留用地
Edict of Restitution	《教会土地归还敕令》
Eger	埃格尔
Eggenberg	埃根伯格
Ehrenbreitstein	埃伦布雷斯坦
Elector Palatine	巴拉丁选帝侯
Sir John Eliot	约翰·艾略特爵士
Elizabeth	伊丽莎白
Erfurt	埃尔福特
Fabricius	法布里丘斯

Felton	费尔顿
Ferdinand I	斐迪南一世
Ferdinand II	斐迪南二世
Ferdinand III	斐迪南三世
Cardinal-infant Ferdinand	红衣主教亲王斐迪南
Fleurus	弗勒吕斯
Franconia	法兰克尼亚
Frankenthal	弗兰肯塔尔
Frankfort	法兰克福
Frederick III	腓特烈三世
Frederick IV	腓特烈四世
Frederick V	腓特烈五世
Freiburg	弗莱堡
Friedland	弗里德兰
Fronde	投石党
Fuentes	富恩特斯
Fürth	菲尔特
Gallas	加拉斯
Ypres	伊普尔
Gaston	加斯顿
George William	乔治・威廉
Glückstadt	格吕克斯塔特
Gordon	戈登
Gravelines	格拉沃利纳
Guebriant	格布林特
Guise	吉斯
Guiton	吉顿
Gustavus Adolphus	古斯塔夫・阿道夫
Hagenau	哈根瑙
Hague	海牙
Halberstadt	哈尔伯斯塔特
Halle	哈勒

Hamburg	汉堡
Hanse Towns	汉萨联盟
Heidelberg	海德堡
Heilbronn	海尔布隆
Heiligenhafen	海利根哈芬
Henry IV	亨利四世
Henry the Fowler	亨利一世
Hesse Cassel	黑森－卡塞尔
Höchst	赫希斯特
Horn	霍恩
Imperial Council	帝国理事会
Imperial Court	帝国法庭
Ingolstadt	因戈尔施塔特
James I	詹姆斯一世
Jankow	金高
Jesuits	耶稣会
John Ernest	约翰·欧内斯特
John George	约翰·乔治
Father Joseph	约瑟夫神父
Kempten	肯普滕
Klostergrab	克洛斯特格拉布
Köln	科隆
Father Lamormain	拉莫尔曼神父
Landrecies	朗德勒西
Catholic League	天主教联盟
Lebus	莱布斯
Lech	莱希
Leipzig	莱比锡
Leslie	莱斯利
Leuchtenberg	洛伊希滕堡
Lewis XIII	路易十三
Lewis XIV	路易十四

Lombardy	伦巴第
Lorraine	洛林
Lower Saxony	下萨克森
Lübeck	吕贝克
Peace of Lübeck	《吕贝克和约》
Lusatia	卢萨蒂亚
Luther	路德
Lutherans	路德教徒
Lutter	卢特尔
Battle of Lützen	吕岑会战
Magdeburg	马格德堡
Maintz	美因茨
Mannheim	曼海姆
Mansfeld	曼斯费尔德
Mantua	曼图亚
Mardyke	马尔代克
Martinitz	马丁尼茨
Mary de Medici	玛丽・德・美第奇
Matthias	马蒂亚斯
Maurice	莫里斯
Maximilian	马克西米利安
Mazarin	马萨林
Mecklenburg	梅克伦堡
Melancthon	墨兰顿
Mercy	梅尔西
Merseburg	梅泽堡
Metz	梅斯
Minden	明登
Würzburg	乌兹堡
Montferrat	蒙费拉
Montmorenci	蒙特莫伦西
Sir Charles Morgan	查理・摩根爵士

Mühlhausen	米尔豪森
Munich	慕尼黑
Münster	明斯特
Jean Guiton	让·吉顿
Edict of Nantes	《南特敕令》
Naumburg	瑙姆堡
Netherlands	尼德兰
Neuberg	诺伊堡
Neustadt	诺伊施塔特
Nevers	纳韦尔
New Brandenburg	新勃兰登堡
Nienburg	宁堡
Nordheim	诺德海姆
Nördlingen	诺德林根
Nüremberg	纽伦堡
Oñate	奥尼亚蒂
Oppenheim	奥本海姆
Osnabrück	奥斯纳布吕克
Otto the Great	奥托大帝
Oudenarde	奥登纳德
Oxenstjerna	奥克森杰纳
Paderborn	帕德博恩
Lower Palatinate	下巴拉丁
Upper Palatinate	上巴拉丁
Pappenheim	帕彭海姆
Convention of Passau	帕绍会议
Peace of Augsburg	《奥格斯堡和约》
Upper Saxony	上萨克森
Piccolomini	皮科洛米尼
Pignerol	皮内罗洛
Wallenstein	华伦斯坦
Pomerania	波美拉尼亚

Prague	布拉格
Treaty of Prague	《布拉格和约》
Treaty of the Pyrenees	《比利牛斯和约》
Ratisbon	雷根斯堡
Ratseburg	拉策堡
Regensburg	雷根斯堡
Isle of Rhé	雷岛
Rheinfelden	莱茵费尔登
Richelieu	黎塞留
Rocroy	罗克鲁瓦
John Sigismund	约翰·西吉斯蒙德
Rostock	罗斯托克
Roussillon	鲁西荣
Royal Charter	《皇帝诏书》
Rüdesheim	吕德斯海姆
Rudolph II	鲁道夫二世
Prince Rupert	鲁珀特亲王
Saluces	萨吕斯
Salzburg	萨尔茨堡
Saxony	萨克森
Savoy	萨沃伊
Schorndorf	绍恩多夫
Sigismund	西吉斯蒙德
Slawata	斯拉瓦塔
Soissons	苏瓦松
Soubise	苏比斯
Sir James Spens	詹姆斯·斯潘士爵士
Spinola	斯皮诺拉
Spires	斯派尔
Stade	施塔德
Stadtlohn	施塔特洛恩
Stenay	斯特奈

Stralsund	施特拉尔松德
Strasburg	斯特拉斯堡
Tabor	泰伯
Thionville	蒂翁维尔
Thirty Years' War	三十年战争
Thurn	图尔恩
Tilly	蒂利
Torgau	托尔高
Torstenson	托尔斯滕森
Toul	图勒
Elector of Treves	特里尔选帝侯
University of Tübingen	图宾根大学
Turenne	蒂雷纳
Turin	都灵
Ulm	乌尔姆
Treaty of Ulm	《乌尔姆条约》
Protestant Union	新教联盟
Valtelline	瓦尔泰林
Velden	韦尔登
Verdun	凡尔登
Sir Horace Vere	贺拉斯・维尔爵士
Werben	韦尔本
Epaminondas	伊巴密浓达
Sir Richard Weston	理查德・韦斯顿爵士
Peace of Westphalia	《威斯特伐利亚和约》
Battle of the White Hill	白山战役
Combat of Wiesloch	维斯洛赫战役
Battle of Wimpfen	温普芬战役
Wismar	维斯马
Wittingau	维廷高
Battle of Wittstock	维茨托克战役
Wolfenbüttel	沃尔芬比特尔

Wrangel	弗兰格尔
Würtemberg	符腾堡
The Cid	《熙德》